逐条
問答

消防力の
整備指針・
消防水利の
基準 第2次改訂版

消防力の整備指針研究会 ▶編集

ぎょうせい

発刊に当たって

　本書が発行されて以来，「消防力の整備指針」及び「消防水利の基準」の手引書，参考書として，幸いにも全国の消防関係者の方々の間で広くご購読をいただくことができ，また，ご好評いただいていることは喜びにたえないことである。

　「消防力の整備指針」（平成12年消防庁告示第1号）は，昭和36年に市町村が火災の予防，警戒等を行うために必要な最少限度の施設及び人員を定める基準として制定した後，数次の改正を経て，平成12年には消防を取り巻く諸情勢の変化への対応と市町村の自主的決定要素の拡充のため，その全部が改正された。平成17年には，警防・予防・救急・救助等の各分野の充実強化を図り，あらゆる災害に対応できる体制整備の必要性から，時代に即した基本理念や新たな視点を反映した基準とするため，一部改正が行われ，名称も「消防力の整備指針」に改められた。

　一方，「消防水利の基準」（昭和39年消防庁告示第7号）は，昭和39年に制定され，市町村はこれに基づき消防水利の整備に努めてきたものである。

　その後，平成26年には，東日本大震災において消防職員等が被災した教訓等を踏まえた「消防力の整備指針」及び「消防水利の基準」の一部改正が，平成29年には，救急隊の定義に係る「消防力の整備指針」の一部改正が行われている。

　近年の消防を取り巻く環境としては，平成28年の新潟県糸魚川市における市街地大規模火災や，平成29年の埼玉県三芳町における大規模倉庫火災が発生したほか，救急出動件数や防火対象物数については年々増加する傾向が続いている。このような状況の中，改めて，最近の火災・救急・救助事案等の災害発生状況や消防を取り巻く環境などについて，現状の確認，検討を行い，平成31年3月に「消防力の整備指針」の一部改正がなされたものである。

　本書は，消防関係者の方々が，改正後の「消防力の整備指針」及び「消防水利の基準」をもとに，各市町村における地域の実情を十分に考慮して消防施設，人員等を算定することができるよう，具体的な算定方法や留意事項等についての解説や質疑応答の内容を見直し，版を改めることにしたものである。

　今後とも，本書が消防行政に携わる方々に広く活用され，消防力の計画的な整備に資することができれば幸いである。

令和元年6月

　　　　　　　　　　　消防力の整備指針研究会

目　　次

第1編　消防力の整備指針

前　文 ……………………………………………………………………… 3
第1章　総　則
第 1 条　［趣旨］ ………………………………………………………… 4
第 2 条　［定義］ ……………………………………………………… 10
第 3 条　［基本理念］ ………………………………………………… 20
第2章　施設に係る指針
第 4 条　［署所の数］ ………………………………………………… 23
第 5 条　［動力消防ポンプの数］ …………………………………… 40
第 6 条　［旅館等の割合の大きい市街地及び準市街地の特例］ …… 57
第 7 条　［はしご自動車］ …………………………………………… 59
第 8 条　［化学消防車］ ……………………………………………… 66
第 9 条　［大型化学消防車等］ ……………………………………… 75
第10条　［化学消防車の消防ポンプ自動車への換算］ …………… 82
第11条　［泡消火薬剤］ ……………………………………………… 83
第12条　［消防艇］ …………………………………………………… 85
第13条　［救急自動車］ ……………………………………………… 89
第14条　［救助工作車］ ……………………………………………… 91
第15条　［指揮車］ …………………………………………………… 100
第16条　［特殊車等］ ………………………………………………… 102
第17条　［非常用消防用自動車等］ ………………………………… 104
第18条　［NBC災害対応資機材］ …………………………………… 108
第19条　［同報系の防災行政無線設備］ …………………………… 111
第20条　［消防指令システム等］ …………………………………… 112
第21条　［通信装置］ ………………………………………………… 114
第22条　［消防救急無線設備］ ……………………………………… 116
第23条　［消防本部及び署所の耐震化等］ ………………………… 118

目　次

第24条　［都道府県の防災資機材の備蓄等］······················ *120*

第3章　人員に係る指針

第25条　［消防長の責務］······································ *122*

第26条　［消防職員の職務能力］································ *124*

第27条　［消防隊の隊員］······································ *126*

第28条　［救急隊の隊員］······································ *133*

第29条　［救助隊の隊員等］···································· *138*

第30条　［指揮隊の隊員］······································ *139*

第31条　［通信員］·· *142*

第32条　［消防本部及び署所の予防要員］······················ *147*

第33条　［兼務の基準］·· *153*

第34条　［消防本部及び署所の消防職員の総数］················ *161*

第35条　［消防団の設置］······································ *167*

第36条　［消防団の業務及び人員の総数］······················ *169*

第37条　［副団長等］·· *172*

第2編　消防水利の基準

第1条　［目的］·· *175*

第2条　［消防水利の定義］···································· *176*

第3条　［消防水利の給水能力］································ *181*

第4条　［消防水利の配置］···································· *188*

第5条　［消防水利配置の特例］································ *192*

第6条　［消防水利の構造］···································· *194*

第7条　［消防水利の管理］···································· *196*

第3編　法令・通知等

第1　「消防力の整備指針」

　1　消防力の整備指針（平成12年1月20日　消防庁告示第1号）·· *201*

　2　消防力の基準について（通達）

目　次

　　　（昭和36年 8 月 1 日　自消甲教発第258号）………………… *220*

　3　消防力の基準の運用について（通達）

　　　（昭和36年 8 月 1 日　自消乙教発第28号）………………… *221*

　4　消防力の基準の一部改正について（通達）

　　　（昭和46年 6 月25日　消防消第38号）…………………… *228*

　5　消防力の基準の一部改正について（通達）

　　　（昭和50年 6 月 2 日　消防消第65号）…………………… *230*

　6　消防力の基準の一部改正について（通達）

　　　（昭和51年 7 月 7 日　消防消第83号）…………………… *233*

　7　消防力の基準の一部改正について（通達）

　　　（平成 2 年 1 月25日　消防消第13号）…………………… *236*

　8　消防力の基準等の改正について

　　　（平成12年 1 月20日　消防消第 3 号）…………………… *237*

　9　消防力の基準等の一部改正について

　　　（平成17年 6 月13日　消防消第131号）………………… *241*

10　消防力の整備指針第32条第 3 項の規定に基づき，予
　　防技術資格者の資格を定める件

　　　（平成17年10月18日　消防庁告示第13号）……………… *250*

11　消防力の整備指針の一部改正について

　　　（平成20年 3 月14日　消防消第35号）…………………… *253*

12　消防力の整備指針及び消防水利の基準の一部改正に
　　ついて

　　　（平成26年10月31日　消防消第205号）………………… *254*

13　消防力の整備指針に基づく消防職員の総数の算定の
　　基となる乗換運用基準について（通知）

　　　（平成27年 2 月20日　消防消第26号）…………………… *259*

14　消防力の整備指針に基づく消防職員の総数の算定の
　　基となる乗換運用基準に関する質疑応答等について

　　　（平成27年 2 月20日　事務連絡）………………………… *261*

15　消防力の整備指針の一部改正について

　　　（平成31年 3 月29日　消防消第78号）…………………… *265*

目　次

第2　「消防力の整備指針」関係法令・通知等

1　救助隊の編成，装備及び配置の基準を定める省令の
公布等について（通達）（抄）
（昭和61年10月1日　消防救第109号）‥‥‥‥‥‥‥‥‥‥‥‥‥ *267*

2　救助隊の編成，装備及び配置の基準を定める省令の
一部を改正する省令等の公布及び施行について
（平成22年4月1日　消防参第140号）‥‥‥‥‥‥‥‥‥‥‥‥‥ *268*

3　市町村の消防の広域化に関する基本指針
（平成18年7月12日　消防庁告示第33号）‥‥‥‥‥‥‥‥‥‥‥ *269*

第3　「消防水利の基準」

1　消防水利の基準（昭和39年12月10日　消防庁告示第7号）‥‥‥ *281*

2　消防水利の基準の運用について（通達）
（昭和39年12月14日　自消丙教発第112号）‥‥‥‥‥‥‥‥‥‥ *283*

3　消防水利の基準の一部改正について（通達）
（昭和50年7月9日　消防消第83号）‥‥‥‥‥‥‥‥‥‥‥‥‥‥ *285*

第1編

消防力の整備指針

―― 前　文 ――

　市町村においては，消防を取り巻く社会経済情勢の変化を踏まえ，今後とも，住民の生命，身体及び財産を守る責務を全うするため，消防力の充実強化を着実に図っていく必要がある。

　このためには，各種の災害に的確に対応できるよう警防戦術及び資機材の高度化等の警防体制の充実強化を図るとともに，建築物の大規模化・複雑化等に伴う予防業務の高度化・専門化に対応するための予防体制の充実強化，高齢社会の進展等に伴う救急出動の増加，救急業務の高度化に対応するための救急体制の充実強化，複雑・多様化する災害における人命救助を的確に実施するための救助体制の充実強化，武力攻撃事態等における国民の保護のための措置の実施体制の充実強化等を，職員の安全管理を徹底しつつ推進していく必要がある。

　さらに，地震や風水害等の大規模な自然災害等への備えを強化するため，緊急消防援助隊をはじめとする広域的な消防体制の充実を図ることが求められている。

　以下の指針は，こうした事情を踏まえて，市町村が目標とすべき消防力の整備水準を示すものであり，市町村においては，その保有する消防力の水準を総点検した上で，この指針に定める施設及び人員を目標として，地域の実情に即した適切な消防体制を整備することが求められるものである。

第1編　消防力の整備指針

—— **第1章　総　則** ————————————————

第1条　〔趣旨〕

第1条　この指針は，市町村が火災の予防，警戒及び鎮圧，救急業務，人命の救助，災害応急対策その他の消防に関する事務を確実に遂行し，当該市町村の区域における消防の責任を十分に果たすために必要な施設及び人員について定めるものとする。

2　市町村は，この指針に定める施設及び人員を目標として，必要な施設及び人員を整備するものとする。

□解　説□

1　目　的

市町村は，消防施設及び人員を活用して，当該市町村の管轄区域における消防を十分に果たすべき責任を有しており，市町村の消防に必要な施設及び人員は，市街地の人口，都市構造，中高層建築物の状況，危険物施設の数，過去の火災発生状況等を考慮して当該市町村が決定すべきものである。

一方，国民の生命，身体及び財産を火災等の災害から保護することが目的である消防行政においては，全国的に一定程度の水準が維持される必要があるが，施設及び人員の配置数等を市町村の判断のみに委ねた場合，市町村の消防力の整備目標がまちまちになることが考えられる。

以上から，国民の安全の保持は，国家として基本的責務であって，国民の安全に直接関わる行政分野については，国が十分にその役割を果たすべきであるという考えの下，国が「消防力の整備指針」において，各市町村が取り組むべき安全の確保に関し，基本的な考え方とその具体的要求水準や内容について，地方公共団体や住民に対して，明確に示すことが求められている。

こうしたことから，消防組織法第37条の「消防庁長官は，必要に応じ，消防に関する事項について都道府県又は市町村に対して助言を与え，勧告し，又は指導を行うことができる。」という規定に基づき「消

防力の整備指針」が制定されている。

　なお，以上のような「消防力の整備指針」の基本的な考え方を踏まえれば，この指針は，市町村が消防力の整備を進めるに当たっての単なる目安というものではなく，各市町村は，この指針を整備目標として，地域の実情に即して具体的な整備に取り組むことが要請されるものと言うべきである。

2　「消防力の整備指針」の制定，改正経緯

　「消防力の整備指針」は，制定当時，全国各地で市街地大火が頻発していたという時代背景を受け，国としてできるだけ早く市町村の消防力の増強を推進するため，市町村が火災の予防，警戒等を行うために必要な最少限度の施設，人員を定めることを目的として，昭和36年に制定された。以後，数次の改正を経て，平成12年には，近年の都市構造の変化，消防需要の変化に対応して，より実態に即した合理的な基準となるよう，全部が改正され，それまでの「必要最少限度の基準」から「市町村が適正な規模の消防力を整備するにあたっての指針」へと性格が改められた。平成17年には，基本理念，消防職員の職務能力の基準，兼務の基準等の項目を追加するなど一部が改正され，市町村が消防力の整備を進める上での整備目標としての性格を明確にするため，題名も「消防力の基準」から「消防力の整備指針」に改められた。

　近年の改正では，平成26年に，平成23年３月11日に発生した東日本大震災において，消防職員，車両及び庁舎が被災した教訓並びに大規模化・複雑化する建築物への予防体制の強化，高齢社会の進展等に伴う救急体制の強化等の必要性を踏まえた一部改正が，平成29年には，消防法施行令の改正に伴い，救急隊の定義に准救急隊員を含む救急隊を加える等の一部改正が行われている。

　前回の検討から数年が経過し，この度，改めて，最近の火災・救急・救助事案等の災害発生状況や消防を取り巻く環境などについて，現状の確認，検討を行い，「消防の連携・協力」を整備指針に位置付け，はしご自動車や指令の共同運用について規定するなど所要の改正を行い，災害から住民の生命，身体及び財産を守る責務を全うするための消防力の充実強化を着実に図っていくこととしたものである。

なお，過去の改正経緯は以下のとおりである。

(1) 昭和36年8月1日「消防力の基準」制定，告示

　全国各地で市街地大火が頻発していたという時代背景を受け，国としてできるだけ早く市町村の消防力の増強を推進するため，市町村が火災の予防，警戒及び鎮圧，救急業務，人命の救助，災害応急対策その他の消防に関する事務を遂行し，当該市町村の区域内における消防の責任を十分に果たすために必要な施設及び人員について定められた。

(2) 昭和46年6月10日一部改正

　「消防力の基準」が制定されて以来10年が経過し，その間における消防機器の性能向上や地方における消防活動の実態を考慮するとともに，中高層建築物及び危険物施設の増加等に伴う新たな消防需要等を踏まえ，はしご自動車の配置基準及び危険物の貯蔵量に応じた化学消防車の配置基準等が見直された。

(3) 昭和50年5月31日一部改正

　昭和46年の一部改正以後の社会経済情勢の変化，消防技術の向上及び消防用資機材の開発等に対応して，市町村の消防力の総合的な基準とするため，救急自動車及び救急隊の配置，はしご自動車，屈折はしご自動車及び化学消防車の操作員並びに人命救助要員の配置等の項目が追加されるなど，消防力の基準の対象範囲の拡大が図られた。

(4) 昭和51年7月5日一部改正

　市町村の区域内に一定の屋外貯蔵タンクを有する特定事業所がある場合は，大型化学消防車，大型高所放水車及び泡原液搬送車を当該市町村にも配置する旨の規定が追加された。

(5) 昭和61年10月1日一部改正

　救助隊の編成，装備及び配置の基準を定める省令の制定に伴い，省令で定める救助隊数と同数の救助工作車を配置する旨の規定が追加された。

(6) 平成2年1月25日一部改正

　危険物の規制に関する政令の改正に伴う危険物の生産実態の変化や災害事象の多様化等に対処するため，化学消防車の算定指標として給

油取扱所が追加された。

(7) 平成12年1月20日全部改正

都市構造の変化，消防需要の変化に対応するため，より実態に即した合理的な基準になるよう全面的な見直しを行い，その位置付けも「必要最少限度の基準」から「市町村が適正な規模の消防力を整備するに当たっての指針」に改められた。

また，地方分権の動きに対応して，市町村の自主的決定要素が拡充された。

(8) 平成17年6月13日一部改正

多様化する災害態様や増大する消防需要，さらには武力攻撃事態等の新たな事象に対応するための体制整備が強く求められ，国民の安全保持という基本的責務を果たせるよう消防職員の職務能力に関する基準，兼務の基準，防災・危機管理に関する基準を追加し，題名も「消防力の整備指針」に改められた。

(9) 平成20年3月14日一部改正

化学消防車の配置台数に原子力発電所等の数が指標として追加され，併せて，泡消火薬剤の備蓄量も原子力発電所等の数を勘案して定める旨が追加された。

(10) 平成26年10月31日一部改正

東日本大震災を教訓として，非常用車両の配置基準の見直し及び大規模災害時に消防庁舎が被災を受けた場合の代替施設の確保計画を策定することが追加され，消防を取り巻く環境の変化への対応として，救急自動車，予防要員，通信員の配置基準の見直し，救急隊員の代替要員を確保すること等が追加された。

(11) 平成29年2月8日一部改正

救急隊の定義に准救急隊員を含む救急隊を加え，准救急隊員を含む救急隊の救急自動車に搭乗する隊員の数の基準を，救急隊員2人及び准救急隊員1人とすることとされた。

(12) 平成31年3月29日一部改正

「消防の連携・協力」を整備指針に位置付け，はしご自動車及び指令を共同運用する場合の考え方を規定するとともに，災害発生状況や

第1編　消防力の整備指針

消防を取り巻く環境などから，はしご自動車の緩和要件の見直し，消防指令システムを新たに規定する等の改正が行われた。

3　整備指針の運用

市町村は，火災の予防，警戒及び鎮圧，救急業務並びに人命救助等を行うために必要な施設及び人員の水準をこの指針で示した数値をもとに地域特性などを加味して自ら決定し，計画的な整備を進めていくこととなる。

この解説では，市町村が消防力を算定するに当たって，地域特性などを考慮した場合の補正方法を例示してあるが，もとよりこの解説で例示した以外によることもできる。ただし，消防力の算定に対して客観的，合理的な理由が求められることは当然であり，その説明責任は当該市町村が負うこととなる。

また，この指針は，主に消防力の整備を進める上での整備目標について規定したものであるが，災害による被害を最小限に軽減するためには，消防力の整備と相まって関連する施策が一層促進されることが不可欠である。例えば，住宅火災における死者のうち約7割が65歳以上の高齢者となっており，これを防ぐためには，設置が義務化されている住宅用火災警報器の確実な設置を徹底していくとともに，住宅用消火器の設置，防炎物品の使用といった住宅用防災製品の普及促進などの施策が必要であるし，救急における救命率を高めるためには，住民への応急手当の普及などの施策が必要となる。市町村が消防責任を十分に果たすためには，消防力について，その運用的視点，質的視点からの整備も重要である。

地方公共団体の組合（地方自治法第284条第1項）又は事務委託（地方自治法第252条の14第1項）によって，消防事務を共同処理している場合におけるこの指針の適用については，構成市町村ごとに適用するのではなく，消防本部単位で適用するものとしている。

問1　「消防力の整備指針」の根拠法令である消防組織法第37条に規定する消防庁長官の「勧告」とは何か。

答　「勧告」とは，相手方に対しある処置をすすめ又は促す行為をい

第1条 〔趣旨〕

う。勧告は，それが尊重されることをもちろん前提としているが，法律上相手方を拘束する意味はもっていない。

また，勧告という制度が採用される主たる理由は，指揮命令の関係のない機関相互の間において，相互の自主性を尊重しつつ，ある機関の専門的立場における判断ないし意見を他の機関に提供注入することによって，当該機関の任務の達成に遺憾のないようにしようとするところにある。

問2 消防車両は，多くの種類があり，「消防力の整備指針」に配置数の基準等が示されていない車両があるが，この場合の算定方法はどのようにすればよいのか。

答 市町村において，弾力的に運用できるようとの意図であり，配置数の算定に当たっては，当該市町村の実情と必要な消防力を十分勘案の上，消防力の低下をきたさないようにしなければならない。

例えば，地域の実情に応じた配置数にするものとして，消防車両では第16条に規定されている「特殊車等」がある。

問3 消防本部が広域再編される場合，消防力はどのように算定するか。

答 消防力の算定に当たっては，消防事務を一体となって実施している市町村全域を一つの市町村として取り扱うことになる。

具体的には，署所の設置数，消防ポンプ自動車の配置数については市街地人口をもとに算定するので，広域再編によって一の連続する市街地が成立する場合には，当該市街地の人口をもとに算定することとなる。また，救急自動車については管内人口をもとに算定するので，再編された新たな消防本部の管内人口をもとに算定する。

一方，広域再編によって既存の署所がカバーできる範囲が重複する場合や同一の車種の消防車両がある地域に重複して配置される場合があり，消防力の配置バランスに影響を及ぼすことがあるので，再編時には保有する消防力を有効に機能させるために施設の配置等には留意する必要がある。

第1編　消防力の整備指針

第2条　〔定義〕

第2条　この指針において，次の各号に掲げる用語の意義は，それぞれ当該各号に定めるところによる。

(1) 市街地　建築物の密集した地域のうち，平均建ぺい率（街区（幅員4メートル以上の道路，河川，公園等で囲まれた宅地のうち最小の一団地をいう。以下同じ。）における建築物の建築面積の合計のその街区の面積に対する割合をいう。以下同じ。）がおおむね10パーセント以上の街区の連続した区域又は2以上の準市街地が相互に近接している区域であって，その区域内の人口が1万以上のものをいう。

(2) 準市街地　建築物の密集した地域のうち，平均建ぺい率がおおむね10パーセント以上の街区の連続した区域であって，その区域内の人口が1,000以上1万未満のものをいう。

(3) 署所　消防署又はその出張所をいう。

(4) 動力消防ポンプ　消防ポンプ自動車，手引動力ポンプ又は小型動力ポンプをいう。

(5) 警防要員　火災の警戒及び鎮圧並びに災害の発生時における人命の救助その他の被害の防御に従事する消防吏員をいう。

(6) 予防要員　火災の予防に従事する消防職員をいう。

(7) 消防隊　消防法（昭和23年法律第186号。）第2条第8項に規定する消防隊のうち，救助隊及び指揮隊以外のものをいう。

(8) 救助隊　救助隊の編成，装備及び配置の基準を定める省令（昭和61年自治省令第22号。以下「救助省令」という。）第1条に規定する救助隊をいう。

(9) 指揮隊　災害現場において指揮活動を行う消防吏員の一隊をいう。

(10) 救急隊　消防法第2条第9項に規定する救急業務を行う消防法施行令（昭和36年政令第37号）第44条第5項に規定する消防吏員（以下「救急隊員」という。）の一隊又は救急隊員及び同条第6項に規定する消防職員（第28条において「准救急隊員」とい

10

う。）の一隊をいう。

⑾　消防の連携・協力　市町村の消防の広域化に関する基本指針
（平成18年消防庁告示第33号）に規定する消防の連携・協力をい
う。

□解　説□

1　延焼危険と隣棟間隔

市街地，準市街地の定義において，建築物の密集度合いの指標である
平均建ぺい率は10パーセント以上としているが，その根拠は次のとおり
である。ここでは，堀内三郎著『建築防火』（1972）を参考に記述する。

⑴　火元建築物からの等温線

火災の延焼現象は，輻射，接炎，飛火により，またはこれらの組み
合わせによって生じる。飛火による延焼距離は数キロメートルに及ぶ
こともあり，不規則的でもあるので，これを除外して輻射と接炎によ
る延焼についてその限界距離を考察した。

実大建築物の火災実験によれば，火元建築物から離れるにしたがっ
て観測される温度は低下するが，火元建築物周辺の温度分布について
等しい温度を示す点を連ねた等温線（立体的には「等温面」）は，図
1のような放物線になるとされている。その関係式は火元建築物の外
壁面下端を原点に，水平方向の距離をd（m），垂直方向の高さをh
（m）として＊で示される。この式でpは任意の値を持つ係数である。

$$h = pd^2 \quad *$$

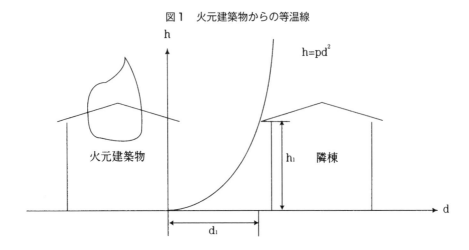

図1　火元建築物からの等温線

　一方，木造建築物の火災実験において屋内温度の時間経過を数多く測定し，それらの結果を標準化した屋内温度の基準曲線が，JISA—1301「建築物の木造部分の防火試験方法」に図2のような屋外1級加熱曲線として定められている。さらに，屋外1級加熱曲線の各時刻における温度の4分の3，8分の3及び1,120分の260に相当する曲線は，それぞれ2級，3級及び4級加熱曲線として描かれ，これらもまとめて図2に示す。

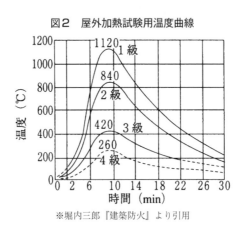

図2　屋外加熱試験用温度曲線

※堀内三郎『建築防火』より引用

図3　各級の温度曲線に相当する対隣壁面の位置
（カッコ内は火元建築物が防火造の場合）

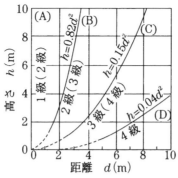

※堀内三郎『建築防火』より引用

　図2の2級，3級及び4級加熱曲線に示すような温度変化をする等温線が，火元建築物の周辺でどのような位置にあるかを調べると，図3の（A）〜（D）の曲線に当たり，そのときの＊の式におけるpの係数は∞，0.82，0.15及び0.04の値をとる。

　図2の4級曲線のような温度変化を示す位置は，火元建築物が木造の場合は図3において（D）の曲線上に当たり，火元建築物が防火造の場合は図3において（C）の曲線上に当たる。

(2)　火元建築物，隣棟の構造及びそれらの階層

　平成25年の住宅・土地統計調査によれば，全住宅数に対する木造住宅及び防火造住宅の割合は約6割であり，市街地では，木造住宅と防火造住宅は混在して分布している。この解説では，火元建築物及び隣棟は，仮想的に木造と防火造の中間的構造を持つとして延焼危険を考察することとするが，ここでは便宜的に以下の二通りの場合を想定して延焼危険距離を算出する。

①　火元建築物が木造，隣棟が木造の場合
②　火元建築物が防火造，隣棟が木造の場合

　また，住宅・土地統計調査によれば，全住宅数に対する一戸建て住宅の割合は約6割であり，一戸建て住宅における2階建ての割合は約8割であるので，一戸建ての2階建てを想定する。

(3)　延焼限界距離の算出

第1編　消防力の整備指針

　　延焼限界距離は，火元建築物の隣棟が延焼しないために必要な隣棟
間隔（火元建築物—隣棟）の最小値とする。隣棟が木造の場合の延焼
限界距離を算出するには，木材の着火温度が約260℃なので，火元建
築物の周辺で260℃を超えない位置を明らかにする必要がある。つま
り図3において4級曲線に着目する。

①　火元建築物が木造，隣棟が木造の場合

　　　$h = 0.04d^2$で表される曲線（D）より右下方の位置では，最高で
　　も260℃を超えない温度変化を示すので，この範囲では延焼しない。

　　　$h = 0.04d^2$において，2階建てを想定して$h = 8$を代入すると

　　　　$8 = 0.04d^2$　$d \fallingdotseq 14.14$

　　よって，延焼限界距離は，14.14メートルとなる。

②　火元建築物が防火造，隣棟が木造の場合

　　　$h = 0.15d^2$で表される曲線（C）より右下方の位置では，最高で
　　も260℃を超えない温度変化を示すので，この範囲では延焼しない。

　　　$h = 0.15d^2$において，①と同様に$h = 8$を代入すると

　　　　$8 = 0.15d^2$　$d \fallingdotseq 7.3$

　　よって延焼限界距離は，7.3メートルとなる。

　　以上二通りの場合を想定して延焼限界距離を算出したが，実際の市
街地では木造住宅と防火造住宅が混在していることを考慮して，この
基準では延焼限界距離として，14.14メートルと7.3メートルの中間値
を算出して10.7メートルとする。

(4)　延焼危険と建ぺい率

　　平成25年の住宅・土地統計調査によれば，一戸建て住宅の平均延べ
面積は129.09㎡である。ここでは2階建てを想定するので，建築面積
は延べ面積の2分の1の65㎡とすれば，正方形の住宅の場合に1辺は
8.0メートルとなる。こうした住宅が等間隔に建ち並んでいる街区を
想定する。

　　上記で算出した延焼限界距離10.7メートルを隣棟間隔として建ぺい
率を算出すると，$(8.0)^2 \div (10.7 + 8.0)^2 \fallingdotseq 0.2$　となる。

　　したがって，建ぺい率が20パーセントであれば延焼限界距離である
10.7メートルという隣棟間隔を保つことができる。しかし，実際には

日照の関係，敷地の関係等から，上記のモデルよりも危険度の高い配置状態となるのが一般的であることから，隣棟間隔に安全率として1.5を見込むと，$10.7 \times 1.5 = 16.05$メートルとなる。

この場合の建ぺい率は，$(8.0)^2 \div (16.05 + 8.0)^2 \fallingdotseq 0.1$　となる。

以上のことから，延焼危険性のある街区は，平均建ぺい率が10パーセント以上の街区とする。

(5)　市街地の区域設定

市街地の定義は，街区の平均建ぺい率と人口規模の2つの要件がある。このうち街区の連続性については，ある程度弾力性を持たせて解釈することとし，二以上の準市街地が近接している区域であっても人口規模が1万以上であれば市街地に含めて扱うこととする。

実態として，一定の範囲内に散在する準市街地の一団の中心付近には，署所が設置されているケースが多く見られる。

街区の連続性がなくても，例えば道路状況や地域の一体性等を考えて，市街地と同様に扱うことが消防行政上適切であると判断される場合，これも市街地として扱う。

街区の連続性がない場合の市街地の区域設定は，設置された署所から消防力が有効に機能するか否かによって判断されるべきである。消防力が有効に機能する範囲とは，第4条の解説で記述するように，消防ポンプ自動車が署所から出動後，火災現場で消防活動を開始するまでの時間内（4.5分）に走行できる範囲，すなわち署所担当面積とするのが妥当である。例えば，河川等によって街区の連続性が断たれていても，橋梁により交通上支障なく消防サービスが提供できる状況にあれば署所担当面積として扱える。このほか，署所に救急隊が配置された場合の効果等も含めて総合的に判断していくことが重要である。

また，仮に人口10万の市街地の近辺に5,000規模の準市街地が存在する場合，この準市街地を市街地に取り込むべきか否かの判断についても同様であるが，10万の市街地には既に署所が設置されているのであるから，こうした既存の署所の持つ消防力の機能する範囲に着目して判断する必要がある。

(6)　市街地と準市街地の違い

第1編　消防力の整備指針

「市街地」と「準市街地」は，定義からも明らかなように，平均建ぺい率に差異はないので，延焼危険の度合いに相違はない。異なっているのは人口規模であり，人口1万を拠り所に両者を区別しているが，火災の発生頻度は人口規模とおおむね正比例の関係にあるため，市街地に比べて準市街地では火災の発生頻度が低い。この指針の目標達成には，多くの消防力を投入することが望ましいが，そのためには多額の行政経費を必要とするので，費用対効果の観点から，人口規模について1万で線引きする。

(7)　街区の取り方

「街区」とは，幅員4メートル以上の道路（建築基準法第42条第1項第3号の既存道路及び同条同項第5号の指定道路を含む。），河川，鉄道用地，公園等で囲まれた宅地のうち最小の一団地であって，市街地における最小区画である。また，これらの道路等で囲まれた宅地の外周部が不明瞭な場合，例えば，街道沿いとか，拡大しつつある市街地の外縁部のように，既存の地物等によって街区が設定できない場合は，建ち並んだ建物の外壁面から15メートル後退したところに境界線を仮想し，これをもって街区とし，建ぺい率を計算する。

2　消防署等の定義

(1)　消防署

消防署は，地方自治法第156条第1項に規定する「その他の行政機関」に属し，消防組織法第10条に基づき市町村の条例によりその位置，名称及び管轄区域を定めなければならないこととされている。

消防組織法第9条では，消防本部，消防署及び消防団を市町村の消防機関と位置づけ，その全部又は一部を設けなければならないとされているが，消防署は，消防本部の下部組織であり，消防本部を設けないで消防署のみを単独設置することはできないと解すべきである。

消防本部は，消防団の事務を除き，市町村の消防事務を統轄する機関であり，主として人事，予算等の消防組織そのものを維持するために必要な事務や，消防行政の運営に関する企画，統制等の事務を処理するのに対し，消防署は，火災の予防，警戒，鎮圧，その他の災害の防除及び災害による被害の軽減の活動を第一線に立って行う機関である。

第2条　〔定義〕

(2)　出張所

　　出張所は，消防署の一組織であり，消防ポンプ自動車をはじめとする消防用自動車等を配置し，これを常時運用するための消防職員を配置している施設である。

　　この指針では，支所や分遣所等出張所以外の名称を用いたとしても，前述の要件を満たす施設は，全て出張所とする。

3　動力消防ポンプの定義

(1)　消防ポンプ自動車

　　この指針における消防ポンプ自動車は，1台から2口の放水を想定していることから，2口以上の放水口を有し，かつ，動力消防ポンプの技術上の規格を定める省令（昭和61年10月15日自治省令第24号。以下「規格省令」という。）に定めるB−1級以上の放水能力を有するものでなければならない。

　　なお，水槽付消防ポンプ自動車も消防ポンプ自動車として扱う。

(2)　手引動力ポンプ

　　手引動力ポンプは，人力で引いて運搬するように車輪をつけた消防用ポンプであり，規格省令に定める放水能力は問わない。

(3)　小型動力ポンプ

　　小型動力ポンプは，人力（2人程度）で運搬できるように製作された消防用ポンプであり，規格省令に定める放水能力は問わない。

（参考）

　　　動力消防ポンプの技術上の規格を定める省令（抄）

$$\left[\begin{array}{l}\text{昭和61年10月15日}\\\text{自治省令第24号}\end{array}\right]$$

　第21条　ポンプ（大容量泡放水砲用動力消防ポンプのポンプを除く。以下この章において同じ。）は，別表の上欄に掲げるポンプの級別に応じ，同表の中欄に掲げる規格放水性能及び同表の下欄に掲げる高圧放水性能をそれぞれ満たすものでなければならない。なお，規格放水性能及び高圧放水性能は，それぞれ次の各号に定めるところによるものとする。

第1編　消防力の整備指針

別表

ポンプの級別	放　　水　　性　　能			
	規　格　放　水　性　能		高　圧　放　水　性　能	
	規格放水圧力 （MPa）	規格放水量 （㎡/min）	高圧放水圧力 （MPa）	高圧放水量 （㎡/min）
A―1	0.85	2.8以上	1.4（直列並列切換え型のポンプは，1.7）	2.0（直列並列切換え型のポンプは，1.4）以上
A―2	0.85	2.0以上	1.4（直列並列切換え型のポンプは，1.7）	1.4（直列並列切換え型のポンプは，1.0）以上
B―1	0.85	1.5以上	1.4	0.9以上
B―2	0.7	1.0以上	1.0	0.6以上
B―3	0.55	0.5以上	0.8	0.25以上
C―1	0.5	0.35以上	0.7	0.18以上
C―2	0.4	0.2以上	0.55	0.1以上
D―1	0.3	0.13以上		
D―2	0.25	0.05以上		

4　警防要員の定義

　災害現場において警防活動に従事する消防吏員である。具体的には，消防隊，救急隊，救助隊及び指揮隊の隊員をいう。

5　予防要員の定義

　火災の予防に従事する消防職員である。具体的には，防火管理，防火査察，違反処理，消防同意，消防設備，危険物に関する業務に従事する消防職員をいう。

6　消防の連携・協力の定義

　市町村の消防の広域化に関する基本指針（平成18年告示第33号）に規定する消防事務の性質に応じて事務の一部について柔軟に連携・協力を行うことをいう。具体的には，はしご自動車の共同運用，指令の共同運用等がある。

問1　この指針における人口は何をとらえればよいのか。

答　　住民基本台帳人口とする。

第2条　〔定義〕

> **問2**　管内を市街地，準市街地等に区域設定したときの概念図を示されたい。

答　＜概念図＞
・消防本部管内に市街地：2（No.1及びNo.2）
　※No.2は，準市街地1～5で構成される。
・準市街地が6（6～11）
・市街地：消防署1，出張所1
・その他の地域：出張所1

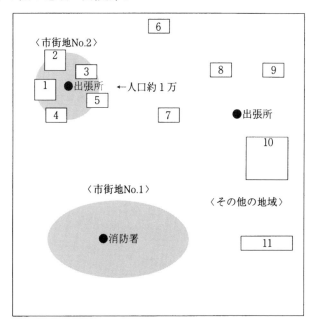

> **問3**　救急自動車のみを配置し，常時出動可能な体制にある施設は，消防力の整備指針で定めるところの出張所に該当するのか。
> 　また，昼間のみ運用するような体制にある施設の場合は該当するのか。

答　この指針における出張所は，消防用自動車等を配置し，これを常時運用できる体制を要件としている。このことから，前段については該当し，後段については該当しない。

19

第1編　消防力の整備指針

第3条　〔基本理念〕

第3条　市町村は，住民の消防需要に的確に対応するため，次の各号
　に掲げる事項に配慮しつつ，消防力を整備するものとする。
　⑴　消防職員がその業務を的確に実施するために必要な職務能力を
　　　有するとともに，相互に連携した活動を行うことができるように
　　　すること等により，総合的な消防力の向上を図ること。
　⑵　災害の複雑・多様化に対応した警防体制，防火対象物の大規
　　　模・複雑化，危険物の多様化等に対応した高度かつ専門的な予防
　　　体制及び救急需要の増加等に対応した救急体制その他の適切な消
　　　防体制の整備を図ること。
　⑶　災害対応における地域の防災力を高めるため，消防団の充実強
　　　化，災害情報の伝達等に必要な資機材の整備等を図るとともに，
　　　消防機関，市町村の防災部局，自主防災組織等が相互に連携を深
　　　めること。
　⑷　大規模な災害や武力攻撃事態等に対応するため，他の市町村，
　　　都道府県及び関係機関と広域的な協力体制を確保するとともに，
　　　住民の避難誘導等を的確に実施すること。

□解　説□
　消防行政を運営していく上での基本となる理念をこの指針の前文及び本
条で明記している。
　基本理念の大きな方向性として，「総合性の発揮」，「複雑化・多様化・
高度化する災害への対応」，「地域の防災力を高めるための連携」及び「大
規模災害時等における広域的な対応」の必要性があり，その内容について
は以下のとおりである。

1　総合性の発揮

　多様化する消防ニーズに的確に対応するためには，消防職員がそれぞ
れの業務を遂行するために必要な職務能力を有することは当然のことな
がら，複数の業務にまたがる総合的な職務能力を高めることが必要とな
る。具体的には以下のような例が挙げられる。

第3条　〔基本理念〕

① 組織としてジョブローテーションに取り組み，消防職員が警防，予防，総務事務等の複数の分野の業務を経験し，その知識・技術を有することにより，各業務を的確に実施するための職務能力を高めることができるようにすること。

② 限られた施設や人員等を最大限有効に活用して十分な消防力の水準を確保するため，業務間相互における連携を図り，総合的な消防力の向上を促進すること。

2　複雑化・多様化・高度化する災害への対応

近年，消防の対応すべき事象は，通常の火災や救急事案のほか，大規模な地震等の自然災害，複雑な構造の施設や多様な危険物を取り扱う事業所における災害，さらにはテロ災害，武力攻撃災害等，著しく複雑化・多様化・高度化している。こうした災害に十分に対応できる適切な警防，予防，救急，救助体制等の整備を図る必要がある。そのために必要な事項は以下のとおりである。

① あらゆる災害に的確に対応するための高度な消防用資機材の整備を推進し，個別の資機材の性能や効果と施設と人員を合わせた消防力を考慮した警防活動体制の整備及び災害現場における複数の消防隊等の円滑で効果的な警防活動の遂行と安全管理を徹底するため，現場指揮体制の整備を図ること。

② 火災等の発生を抑制するとともに，発災時の警防活動を効果的に実施するため，予防活動体制の充実を図ること。特に，防火対象物の大規模化・高層化や危険物の複雑化・多様化等の進展に対応した高度で専門的な知識・経験を有する予防要員を確保すること。

③ 急速な高齢化に伴う救急需要の増加や，救急業務の高度化・専門化に的確に対応した救急体制の整備を図ること。

3　地域の防災力を高めるための連携

災害対応における地域の総合防災力を高めるためには，消防は，市町村長の管理の下，市町村の防災部局や関係機関，地域の自主防災組織等との連携，また，常備消防と消防団との連携が必要である。そのために必要な事項は以下のとおりである。

① 消防は，地域防災計画等に基づき，市町村長の管理の下，関係機関

や地域の自主防災組織等と連携し，災害発生時の応急対策等を担うこととなる。このため各市町村においては，通常火災等に対応するための消火，救急，救助等の消防力のほか，各種災害への対応に必要な高度な資機材を整備するとともに，災害情報の伝達，避難誘導等に必要となる施設及び人員の整備を図ること。

② 消防団については，通常の火災への対応に加えて，自然災害時等の住民の避難誘導その他地域ごとに想定される災害対応に必要な人員を確保すること。

4 大規模災害時等における広域的な対応

単独の市町村では対応できないような大規模・特殊災害，また，国がより主体的な役割を果たすべき武力攻撃災害等において，住民の生命・身体・財産を保護するためには，他の市町村，都道府県及び自衛隊等の国の関係機関と協力しつつ，広域的な対応体制を確保することが必要である。そのために必要な事項は以下のとおりである。

① 市町村の区域を越え，又は当該市町村単独では対応の困難な災害にあっては，都道府県の航空機による支援等を受けつつ，市町村間の相互応援に関する協定等に基づく応援，消防庁長官の求め又は指示による緊急消防援助隊の応援等を受けることができるよう，応援部隊や国等との的確な連絡調整により円滑な応援に対応できる通信，指令，指揮等の体制を整備すること。

② 大規模・特殊災害，武力攻撃災害等に備え，当該市町村における体制整備のほか，緊急消防援助隊の編成や高度な資機材の整備等，広域的な観点からの消防力の充実が必要となること。

—— **第2章　施設に係る指針** ——————————

第4条　〔署所の数〕

第4条　市街地には，署所を設置するものとし，その数は，別表第1
　　（積雪寒冷の度の甚だしい地域（以下「積雪寒冷地」という。）に
　　あっては，別表第2。以下この条において同じ。）に掲げる市街地
　　の区域内の人口について別表第1に定める署所の数を基準として，
　　地域における地勢，道路事情，建築物の構造等の特性（以下「地域
　　特性」という。）を勘案した数とする。

2　前項の規定にかかわらず，市街地のうちその区域内の人口が30万
　　を超えるもの（以下「大市街地」という。）に設置する署所の数
　　は，当該大市街地を人口30万単位の地域に分割し，当該分割に係る
　　地域を一の市街地とみなして，当該地域の人口についてそれぞれ別
　　表第1に定める署所の数を合算して得た数を基準として，地域特性
　　を勘案した数とする。この場合において，同表中「市街地の区域内
　　の人口」とあるのは「分割に係る地域の人口」と読み替えるものと
　　する。

3　市街地に該当しない地域には，地域の実情に応じて当該地域に署
　　所を設置することができる。

別表第1（第4条第1項関係）

市街地の区域内の人口 （万人）	署所の数
1	1
2	1
3	1
4	2
5	2
6	2
7	3
8	3
9	3

別表第2（第4条第1項関係）

市街地の区域内の人口 （万人）	署所の数
1	1
2	1
3	1
4	2
5	2
6	2
7	3
8	3
9	3

10	3		10	4
11	4		11	4
12	4		12	4
13	4		13	5
14	4		14	5
15	5		15	5
16	5		16	5
17	5		17	6
18	5		18	6
19	6		19	6
20	6		20	7
21	6		21	7
22	6		22	7
23	7		23	8
24	7		24	8
25	7		25	8
26	8		26	9
27	8		27	9
28	8		28	9
29	8		29	10
30	9		30	10

備考
　市街地の区域内の人口については，当該人口の１万未満の端数を四捨五入して得る数による。

備考
　市街地の区域内の人口については，当該人口の１万未満の端数を四捨五入して得る数による。

□解　説□

1　署所の設置意義等

(1)　署所の設置等

　　消防活動を実施するには，消防用自動車等及びこれを常時運用するための消防職員を配置し，災害が発生した場合に迅速に出動可能な体制を確保するための拠点施設として署所が必要となる。消防活動の対象となる事象は，火災，救急，救助等広範囲にわたり，その多くが人

為的要因によって発生している。このことから署所は，ある程度人口の集中した地域に設置することが適当であり，消防行政に対する費用対効果も考慮して市街地に設置することとする。

しかし，市街地に署所を設置することは，市街地に該当しない地域の災害危険を放任するものではない。

(2) 署所数算定の視点

署所は火災，救急，救助等様々な災害に対応するための拠点として機能するので，災害の種別ごとに必要数を算定することが望ましい。しかし，一般的に消防活動の初期において投入される消防力の絶対量が大きいのは火災であることから，火災への対応を考慮する視点から署所数を検討することとした。

この指針では，消防活動に関する実態調査（平成10年9月実施　以下「消防活動実態調査」という。）によるデータを実証的に分析して署所数を算定する。

2　延焼の条件

(1) 延焼，延焼率の定義

建築物の延焼程度は火災報告取扱要領（平成6年4月21日付け消防災第100号）において，全焼，半焼，部分焼及びぼやに区分されている。部分焼までの建築物の焼き損害額は，火災前の同建築物の評価額の20％未満と規定されており，一般的に経済的負担を考慮すると，部分焼及びぼやの建築物は補修等によって再使用されることが多い。そこで，この指針では延焼した建築物の焼損程度が全焼又は半焼を「延焼」と定義し，「延焼率」は，隣棟の焼損程度について，

（全焼＋半焼）÷（全焼＋半焼＋部分焼＋ぼや＋損害なし）

によって求めた。

(2) 密集度の要素

一般に建築物が密集していれば，火災が発生した際に隣棟に延焼する可能性が高いと考えられる。建築物の密集度をとらえる代表的な指標として，建ぺい率があるが，火元建築物から隣棟への延焼危険を考察する場合には，直接的な指標となりにくい。つまり，火元建築物を含む街区の建ぺい率が仮に高かったとしても，たまたま火元建築物と

第1編　消防力の整備指針

表1　市街地における木造・防火造専用住宅の火災における隣棟への延焼率

サンプル数786例　　上段：1口放水　　下段：2口以上放水

隣棟間隔（m）	延焼率（%）	最先着隊の出動〜放水開始時間別の延焼率（%）					
		4分以内	5分以内	6分以内	7分以内	8分以内	10分以内
1未満	27.2	27.8	26.6	26.0	26.7	26.1	26.5
	20.0	24.3	21.6	20.3	19.7	18.8	18.8
1〜1.9	29.5	28.6	25.3	23.5	24.1	24.9	27.3
	26.3	18.2	20.3	19.5	21.9	23.1	24.5
2〜2.9	20.5	9.5	8.5	10.5	12.0	14.0	17.9
	20.0	10.7	6.7	10.6	13.5	16.3	20.2
3〜3.9	19.0	3.2	5.9	12.8	12.6	13.7	16.2
	11.5	0	3.1	2.4	2.2	4.2	8.0
4〜4.9	10.6	4.9	6.8	8.2	8.0	10.0	10.8
	9.7	5.3	6.7	8.3	8.1	10.2	10.0
5〜5.9	3.9	0	0	0	0	2.2	2.1
	4.2	0	0	0	0	0	0
6〜9.9	3.4	0	0	0	0	4.1	3.4
	0	0	0	0	0	0	0
10以上	2.9	0	0	0	0	0	0
	0	0	0	0	0	0	0

　隣棟との距離が離れていれば延焼危険は小さくなってしまう。建築物の配置状況のデータが消防活動記録上で得にくいため，建ぺい率では延焼危険を算定しにくいという問題点もある。

これに対して，火災は街区のある地点で発生し，周囲に延焼するものであるため火元建築物とその隣棟との距離である隣棟間隔は，延焼危険に直接的に大きな影響を与える因子である。また，隣棟間隔は，消防活動記録上のデータが比較的そろっている。この解説では，火元建築物と最も近接し，かつ延焼危険のある建築物との距離を「隣棟間隔」と呼び，これに着目する。

(3) 建築物の用途等

建築物には様々な用途があり，これによって火災の態様も異なり，消防戦術が選択される。また，建築物の構造には大別して木造，防火造，耐火造があり，火災による延焼速度は，木造に比べ防火造，耐火造は相対的に緩慢であるため火災の延焼危険に違いがある。

こうした中で，建物火災に占める住宅火災の割合は高く，人的被害の割合も大きい。近年に建築された住宅は，「消防力の整備指針」が制定された当時の木造建築物と比べて防火性能の高い建築物となっている。実際には木造と防火造の建築物は混在しているので，火元建築物，隣棟の双方について，仮想的に木造と防火造の中間的構造を持つ一戸建て専用住宅を対象に必要な消防力を算定することとする。

3 延焼阻止の条件

(1) 放水開始時間

消火活動はできるだけ早期に開始され，十分な放水量があれば火災は拡大，延焼する前に鎮圧することができるはずである。表1の火災現場に最先着した消防ポンプ自動車について，「出動〜放水開始時間」ごとの延焼率に着目すると，この時間が短いほど延焼率は低くなる傾向にある。しかし，隣棟間隔が1メートル未満の火災では，「出動〜放水開始時間」の違いによる延焼率の差異はなく，いかに早く放水しようともある程度の延焼はまぬがれないことがわかる。隣棟間隔が1メートル以上5メートル未満の火災では，早い消火活動の開始が延焼阻止に大きな効果を発揮する。特に，隣棟間隔が2メートル以上になると，消火活動の開始が相当程度遅れた場合を除き，延焼率は比較的低くなり，5メートルを超えると著しく低下する。

表2の，隣棟間隔が1メートル以上5メートル未満の火災事例をみ

ると，「出動～放水開始時間」が「5.5～6.4分」，「6.5～7.4分」という2つの時間帯を超えると延焼率が急に高くなることから，これらの時間帯の中間値「6.5分」を「出動～放水開始時間」の限界とする。

(2) 放水口数

隣棟間隔や「出動～放水開始時間」が同じであっても，放水量が多ければ延焼率は下がることが予想される。表2をみると，最先着隊が2口以上の放水を実施した場合に消火活動の効果は大きく，この場合の方が6.5分という時間帯を境に延焼率の変化がより顕著であるため，放水の最小単位を2口以上とする。

表2　消防隊の放水開始時期と延焼率の変化

(隣棟間隔1m以上5m未満の火災)

最先着隊の出動	延焼率（％）	
～放水開始時間	1口放水	最先着隊2口以上放水
4分	14.8	11.0
5分	11.5	11.7
6分（5.5～6.4分）	18.9	14.8
7分（6.5～7.4分）	22.0	29.6
8分	33.3	42.1
8～10分	57.6	58.8
10分以上	71.4	55.6
全体	21.9	19.7

4　想定するモデル

消防活動のあるべき水準すなわち目標は様々考えられるが，この整備指針では，消防力のうち最も基本的施設である署所の整備目標について，一戸建ての専用住宅において発生した火災を火元建築物1棟の独立火災にとどめ，隣棟への延焼を阻止することに設定する。この際に想定するモデルは，整理すると次の表3のようになる。

第4条　〔署所の数〕

表3　市街地における延焼阻止モデル

延	火災発生地域	市街地
	隣棟間隔	5m未満
	火元建築物の構造	木造・防火造
焼	火元建築物の用途	一戸建て専用住宅
	火元建築物の階層	2階建て
延焼阻止	出動〜放水開始時間	6.5分
	放水口数	2口以上

5　市街地における署所数の算定

(1)　走行時間の設定

　　消防機関が火災発生の通報を受けて，署所から消防隊が出動し，放水開始するまでのプロセスは，以下のとおりである。

```
火災発生→通報→覚知→出動→現場到着・水利部署→放水開始
                    走行限界時間   放水準備時間
                    ←4.5分→    ←2.0分→
```

　　出動から放水開始までの所要時間が約6.5分を超えると急激に延焼率は高まることから，火元建築物1棟の独立火災で消火するためには，消防隊は出動後6.5分以内に放水を開始しなければならない。

　　消防活動実態調査結果より，消防隊が火災現場到着後，放水開始するまでの「放水準備時間」は平均2分である。よって，消防ポンプ自動車の走行に当てられる時間は4.5分であり，この時間を「走行限界時間」とし，走行限界時間内に消防ポンプ自動車が到達できるエリアを「署所担当面積」と呼ぶ。

(2)　署所数の算定方法

①　市街地面積の算定

　　市街地に配置する署所数は，（市街地面積÷署所担当面積）によって算出できる。市街地面積，署所担当面積それぞれの算出方法について，以下順に解説する。市街地人口は人口統計をもとに求めることができるが，市街地面積の測定は一般に難しい。市街地人口

29

が同じであっても,人口密度が高ければ市街地面積は小さく,人口密度が低ければ市街地面積は大きくなるので,市街地面積を求めるためには人口密度を把握する必要がある。ここでは,市街地人口密度に代替するものとして,国勢調査で設定される人口集中地区(以下「DID」という。)人口密度を用いる。

ア　DIDと市街地の関係

DIDとは,市町村内の境域内で人口密度が高い基本単位区(原則として1平方キロメートル当たり4,000人以上)が隣接しており,それらの地域の人口が5,000以上を有する地区である。DIDは総務省統計局が全国を対象に一定の精度で設定し,人口,面積,人口密度のデータ及び区域設定が地図上に公表されている。DIDの定義は市街地の定義とは異なるが,いくつかの都市でDIDと市街地の線引きを比較してみるとかなり近似的である。DID人口密度と市街地人口密度を回帰分析すると次の関係式で整理され,DID人口密度は市街地人口密度に代替できることが検証された(図4)。

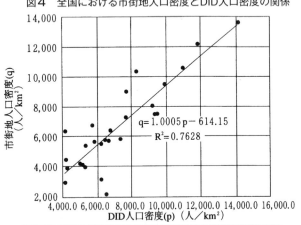

図4　全国における市街地人口密度とDID人口密度の関係

q:市街地人口密度(人／km²)
p:DID人口密度(人／km²)
q＝1.0005p－614.15　　　　　　　　　　＊

イ　DIDと市街地の区域設定の違い

　　DIDは，原則的には人口密度が4,000人以上であるが，これに満たない場合でもDIDが都市的地域を表すという観点から，常住人口の少ない次のような施設のある地域をDIDに含んでいる。

・文教レクリエーション施設（学校，研究所，神社，仏閣，運動場等）

・産業施設（工場，倉庫，事務所，鉄道用地等）

・公共及び社会福祉施設（官公庁，病院，療養所等）

　　これに対して市街地は，上記のような施設は除かれることが多く，こうした場合には，市街地人口密度（q）は高く，DID人口密度（p）は低くなる傾向がある。

　　前記した＊式により，市街地人口密度とDID人口密度の間には相関関係が認められることから，市街地人口密度はDID人口密度によって代替できるので，市街地面積は①式により求めることができる。

> A：市街地面積（km²）
> P：市街地人口（万人）
> p＝DID人口密度（人／km²）
> A：$10^4 P ／ p$　　　　　　　　　　　　　　　①

②　消防ポンプ自動車走行速度の分析

　　延焼阻止のための放水活動を実施する消防自動車は消防ポンプ自動車であるが，その走行速度は，道路の整備状況や混雑度，交差点数，交通量，通行者数等の影響を大きく受ける。こうした要素の消防ポンプ自動車の走行に与える影響度は，一律的な分析が難しい。しかし，一般的に人口密度が高ければ建築物等が密集し，交通量や通行人数が多いため，消防ポンプ自動車の走行速度は低下し，低ければその逆になると考えられる。市街地は，平均建ぺい率の最低値がおおむね10％であるため，個々の市街地ごとに建築物の密集度に相当な違いがある。ここでは，市街地内の密集度を表す代表的な指標として，DID人口密度に着目する。

　　消防活動実態調査結果から得られた各消防本部ごとの消防ポンプ

自動車走行速度とDID人口密度を回帰分析すると，②式で整理される（図5）。

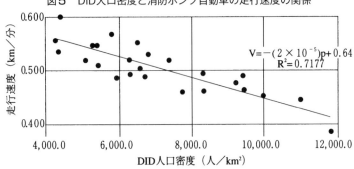

図5　DID人口密度と消防ポンプ自動車の走行速度の関係

V：消防ポンプ自動車走行速度（km／分）
p：DID人口密度（人／km²）
V＝－（2×10⁻⁵）p+0.64　　　　　　　　　　　②

②式から，消防ポンプ自動車は人口密度の高い市街地では走行速度が減じ，人口密度の低い市街地では走行速度は増すことがわかる。人口密度ごとの消防ポンプ自動車走行速度を算出すると，次の表4のようになる。

表4　人口密度ごとの消防ポンプ自動車走行速度

DID人口密度（p）	消防ポンプ自動車走行速度（V）
3,000	0.58
4,000	0.56
5,000	0.54
6,000	0.52
7,000	0.50
8,000	0.48
9,000	0.46
10,000	0.44

③　署所担当面積の算定

署所担当面積は，図6のOを中心とした半径4.5V（走行速度×走行限界時間）の円になるはずであるが，署所を中心に走行可能な道路が放射状に延びていることはありえないので，消防ポンプ自動車が道路を直交しつつ火災現場に到達するとすれば，理論的な署所担当面積は，図6のABを1辺とする正方形となる。

図6 現実的な署所担当面積と理論的な署所担当面積の関係

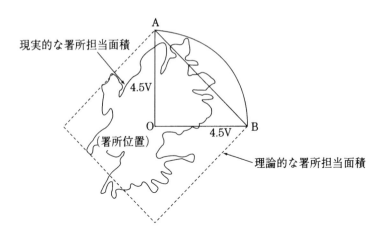

AB＝4.5V$\sqrt{2}$

理論的な署所担当面積：$(4.5V\sqrt{2})^2 = 40.5V^2$

しかし，実際には道路状況等によりこの正方形が歪んでいる。実測によって得られたいくつかの市街地における署所担当面積は，市街地の中心部から外延部に向かって道路の整備状況が悪くなること，道路幅員も狭まること，丘陵部等の地形的な障害があることなどの影響により，理論的な署所担当面積の約50％となった。そこで，現実的な署所担当面積は，理論的な署所担当面積に0.5を乗じて求める。

```
a：署所担当面積（km²）
p：DID人口密度（人／km²）
a＝40.5V²×0.5
 ＝40.5{－(2×10⁻⁵)p+0.64}²×0.5           ③
```

③式から，署所担当面積は，人口密度の高い市街地では小さく，人口密度の低い市街地では大きくなることがわかる。人口密度ごとの署所担当面積を算出すると次の表5のようになる。

以上，これまでの解説を整理すると，人口が同じ2つの市街地があった場合，人口密度の高い市街地では市街地面積は小さくなるが，消防ポンプ自動車の走行速度が減じることから署所担当面積も

表5　人口密度ごとの署所担当面積

DID人口密度（p）	署所担当面積（a）
3,000	6.81
4,000	6.35
5,000	5.90
6,000	5.48
7,000	5.06
8,000	4.67
9,000	4.28
10,000	3.92

小さい。逆に，人口密度の低い市街地では市街地面積は大きくなるが，消防ポンプ自動車の走行速度が増すことから署所担当面積も大きい。つまり，人口密度によって市街地面積と署所担当面積が同じように変化する。このことを模式的に表すと図7のようになる。

図7　人口密度の違いによる署所担当面積と市街地面積の関係

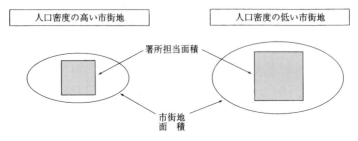

④　署所数の算定

署所数（R_1）は，市街地面積（A）を署所担当面積（a）で除して，④式により求める。

$$R_1: 市街地をカバーするのに必要な署所数（署・所）$$
$$R_1 = A / a$$
$$= 10^4 P / 40.5\{-(2\times 10^{-5})p+0.64\}^2 \times 0.5 \times p \quad ④$$

DIDが市街地より広く設定されている場合は，DID人口密度（p）が低いために市街地面積（A）が大きい値となる。その結果，算出

される署所数（R_1）は大きな値となる点に注意を要する。

DIDと市街地の区域設定がかなり異なるような特殊な場合等を除いて，署所数を④式を用いて算出し，別表第1のように整数値に整理して連続的な変化を与えて，市街地の人口規模に応じて署所数を規定している。

消防署と出張所の割合は，市町村の判断により決定すべきことであるが，第2条の解説で記述したように，消防署と出張所の機能が異なる点に留意しなければならない。

この指針では，別表第1に掲げた数を基準として，当該地域における地域特性を勘案して署所数を定めることとしているが，地域特性には地勢，道路事情，建築物の構造等のほかに，交通事情，市街地等の形状，市街地等の面積，集落の分布状況等の地域ごとに固有な所与の条件が該当する。

市町村の管轄区域内に複数の市街地がある際の署所数の算定方法は，市街地ごとに署所数を求め，得られた数を合算する。市街地ごとに人口密度（p_1，p_2……）が異なれば，消防ポンプ自動車走行速度（v_1，v_2……）も異なると考えられるので，署所数は市街地ごとに算定される。

街区の連続性がなくても市街地とした場合，この区域が市街地に相当する人口を有することが必要であるため，おおむね1万でなければならず，必要な署所数は1となる。

(3) 積雪寒冷地の扱い

積雪寒冷地において消防ポンプ自動車の走行速度（V）は，消防活動実態調査結果より7％減じられることが明らかとなった。そこで②，③，④式は②'，③'，④'のように書き換えられる。④'を基に署所数を算出し，別表第2のように市街地の人口規模に応じて署所数を規定している。

$$V'=0.93V$$
$$\quad =0.93\{-(2\times10^{-5})p+0.64\} \qquad ②'$$
$$a'=40.5V'^2\times0.5 \qquad ③'$$
$$R_1'=A／a' \qquad$$

第1編　消防力の整備指針

$$=10^4 P \,/\, 40.5(0.93V)^2 \times 0.5 \qquad\qquad ④'$$

6　署所数の市町村による決定

市町村が地域特性を勘案して署所数を決定する際の具体的な補正については，以下の方法が考えられる。

▶補正方法1　消防ポンプ自動車走行速度の補正

回帰分析によって得られた消防ポンプ自動車走行速度（V）が当該消防本部に当てはまらない場合は，Vを実測する。また，一の市街地内でも人口密度は一様ではなく，より地域を限定してみるとVの値は異なってくる可能性がある。

▶補正方法2　署所担当面積の補正

鉄道，高速道路，河川等によって道路が分断されていたり，交通上の障害により，ある方向への消防ポンプ自動車の走行が極度に妨げられることがある。その結果，現実的な署所担当面積が理論的な署所担当面積の50％未満となる場合は，走行限界時間内に消防ポンプ自動車が到達できるエリアを実測し，署所担当面積とする。

▶補正方法3　DID人口密度の補正

常住人口がないにもかかわらず都市的施設等がDIDの区域設定に含まれている場合には，当該施設等の面積を差し引いてDID人口密度を算出し直す。補正したDID人口密度によって署所数を求める。

▶補正方法4　走行限界時間の補正

発信地表示システムの導入や指令の運用方法等によって，迅速な出動が可能となり，消防ポンプ自動車の走行に当てられる走行限界時間が4.5分より長くなることもある。この場合，補正した走行限界時間で署所担当面積を算定し直す。

▶補正方法5　昼間人口の補正

政令指定都市等の大都市では，就労場所の集中により夜間人口に比べ昼間人口が著しく多い場合があり，昼間に消防行政需要が増加することがある。この場合は，昼間人口も考慮した署所数に補正する必要もあるが，その方法は市町村判断とする。

7　具体的な署所の設置位置

第1項は，市街地に設置する署所数を規定しているものであり，市街

地内における署所の具体的な設置位置は市町村が任意に決定できる。しかし，効果的な消防活動を実施するためには，市街地のできるだけ広範囲に消防ポンプ自動車が走行限界時間に到着できるよう道路交通状況等を勘案して，署所が市街地内にバランスよく配置されていることが重要である。

8　大市街地に設置する署所の数

　　人口30万を超える市街地（大市街地）における署所数についても，理論上，行政区や消防署の管轄区域とは関係なく，広い面積であっても一の市街地であれば，これを署所担当面積で除すことによって算定されるものである。

　　この指針では，市街地人口を30万ごとに分割して，30万ごとの必要数と30万に満たない部分の必要数を合算して算定することとする。

▶大市街地における署所数の算定例

市街地人口100万の場合：100万＝30万×3＋10万＝27署所＋3署所＝30署所

　　30万の部分：別表第1より算出　　　9署所×3＝27署所

　　10万の部分：別表第1より算出　　　3署所

　　※　積雪寒冷地は別表第2を適用

9　市街地に該当しない地域における署所の設置

　　人口や建築物が集積し，延焼危険の高い市街地に署所を設置することは，消防行政に対する費用対効果の面でも合理的であるが，市街地を形成するに至らないまでも，ある程度の集落が形成され，地域住民の多様な消防行政需要が発生していることに消防機関は対応しなければならない。消火活動，救急活動，救助活動等は住民からの要請に対してできるだけ短時間のうちに実施する必要があり，市街地に設置された署所からでは，消防力が十分に機能しえないことがある。

　　例えば，高齢化の進展等により救急需要は増加の一途をたどり，その傾向が農山村や漁村部で特に顕著になってきている。また，人口が少なくても高速道路があってインターチェンジがある場合，救急業務等の対

第1編　消防力の整備指針

応が必要なこともある。このような状況に対して，多くの市町村は，市街地に該当しない地域にも署所を設置している状況がある。

　そこで，市街地に設置された署所から著しく隔離した地域等における消防行政需要に応えるため，他に有効な対応がとりえない場合にあっては，当該地域に署所を設置することができることを指針上明確にしているものである。

問1　「積雪寒冷の度の甚だしい地域」とは，どのような地域のことか。

答　累年平均積雪積算値がおおむね3,000センチメートル日以上の地域又は1月の累年平均気温値がおおむね−2℃以下の地域が該当する。累年平均積雪積算値は，気象庁月報等を参考にして各観測地点ごとに観測期間中における毎年毎月の日積雪深値の集計値を求め，これを月別に合計して観測年数で除したもので，11月から翌年5月までの期間を合算して算出する。

問2　人口集中地区（DID）とは，どのような区域か。

答　人口集中地区（DID：Densely Inhabited Districtの略）は，実質的な都市地域のデータとして，非常に広範囲に利用されている。DIDが設定された理由は，昭和28年に施行された町村合併促進法によって，市町村の合併が急激に進んで市町村の規模が拡大し，特に「市」の場合，その周辺の農村地域が市域に含まれることになったため，従来，都市地域とみなされていた「市」の地域が，必ずしも実質的な都市地域としての実態を示さなくなってきたことにある。そこで，市区町村という行政地域の境域とは別に，都市地域を示す区域としてDIDが設定された。

　DIDは，昭和35年の国勢調査の際に設定されて以降，各回の国勢調査においてその都度設定されている。それは，実質的な都市地域は，常に固定したものではなく，時系列的に変化するものであるという実態的な考え方に基づいている。DIDに関する人口，人口密度，区域設定等のデータは，「我が国の人口集中地区：総務省統計局」に公表されている。

第4条 〔署所の数〕

　DID人口は，普通交付税における基準財政需要額の算定の中で，普通態容補正に用いられている。具体的には，都市化の度合いによる行政の質及び量の差を測定単位当たりの差に反映させるため，各市町村の都市的形態の程度を表す区分として種地を設け，その地域区分にDID人口の数値が指標として用いられる。

第1編　消防力の整備指針

第5条　〔動力消防ポンプの数〕

第5条　市街地には，動力消防ポンプを配置するものとし，その数
　は，別表第3（積雪寒冷地にあっては，別表第4。以下この条にお
　いて同じ。）に掲げる市街地の区域内の人口について別表第3に定
　める消防本部又は署所及び消防団の管理する動力消防ポンプの数を
　基準として，地域特性を勘案した数とする。

2　前項の規定にかかわらず，大市街地に配置する動力消防ポンプの
　数は，当該大市街地を人口30万単位の地域に分割し，当該分割に係
　る地域を一の市街地とみなして，当該地域の人口についてそれぞれ
　別表第3に定める消防本部又は署所及び消防団の管理する動力消防
　ポンプの数を合算して得た数を基準として，地域特性を勘案した数
　とする。この場合において，同表中「市街地の区域内の人口」とあ
　るのは「分割に係る地域の人口」と読み替えるものとし，分割に係
　る地域の人口が七万未満の場合には，当該地域に配置する動力消防
　ポンプの数は，別表第5に掲げる分割に係る地域の人口について，
　同表の定めるとおりとする。

3　準市街地に配置する動力消防ポンプの数は，別表第6に掲げる準
　市街地の区域内の人口について同表に定める動力消防ポンプの数を
　基準として，地域特性を勘案した数とする。

4　前項の規定による動力消防ポンプの数は，動力消防ポンプについ
　てそれぞれ次に掲げる口数を基礎として算出する。

　　消防ポンプ自動車　　　2口
　　手引動力ポンプ　　　　1口
　　小型動力ポンプ　　　　1口

5　市街地及び準市街地に該当しない地域には，地域の実情に応じ
　て，必要な数の動力消防ポンプを配置するものとする。

6　第1項から第3項まで及び前項の規定による動力消防ポンプは，
　消防本部若しくは署所又は消防団が管理するものとする。

第5条　〔動力消防ポンプの数〕

別表第3（第5条第1項関係）

市街地の区域内の人口（万人）	消防本部又は署所の管理する動力消防ポンプの数	消防団の管理する動力消防ポンプの数
1	消防ポンプ自動車2台	消防ポンプ自動車3台 手引動力ポンプ又は小型動力ポンプ1口
2	消防ポンプ自動車2台	消防ポンプ自動車3台 手引動力ポンプ又は小型動力ポンプ2口
3	消防ポンプ自動車3台	消防ポンプ自動車2台 手引動力ポンプ又は小型動力ポンプ3口
4	消防ポンプ自動車4台	消防ポンプ自動車1台 手引動力ポンプ又は小型動力ポンプ4口
5	消防ポンプ自動車4台	消防ポンプ自動車1台 手引動力ポンプ又は小型動力ポンプ5口
6	消防ポンプ自動車5台	消防ポンプ自動車1台 手引動力ポンプ又は小型動力ポンプ6口
7	消防ポンプ自動車6台	動力消防ポンプ7口
8	消防ポンプ自動車6台	動力消防ポンプ7口
9	消防ポンプ自動車6台	動力消防ポンプ7口
10	消防ポンプ自動車6台	動力消防ポンプ8口
11	消防ポンプ自動車7台	動力消防ポンプ9口
12	消防ポンプ自動車7台	動力消防ポンプ10口
13	消防ポンプ自動車7台	動力消防ポンプ10口
14	消防ポンプ自動車7台	動力消防ポンプ11口
15	消防ポンプ自動車8台	動力消防ポンプ11口
16	消防ポンプ自動車8台	動力消防ポンプ12口
17	消防ポンプ自動車8台	動力消防ポンプ12口
18	消防ポンプ自動車8台	動力消防ポンプ13口
19	消防ポンプ自動車9台	動力消防ポンプ14口
20	消防ポンプ自動車9台	動力消防ポンプ15口
21	消防ポンプ自動車10台	動力消防ポンプ15口
22	消防ポンプ自動車10台	動力消防ポンプ16口

第1編　消防力の整備指針

23	消防ポンプ自動車10台	動力消防ポンプ17口
24	消防ポンプ自動車11台	動力消防ポンプ17口
25	消防ポンプ自動車11台	動力消防ポンプ18口
26	消防ポンプ自動車12台	動力消防ポンプ19口
27	消防ポンプ自動車12台	動力消防ポンプ20口
28	消防ポンプ自動車13台	動力消防ポンプ20口
29	消防ポンプ自動車13台	動力消防ポンプ21口
30	消防ポンプ自動車14台	動力消防ポンプ21口

備考

(1)　市街地の区域内の人口については，当該人口の1万未満の端数を四捨五入して得る数による。

(2)　市街地の区域内の人口が7万以上の場合において消防団の管理する動力消防ポンプの数は，当該動力消防ポンプの数について第5条第4項の規定に準じて算出した口数が，本表中に規定する消防団の管理する動力消防ポンプの口数を満たす数とする。

別表第4　(第5条第1項関係)

市街地の区域内の人口（万人）	消防本部又は署所の管理する動力ポンプの数	消防団の管理する動力消防ポンプの数
1	消防ポンプ自動車2台	消防ポンプ自動車3台 手引動力ポンプ又は小型動力ポンプ2口
2	消防ポンプ自動車2台	消防ポンプ自動車3台 手引動力ポンプ又は小型動力ポンプ3口
3	消防ポンプ自動車3台	消防ポンプ自動車2台 手引動力ポンプ又は小型動力ポンプ4口
4	消防ポンプ自動車4台	消防ポンプ自動車1台 手引動力ポンプ又は小型動力ポンプ5口
5	消防ポンプ自動車4台	消防ポンプ自動車1台 手引動力ポンプ又は小型動力ポンプ6口
6	消防ポンプ自動車5台	消防ポンプ自動車1台 手引動力ポンプ又は小型動力ポンプ7口

7	消防ポンプ自動車6台	動力消防ポンプ8口
8	消防ポンプ自動車6台	動力消防ポンプ8口
9	消防ポンプ自動車6台	動力消防ポンプ9口
10	消防ポンプ自動車7台	動力消防ポンプ9口
11	消防ポンプ自動車7台	動力消防ポンプ10口
12	消防ポンプ自動車7台	動力消防ポンプ11口
13	消防ポンプ自動車8台	動力消防ポンプ12口
14	消防ポンプ自動車8台	動力消防ポンプ12口
15	消防ポンプ自動車8台	動力消防ポンプ13口
16	消防ポンプ自動車9台	動力消防ポンプ13口
17	消防ポンプ自動車9台	動力消防ポンプ14口
18	消防ポンプ自動車10台	動力消防ポンプ15口
19	消防ポンプ自動車10台	動力消防ポンプ16口
20	消防ポンプ自動車11台	動力消防ポンプ17口
21	消防ポンプ自動車11台	動力消防ポンプ18口
22	消防ポンプ自動車12台	動力消防ポンプ18口
23	消防ポンプ自動車12台	動力消防ポンプ19口
24	消防ポンプ自動車13台	動力消防ポンプ20口
25	消防ポンプ自動車13台	動力消防ポンプ21口
26	消防ポンプ自動車14台	動力消防ポンプ22口
27	消防ポンプ自動車14台	動力消防ポンプ23口
28	消防ポンプ自動車15台	動力消防ポンプ23口
29	消防ポンプ自動車15台	動力消防ポンプ24口
30	消防ポンプ自動車16台	動力消防ポンプ25口

備考

⑴　市街地の区域内の人口については，当該人口の1万未満の端数を四捨五入して得る数による。

⑵　市街地の区域内の人口が7万以上の場合において消防団の管理する動力消防ポンプの数は，当該動力消防ポンプの数について第5条第4項の規定に準じて算出した口数が，本表中に規定する消防団の管理する動力消防ポンプの口数を満たす数とする。

第1編　消防力の整備指針

別表第5　（第5条第2項関係）

分割に係る地域の人口（万人）	消防本部又は署所の管理する動力消防ポンプの数	消防団の管理する動力消防ポンプの数
1	消防ポンプ自動車1台	動力消防ポンプ1口
2	消防ポンプ自動車1台	動力消防ポンプ2口
3	消防ポンプ自動車2台	動力消防ポンプ3口
4	消防ポンプ自動車3台	動力消防ポンプ4口
5	消防ポンプ自動車3台	動力消防ポンプ5口
6	消防ポンプ自動車4台	動力消防ポンプ6口

備考

(1)　分割に係る地域の人口については，当該人口の1万未満の端数を四捨五入して得る数による。

(2)　消防団の管理する動力消防ポンプの数は，当該動力消防ポンプの数について第5条第4項の規定に準じて算出した口数が，本表中に規定する消防団の管理する動力消防ポンプの口数を満たす数とする。

別表第6　（第5条第3項関係）

準市街地の区域内の人口（人）	準市街地に配置する動力消防ポンプの数
1,000以上3,000未満	動力消防ポンプ4口
3,000以上5,000未満	動力消防ポンプ6口
5,000以上10,000未満	動力消防ポンプ8口

備考

　　準市街地に配置する動力消防ポンプの数は，当該動力消防ポンプの数について第5条第4項の規定に準じて算出した口数が，本表中に規定する準市街地に配置する動力消防ポンプの口数を満たす数とする。

□解　説□

1　市街地における動力消防ポンプの数

　　市街地における動力消防ポンプの数を算定するに当たっては，当該市街地の人口をもとに，別表第3（積雪寒冷地にあっては別表第4）に定める数を基準として，地域特性を勘案した数を配置することとしている。

第5条　〔動力消防ポンプの数〕

この指針では，消防活動実態調査によるデータから別表に定める数を導きだしている。

(1)　市街地における消防隊の活動状況

消防活動実態調査結果を用いて，消防活動において投入されている消防力を実証的に分析すると，表6が得られる。ここでは，消防ポンプ自動車1台の保有する装備等の消防活動能力を1隊と表現する。表6では，政令指定都市，県庁所在地等の大規模な消防本部のデータは，全国的に見て平均的な消防本部のデータと著しく異なる傾向があるため除かれている。

表6　消防隊の活動状況

＜木造・防火造建築物火災：隣棟間隔5m未満の火災＞

	署				所		消防団
最大放水口数	4.2口≒5.0口＝2.5隊					5隊	放水：
放水活動以外	人命救助	現場指揮	原因調査	資機材搬送等	小計		2.3口＝3.0口 出動人員：60.5人
	0.5隊	0.4隊	0.6隊	0.8隊	2.3≒2.5隊		

＜木造・防火造建築物火災：隣棟間隔5m以上の火災＞

	署				所		消防団
最大放水口数	3.5口≒4.0口＝2.0隊					4隊	放水：
放水活動以外	人命救助	現場指揮	原因調査	資機材搬送等	小計		2.0口 出動人員：45.6人
	0.3隊	0.4隊	0.6隊	0.5隊	1.8≒2.0隊		

＜耐火造建築物火災＞

	署				所		消防団
最大放水口数	3.8口≒4.0口＝2.0隊					9隊	放水：
放水活動以外	人命救助	現場指揮	原因調査	資機材搬送等	小計		0.5口＝1.0口 出動人員：24.1人
	2.1隊	1.4隊	0.9隊	1.9隊	6.3≒7.0隊		

消防活動実態調査結果によれば，消防隊は放水活動以外に人命救助をはじめとする多様な活動を実施している。

また，署所は隣棟間隔が5メートル未満の火災では放水活動で2.5

45

第1編　消防力の整備指針

隊，それ以外の活動で2.5隊の計5.0隊相当の消防力を投入している。これに対して，5メートル以上の火災では放水活動で2.0隊，それ以外の活動で2.0隊の計4.0隊相当の消防力を投入している。このように，両タイプの火災では投入する消防力に相違があり，後者の火災では放水口数，放水活動以外の仕事量も小さく，この傾向は消防団の投入する消防力においても同様である。

　耐火造建築物の火災では，隣棟への延焼危険は小さいものの，煙や熱の充満による消防活動上の障害，水損防止への配慮，立体的な消防活動の実施等のため，放水活動以外の活動の比重が大きく所要の消防力が必要となる。

(2)　市街地における消防活動モデルの設定

　この指針の目標を達成するために必要な消防ポンプ自動車数を算定するに当たって，木造建築物火災と防火造建築物火災の消防活動における消防隊の活動プロセスと，そこで投入している消防力を考察する。まず，火災は表7のようにAタイプとBタイプに類型化される。

　Aタイプ火災とは，出動から6.5分以内に有効な消防活動が実施されないと隣棟への延焼危険性が高い火災であり，隣棟間隔が5メートル未満の場合に生じる可能性があるが，2メートル未満の場合特にその危険性が高まる。

　一方，Bタイプ火災とは，出動から消防活動の開始までの時間が6.5分を超えても隣棟への延焼危険性が低い火災であり，隣棟間隔が5メートル以上の場合にほとんどこのタイプとなり，2メートル以上5メートル未満であってもBタイプ火災は相当程度の可能性で発生しうる。

第5条　〔動力消防ポンプの数〕

表7　市街地における消防活動モデル

消火活動に必要な消防力		Aタイプ	Bタイプ	市街地人口による署所と消防団の消防力の配分		
				1～2万	3～6万	7万以上
ステップ1	人命の検索救助	0.5隊	0.5隊	署所の消防力		
	援護注水（放水）	0.5隊	0.5隊			
	延焼阻止（放水）	1.0隊		2隊	3～4隊	5隊以上
		小計2隊	小計1隊			
		（4口）	（2口）			
ステップ2	延焼阻止（放水）	1.0隊	1.5隊	消防団の消防力（＊1） 1～3隊		
	現場指揮	0.5隊	0.5隊			
	原因調査	0.5隊	0.5隊			
	資機材搬送等	1.0隊	0.5隊			
		小計3隊	小計3隊			
		累計5隊	累計4隊			
		（10口）	（8口）			
ステップ3	火勢鎮圧（放水）	1.5隊	1.0隊	消防団の消防力（＊2） （3＋2）÷2＝2.5口		
		（3口）	（2口）			
	周辺警戒 その他飛び火警戒等	団員数十名				
消防団の消防力（＊3）						

　両タイプの火災とも，消防活動は時系列的に次の3つのステップに区分され，表6の結果をもとに，各ステップで実施される消防活動の内容と仕事量は，表7のように整理できる。基本的には，表6において署所の投入する消防力は，表7においてステップ2までの累計に，消防団の投入する消防力はステップ3にそれぞれ当たる。両タイプの火災に対する消防活動の時系列的な過程は同じであるが，Aタイプの方が延焼危険性が高いことから，投入する仕事量が大きい点で異なる。

　ステップ1では，最優先して人命の検索救助，そして最大延焼危険の排除が目的であり，消防隊が現場到着後できるだけ早期に人命検索救助が開始され，これと同時に援護注水の開始が必要となる。このステップは出動後6.5分以降の時間帯に相当する。

　ステップ2では，消防活動体制の構築，延焼危険の排除が目的であり，延焼阻止のためさらに放水活動を強化し，複数の消防隊の活動を総括するための現場指揮が必要となる。さらにロープ，空気ボンベ等消防活動に必要な資機材や補給用の資機材を消防自動車から火災現場

47

に搬送するなど，放水活動を支える様々な活動が必要となる。このステップは延焼危険の排除のために所有する消防力が最大限に機能する段階で，出動後10数分以降の時間帯に相当する。

　ステップ３では，火災の鎮圧，火災による影響の及ぶ周辺地域を含んだ火災現場の統制が目的である。残火処理をはじめ必要な放水を局所的に実施し，火災現場周辺の警戒を実施する。また，強風時には風下方向への飛び火警戒等も実施する。

　ステップ１，２までは高い迅速性，高度な装備と技術が求められ，特にステップ１は常備消防，すなわち署所が担当することを原則とする。

　市街地内に署所がバランスよく配置されていれば，ステップ１は火災現場に最も近い署所が担当し，ステップ２以降の活動は，その隣接署所に配置された消防ポンプ自動車による対応が可能であるが，人口規模の比較的小さな市街地にあっては，消防団が担当する場合が多いと考えられる。

　ステップ３は，消防団の担当を基本とするが，大都市など署所数，消防自動車数の多い消防本部にあっては，署所が担当する場合もある。

(3)　市街地における消防ポンプ自動車の算定

　ステップ１において適正な消防力を投入することは，以後に実施する消防活動を円滑，効果的なものとすることができる。仮にこの投入量が少ないと，隣接の署所から後着隊として投入される消防力の絶対量が多かったとしても，火元建築物１棟の独立火災で消火することが困難となる。

　ステップ１の消防活動について，Ａタイプでは２隊，Ｂタイプでは１隊が必要となる。これがこの指針の目標を達成するために展開される消防活動の初期対応として最低限必要な消防力であり，一の署所に配置する消防ポンプ自動車数とする。

　ただし，市街地人口が１万でＢタイプの火災が予想される場合，消防ポンプ自動車数は１隊（台）となるが，この場合でも安全性を考慮して２隊（台）配置とし，これを消防ポンプ自動車数の下限とする。

ところで，表6によれば，耐火造建築物の火災は，放水口数は少ないものの放水活動以外の仕事量が大きいので，市街地内に耐火造建築物がある程度存在する場合には，Aタイプの火災に対する消防活動が必要であるとみなし，消防ポンプ自動車数を算定する。

市街地では，Aタイプの火災とBタイプの火災に対して消防活動がそれぞれ半数の割合で実施されると想定して，Aタイプの火災に必要な2隊（台）とBタイプの火災に必要な1隊（台）の中間値として1.5隊（台）を算出する。消防ポンプ自動車の算定に当たっては，署所数に約1.5を乗じた数を基本とするものの，市街地人口規模が小さく（10万未満）署所数が少ない消防本部では，消防機関の保有する消防力の総数が少ないこと，また，署所間での分担にも限界があることから，より安全性を確保することを勘案して，署所数に2.0を乗ずることを基本とし，配置数に連続的な変化を与えて別表第3を規定している。

積雪寒冷地では，通常に比べ消防ポンプ自動車の走行速度が7％減じ，署所担当面積は小さくなるため，署所数は多く算定される。一方，消防活動モデルについては，積雪寒冷地であるか否かの差異はない。そこで，積雪寒冷地について同様に勘案して別表第4を規定している。

なお，別表第3，別表第4及び別表第5において，消防団の管理すべき動力消防ポンプについては，消防本部又は署所が管理することもできる。

(4) 市街地における消防団の消防力

常備消防が主体的に活動する市街地においても，消防団は所要の消防力を担っており，市街地における消防団の消防力は，表7において以下のように3種類に整理する。

① 常備消防と分担するための消防力（表7＊1）

別表第3に示すように，市街地人口が7万になると常備消防が管理する消防ポンプ自動車数は6台となり，市街地における消防活動モデルのステップ2までに必要な5.0隊の消防力を超える。しかし，市街地人口1〜6万では，5.0隊を超える消防力が確保できな

第1編　消防力の整備指針

いので，この不足分を消防団による消防力で分担することとする。
ステップ２までの消防活動は，特に高い迅速性が求められることから，ここでの消防力は消防ポンプ自動車あるいは搬送車等に積載された機動力を有した小型動力ポンプ及びそれらの操作に必要な隊員のことである。

② 　ステップ３に必要な消防力（表7＊2）

ステップ３は，消防団による対応を原則とするが，放水活動は一定程度の迅速性が不可欠なことから，①と同様に消防ポンプ自動車や機動力を有した小型動力ポンプ付積載車により火災の発生地を管轄区域に持つ消防団が対応するので，署所単位に必要な消防力を備えている必要がある。一方，周辺警戒等は，放水活動に比べればやや時間的余裕があることから，火災の発生地と隣接した署所の管内にある消防団が対応する。

消防力の算定としては，Aタイプ火災で必要な３口とBタイプ火災で必要な２口の中間値2.5口を署所単位に置くこととする。

③ 　大規模災害に対応するための消防力（表7＊3）

消防団の消防力には，上記に加え，林野火災，風水害，震災等の大規模災害に対応する役割がある。こうした災害の際には，動力消防ポンプの操作のための隊員という機械力によって規定される消防力だけでなく，大量動員される消防力が必要である。

(5)　市街地における消防ポンプ自動車数の市町村による決定

市町村が諸事情を勘案して消防ポンプ自動車数を決定する際の具体的な補正については，以下の方法が考えられる。

▶補正方法１　A，Bタイプの火災の割合の補正

人口規模の比較的大きな市街地では，Aタイプ火災とBタイプ火災に対して消防活動が半数の割合で実施されるとして，署所数に約1.5を乗じて必要な消防ポンプ自動車数を算定しているが，当該市街地内の建築物の構造，都市計画上の防火地域，準防火地域の設定の有無等，市街地の実態に応じて割合を補正する。

▶補正方法２　特殊な用途の防火対象物による補正

市街地において，病院，福祉施設，ホテル，旅館等の人命危険の高

い用途の防火対象物が多く存在するような場合は，隣棟間隔をもとにした消防活動モデルよりも，消防活動の初期に多くの消防ポンプ自動車が必要なことがある。この場合は，特殊な用途の防火対象物の対応も考慮した消防ポンプ自動車数に補正する。

2 大市街地の動力消防ポンプの数

人口30万を超える市街地（大市街地）における動力消防ポンプ数については，署所数をもとに算定されるものである。

この指針では，市街地人口を30万ごとに分割して，30万ごとの必要数と30万に満たない部分の必要数を合算して算定することとする。

▶大市街地における動力消防ポンプ数の算定例

市街地人口100万の場合：100万＝30万×3＋10万＝42台＋7台＝49台

> 30万の部分：別表第3より算出　14台×3＝42台
> 10万の部分：別表第3より算出　6台

　※　積雪寒冷地は別表第4を適用

市街地人口94万の場合：94万＝30万×3＋4万＝42台＋3台＝45台

> 30万の部分：別表第3より算出　14台×3＝42台
> 4万の部分：別表第5より算出　3台

　※　積雪寒冷地は，市街地人口30万の部分について別表第4を適用

分割に係る地域の人口が7万未満の場合，動力消防ポンプの数について別表第3及び第4でなく，別表第5を適用するのは次のような理由による。

人口7万未満の市街地においては，ステップ2までの消防活動に必要な5.0隊以上の消防力を署所と消防団で分担して保有しなければならない。

これを示したものが第4条の解説における表7の消防活動モデルであり，動力消防ポンプ数は別表第3及び第4を規定している。

しかし，人口が30万を超える市街地における人口7万未満の部分とは，30万で除すことができない残余の部分に当たるため，通常の人口7万未満の市街地に比べて，当該部分が存する市街地における消防力の総

第1編　消防力の整備指針

量は，はるかに大きい。そこで，別表第3及び第4による消防力では過剰になることから，別表第5を規定している。

3　準市街地における動力消防ポンプの数

準市街地における動力消防ポンプの数を算定するに当たっては，当該準市街地の区域内の人口をもとに，別表第6に定める数を基準として，地域特性を勘案した数を配置することとしている。

ここでも，市街地の場合と同様に，消防活動実態調査によるデータから別表に定める数を導きだしている。

(1)　準市街地の特色及び消防活動モデル

準市街地には，小規模で市街地の外延部に分布するものや，大規模で主要道路沿いや鉄道の駅周辺に分布するものがある。

消防活動実態調査によれば，準市街地における消防ポンプ自動車の走行速度は分速約600メートルであり，準市街地内では，小型動力ポンプ付積載車も消防ポンプ自動車とほぼ同様の機動力を有すると考えられる。

市街地と準市街地は，定義において平均建ぺい率の条件が同一であり，それぞれの区域を局所的に見ても延焼危険に違いはなく，準市街地についても市街地の場合と同様にA，Bタイプの火災が想定される。そこで，市街地における消防活動モデルに準拠して，準市街地における消防活動モデルを設定すると表8のようになる。

なお，第4条の解説で記述したとおり，市街地に該当しない地域には，地域の実情に応じて署所が設置されることから，準市街地には署所が設置されている場合と設置されていない場合が混在する。ここでは，当該準市街地に署所が設置されていない場合に必要となる消防力を，消防団による消防活動モデルから算出し定めている。

(2)　準市街地における消防力の算定

このモデルから，Aタイプの火災に備えるため，ステップ1に必要な2隊（4口相当）が消防力の下限値である。もちろん，初期消火は1口の消防力によっても可能であるが，消防団員同士が相互に連携を図りながら消防活動という組織的な活動を展開するには，2隊相当の消防力が必要である。また，市街地における消防活動モデルではス

52

第5条　〔動力消防ポンプの数〕

表8　準市街地における消防活動モデル

	Aタイプの火災	Bタイプの火災
ステップ1 人命の検索救助最大 延焼危険の排除	人命の検索救助　0.5隊 援護注水（放水）　0.5隊 延焼阻止（放水）　1.0隊 小　　計　2.0隊（4口）	人命の検索救助　0.5隊 援護注水（放水）　0.5隊 小　　計　1.0隊（2口）
ステップ2 消防活動体制の構築 延焼危険の排除	延焼阻止（放水）　1.0隊 現場指揮　　　　　0.5隊 資機材搬送等　　　0.5隊 小　　計　2.0隊 （累　　計）4.0隊（8口）	延焼阻止（放水）　1.5隊 現場指揮　　　　　0.5隊 資機材搬送等　　　0.5隊 小　　計　2.5隊 （累　　計）3.5隊（7口）
ステップ3 火災の鎮圧 周辺地域を含む火災 現場の統制	火勢鎮圧（放水）　1.5隊 周辺警戒 その他飛び火警戒等	火勢鎮圧（放水）　1.0隊 周辺警戒 その他飛び火警戒等
計	5.5隊	4.5隊

テップ2において火災原因調査を示していたが，これを消防団の活動に含めることは実際的ではなく，資機材搬送等についても消防団の装備は常備消防より少ないので，こうした点を整理すると，ステップ2に必要な消防力は4隊（8口相当）となる。

　準市街地で発生した火災に対して，本来必要な消防力はステップ2までに必要な8口相当である。しかし，人口規模が小さくなれば火災の発生頻度が低くなることから，消防行政に対する費用対効果を考慮して一律8口相当とせずに，人口規模に応じて段階的に設定することとした。この場合，8口相当に不足する消防力は，集結までに多少の時間を要することもあるが，隣接する準市街地からの消防力又は市街地の署所からの消防力によって補完できる。

　人口1,000以上3,000未満の準市街地に対する消防力として4口を下限値とし，市街地でステップ2までに必要な消防力（5隊＝10口相当）との間を，加重平均的に按分して，消防力を別表第6のように規定している。

　人口100以上1,000未満の集落は，市街地の外延部や離島等に分布しており，市街地の外延部の集落は市街地に設置された署所の消防力に

第1編　消防力の整備指針

よってカバーされていたり，離島等のように他地域からの消防力を期待できない地域は，人口に比して多くの動力消防ポンプが配置されている状況がある。また，消防団のみしか設置されていない町村の消防力の実態をみると，他地域からの応援が得にくいために，人口に比して相当程度の消防力が整備されている状況にある。したがって，この指針では，人口100以上1,000未満の集落に対して，一律に人口規模に応じた消防力を規定しない。

ところで，人口1,000未満の複数の集落が1本の道路で結ばれ，最も外延部に位置する集落間の距離が3,000メートル程度以内の場合は，相互に消防力を融通しあえるので一の準市街地と扱い，必要な消防力を算定することとする。ただし，集落間をつなぐ道路は消防ポンプ自動車や小型動力ポンプ付積載車が支障なく走行できる路面状態であり，幅員も有していなければならない。

⑶　大規模災害対応のための消防力

準市街地において消防団は，別表第6で示す人口規模に応じた消防力に加えて，林野火災，風水害等多数の動員が必要な災害に備えて消防ポンプ自動車，小型動力ポンプ付積載車，小型動力ポンプを整備している状況がある。こうした消防力の整備は重要なものであり，一律に基準を設定することはできないが，市町村が地域の実情に応じて適切にその整備を図る必要がある。

4　その他の地域に配置する動力消防ポンプ

この解説では，市町村の区域のうち，市街地又は準市街地に該当しない地域を便宜的に「その他の地域」と一括して総称する。当該地域には山林，原野等無人の地域等も含まれ，人口は，市町村の人口から市街地及び準市街地の人口を差し引いて求める。

「その他の地域」は，山間部，離島等が該当し，人口規模が1,000に満たないか，平均建ぺい率が10％に満たない地域であり，一般に火災の発生頻度も少なく，建物の密集度が低いことから延焼危険度も小さい。

以上のことから，「その他の地域」に必要な消防力を一律に規定するのではなく，地域の実情に応じた消防力の配備が適当であることから第5項のように規定している。

54

第5条 〔動力消防ポンプの数〕

5 市街地以外の地域における動力消防ポンプの管理

市街地以外の地域においては，前述のとおり，署所が設置されている場合と設置されていない場合があることから，署所の有無に応じて，常備消防と消防団が管理する動力消防ポンプの数を決定し管理する必要がある。よって，第6項では動力消防ポンプは消防本部若しくは署所又は消防団が管理すると規定している。

問1 署所の人員が手薄で，消防団が充実している場合，署所が管理すべき消防ポンプ自動車数のうち，一部を消防団に管理させてもよいか。

答 市街地において，消防団の管理すべき消防ポンプ自動車については，署所において管理とすることもできる。しかし，署所で管理すべき消防ポンプ自動車は，消防団管理とすることはできない。

これは，消防団の勤務体制等が，署所のそれのように常時勤務の体制になく，署所の目的とする初動体制に匹敵する機能を果たしえないためである。

問2 ポンプ機能を有していることに加え，他の機能を有する消防自動車は，消防ポンプ自動車として算定できるか。

答 化学消防車は，第10条の規定により消防ポンプ自動車に換算できる場合がある。しかし，他の機能とポンプ機能を有する車両について，消防ポンプ自動車として算定した場合には，他の車両として換算できない。

例えば，救助工作車にポンプ機能が付加されている場合，これを消防ポンプ自動車として算定したならば，救助工作車の配置数は減免されず，救助工作車として算定したならば，消防ポンプ自動車の配置数は減免されない。

問3 署所が小型動力ポンプを管理していた場合，これを1口とみなしてよいか。

答 常備消防における消防活動は，高い迅速性，高度な装備と技術が

求められることから，署所は消防ポンプ自動車を管理しなければならない。

問4 準市街地においても消防活動モデルを設定し，AタイプとBタイプの火災を想定している根拠は何か。

答 市街地に比べ，準市街地は人口規模が小さいものの，局所的に見れば建築物が相当の密度で分布している場所もある。山間部や入江等の地形的制約がある地域では，居住できる場所が限定されることから，建築物の密集度はかなり高く延焼危険も大きい。したがって，市街地と同様にAタイプとBタイプの火災を想定した。

問5 人口1,000未満の複数の集落が1本の道路で結ばれ，最も外延部に位置する集落間の距離が3,000メートル程度以内の場合に一の準市街地としている理由は何か。

答 消防活動実態調査結果によれば，準市街地内の消防ポンプ自動車の走行速度は，分速約600メートルである。第4条の解説で記述したように，市街地における走行限界時間は4.5分であった。準市街地では，火災発生場所の近隣の消防団はすぐに出動可能なので通報時間等が短縮され，市街地に比べて走行限界時間をやや長く設定できることとなる。そこで，走行限界時間を5分として，走行速度（分速600メートル）を乗じると3,000メートルとなる。

1本の道路沿いに連続する準市街地の模式図

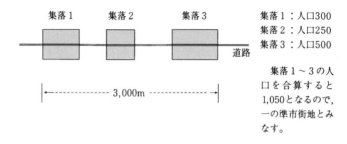

第6条 〔旅館等の割合の大きい市街地及び準市街地の特例〕

第6条 市街地又は準市街地の区域内における消防法施行令別表第1（以下「令別表」という。）に定める(5)項イの防火対象物の数の当該市街地又は準市街地の区域内の人口に対する割合が，他の市街地又は準市街地の区域内における割合に比して著しく大きいときは，第4条及び第5条の規定の適用については，当該市街地又は準市街地の区域内の人口に，次の算式により算出された人口を加えた数を当該市街地又は準市街地の区域内の人口とみなす。

$$P = \frac{a - 0.64p}{31}$$

　この算式において，P，p及びaは，それぞれ次の数値を表すものとする。

P　加算する人口（小数点1位以下は，切り捨てる。）

p　当該市街地又は準市街地の区域内の人口

a　当該市街地又は準市街地の区域内における令別表に定める(5)項イの防火対象物の延べ面積の合計の数値（1平方メートル未満は，切り捨てる。）

□解　説□

　防火対象物の数と市街地の区域内の人口又は準市街地の区域内の人口との間には比例的な関係があるという想定のもとに，当該人口を基礎として所要の消防力を算定することができる。しかし，ホテル，旅館その他宿泊施設の多い市街地又は準市街地においては，防火対象物の数と当該人口の間に通常見られる相関関係と大幅な相違があるので，消防力が過小となることがないよう人口補正を行う。

　不特定多数の者が利用することにより，一時的に当該市街地又は準市街地の区域内における人口を増加させることとなる要素を持つ建築物はホテル等の宿泊施設であることから，令別表に定める(5)項イの防火対象物の数を人口補正の対象とする。

　算定式中の「0.64」は，固定資産税の算定で把握されている宿泊施設の

延べ面積等から推算した宿泊施設における全国平均の人口1人当たりの面積（平方メートル）である。したがって，0.64pが標準的な態容の市街地又は準市街地の区域内における宿泊施設の延べ面積の合計である。一方，「31」は，全国平均の人口1人当たりの専有面積（平方メートル）である。

▶観光地等における署所数等の補正の計算例

A県B市の場合（積雪寒冷地ではない）

　市街地の区域内の人口：64,382人

　消防法施行令別表第1に定める(5)項イの防火対象物の延べ面積：354,015㎡

　　0.64p＝0.64㎡×64,382人＝41,204㎡

　　a－0.64p＝354,015㎡－41,204㎡＝312,811㎡

　　P＝312,811÷31＝10,091人となる。したがって，補正後のB市における市街地人口は74,473人（64,382人＋10,091人）となり，当該市街地に配置すべき署所数及び消防ポンプ自動車数は，市街地人口補正前と後で次のように変わってくる。

区分	補正前	補正後
署所数	2	3
消防ポンプ自動車数（署所管理分）	5	6

問　「他の市街地又は準市街地における割合に比して著しく大きいとき」とは，どのような意味か。

答　当該市街地又は準市街地の宿泊施設の延べ面積の合計0.64pより著しく大きい場合であって，（a－0.64p）／31の式による加算値によって，市街地に設置しなければならない署所数，市街地に配置すべき動力消防ポンプ数及び準市街地に配置すべき動力消防ポンプ数に増加をきたすこととなる場合をいうものである。

第7条　〔はしご自動車〕

第7条　高さ15メートル以上の建築物（以下「中高層建築物」とい
　　う。）の火災の鎮圧等のため，一の消防署の管轄区域に中高層建築
　　物の数がおおむね10棟以上，又は令別表中(1)項，(4)項，(5)項イ及び
　　(6)項イ等に掲げる防火対象物のうち中高層建築物の数がおおむね5
　　棟以上ある場合には，はしご自動車（屈折はしご自動車を含む。以
　　下同じ。）1台以上を当該消防署又はその出張所に配置するものと
　　する。ただし，当該消防署の管轄区域が次の各号のいずれにも該当
　　し，かつ，延焼防止のための消防活動に支障のない場合には，この
　　限りでない。
　⑴　当該消防署の管轄区域に存する中高層建築物が120棟未満であ
　　　ること。
　⑵　当該消防署の管轄区域に存する中高層建築物における火災等に
　　　おいて，当該消防署とその管轄区域が隣接する消防署又はその出
　　　張所に配置されたはしご自動車が出動から現場での活動の開始ま
　　　で30分未満で完了することができること。
2　前項の場合において，消防の連携・協力により，2以上の消防本
　　部が共同していずれかの消防本部の消防署又はその出張所にはしご
　　自動車を1台配置したときは，当該消防署又はその出張所を除いた
　　それぞれの消防署又はその出張所（当該消防署の管轄区域に存する
　　中高層建築物が120棟未満であって，当該建築物における火災等に
　　おいて，当該はしご自動車が出動から現場での活動の開始まで30分
　　未満で完了することができる消防署又はその出張所であって，延焼
　　防止のための消防活動に支障のない場合に限る。）についても1台
　　配置したものとみなす。
3　前2項の場合において，はしご自動車と同等の機能を有する大型
　　高所放水車を1台配置したときは，はしご自動車についても1台配
　　置したものとみなす。
4　前3項の規定によるはしご自動車及び大型高所放水車は，署所が
　　管理するものとする。

第1編　消防力の整備指針

□解　説□

1　中高層建築物の分布状況等

　建築基準法では，用途地域によって高さ制限があるため，中高層建築物は市街地の限られた区域にしか建設することができず，中高層建築物は駅前や人通りの多いところ等の市街地内の一定区域に集中し，主要道路に面して立地していることが多い。

　また，中高層建築物は，内装の不燃化，避難階段や避難設備の設置などにより構造上の安全性や避難性が確保されている。特に，超高層建築物は，はしご自動車の活動を想定していないため，建築，設備等の面でさらに高い防火上の安全性を備えている。

2　はしご自動車台数の算定

　はしご自動車は，管轄区域内に中高層建築物が所在する全ての消防署に配置されることが望ましいが，前記1の状況，使用頻度等を考慮し，管轄区域内に中高層建築物が一定以上存する消防署に1台以上を配置する。仮に中高層建築物が多数ある場合でも，その立地特性から，一定区域に集中していることが多い。したがって，配置数は，中高層建築物の数と比例的な台数とする必要はない。

　なお，はしご自動車の配置単位は消防署であるが，管内の中高層建築物の立地場所，道路交通状況等を勘案して，具体的な配置場所は消防署，出張所のいずれでも構わない。

3　管轄区域が隣接する消防署からの対応の範囲

　はしご自動車の配置は，消防署を単位としているが，管轄区域が隣接する消防署に配置されたはしご自動車による対応が可能である場合にあっては，管轄区域内に中高層建築物が一定以上存していても，配置の必要がない。

　しかし，管轄区域が隣接する消防署に配置されたはしご自動車での対応が可能な範囲については，「消防力の基準」では市町村の判断によって決定するものとしていたことから，距離や地形，道路事情によっては，はしご自動車の到着に相当な時間を必要とする地域でも，隣接消防署所のはしご自動車の活用で足りるとして，はしご自動車の配置が必要以上に減じられている実態が見受けられた。

そこで,「消防力の整備指針」では,はしご自動車を配置しないことができる具体的な基準を示している。すなわち
① 平成25年から平成29年までの過去5年間に,5階建て以上の建築物のうち,全国平均では1年間におおむね128棟に1棟の割合で火災が発生している実態がある。
② 中高層建築物の主要構造部は,一定の耐火性能を有しているが,建築基準法施行令においては,最も短い耐火性能の時間設定として,非耐力壁に関するものが30分と定められている。

以上を踏まえ,本条第1項ただし書に具体的基準を明記している。

図8 耐火性能に関する技術的基準の例

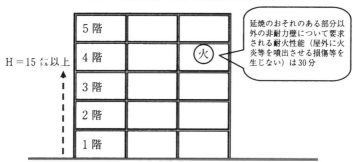

(参考)
建築基準法施行令(抄)

〔昭和25年11月16日
　政　令　第　338　号〕

(耐火性能に関する技術的基準)
第107条 法第2条第7号の政令で定める技術的基準は,次に掲げるものとする。
(1) 次の表に掲げる建築物の部分にあっては,当該部分に通常の火災による火熱がそれぞれ次の表に掲げる時間加えられた場合に,構造耐力上支障のある変形,溶融,破壊その他の損傷を生じないものであること。
(2) 壁及び床にあっては,これらに通常の火災による火熱が1時間(非耐力壁である外壁の延焼のおそれのある部分以外の部分にあっては,30分間)加えられた場合に,当該加熱面以外の面(屋内に面するものに限る。)の温度が当該面に接する可燃物が燃焼するおそれのある温度として国土交通大臣が定める温度(以下「可燃物燃焼温度」という。)以上に上昇しないものであること。

第1編　消防力の整備指針

建築物の部分 ＼ 建築物の階		最上階及び最上階から数えた階数が2以上で4以内の階	最上階及び最上階から数えた階数が5以上で14以内の階	最上階から数えた階数が15以上の階
壁	間仕切り壁（耐力壁に限る。）	1時間	2時間	2時間
	外壁（耐力壁に限る。）	1時間	2時間	2時間
柱		1時間	2時間	3時間
床		1時間	2時間	2時間
はり		1時間	2時間	3時間
屋根		30分間		
階段		30分間		

1　この表において，第2条第1項第8号の規定により階数に算入されない屋上部分がある建築物の部分の最上階は，当該屋上部分の直下階とする。

2　前号の屋上部分については，この表中最上階の部分の時間と同一の時間によるものとする。

3　この表における階段の算定については，第2条第1項第8号の規定にかかわらず，地階の部分の階数は，すべて算入するものとする。

(3)　外壁及び屋根にあっては，これらに屋内において発生する通常の火災による火熱が1時間（非耐力壁である外壁の延焼のおそれのある部分以外の部分及び屋根にあつては，30分間）加えられた場合に，屋外に火炎を出す原因となるき裂その他の損傷を生じないものであること。

4　消防の連携・協力によるはしご自動車の共同運用

　　出動頻度の高くない車両については，一定の圏域内で共同で整備し，当該圏域内の事案に対して出動する体制とすることによって，車両の購入費・維持管理費を効率化することができる。また，複数の消防本部で共同整備することで，より高度な車両の配置が可能になり，複雑化・多様化する災害への対応能力の向上が期待できる。これらのことから，2以上の消防本部が共同していずれかの消防本部の消防署又はその出張所にはしご自動車を1台配置したときは，当該消防署又はその出張所を除いたそれぞれの消防署又はその出張所についても1台配置したものとみなすものとしている。

　　ただし，第7条第1項の考え方を踏襲し，①中高層建築物が120棟未満，②他の署所から出動したはしご自動車が現場での活動の開始まで30分未満で完了，③延焼防止のための消防活動に支障のない場合（中高層建築物が密集地域に建築されていない場合など）の3要件は課される。

第7条　〔はしご自動車〕

　これによって，例えば次の場合にはしご自動車を配置したものとみなされるようになる。

　　・自本部内の他署所からのはしご自動車の融通では30分未満の活動開始ができないが，他本部の署所からであれば30分未満の活動開始ができる場合

　　・自本部内の他署所は中高層建築物が少ないためはしご車を配置する必要がなく，他の署所から30分未満の活動開始要件を満たしようがない場合であって，他本部の署所からであれば30分未満の活動開始ができる場合

　　・消防本部のみ又は署が一つしかなく，他の署所から30分未満の活動開始要件を満たしようがない場合であって，他本部の署所からであれば30分未満の活動開始ができる場合

　なお，第7条第2項はあくまではしご自動車を共同運用する場合の配置の考え方を示したものであって，上記①〜③を満たさないことをもって連携・協力に該当しないというものではない。

5　はしご自動車と同等の機能を有する大型高所放水車

　はしご自動車には，第9条に規定されている大型高所放水車と同等の機能を有するものがあることから，はしご自動車と同等の機能を有する大型高所放水車を1台配置したときは，はしご自動車についても1台配置したものとみなす。一方，大型高所放水車には，バスケットを有しはしご自動車と同等の機能を有するものがあることから，大型高所放水車と同等の機能を有するはしご自動車を1台配置したときは，大型高所放水車についても1台配置したものとみなす。

6　はしご自動車等の管理

　はしご自動車は，消防ポンプ自動車より大型で，高度な運転技術，操作技能を要求されることから，大型免許を有する機関員が必要であり，操作技能訓練や架梯障害を事前に把握するための建物調査等を継続的に行わなければならない。したがって，はしご自動車（本条に規定する大型高所放水車を含む）は署所が管理する。

63

第1編　消防力の整備指針

問1　中高層建築物の高さを階数ではなく，15メートル以上と規定するのはなぜか。

答　中高層建築物とは，一般には３階以上の建築物をいう。通常，３階以上は約10メートル以上の高さに相当するが，中高層建築物の階高は用途によって様々であるので，この階高差を考慮して基準化するため，高さ15メートル以上の建築物と規定する。

問2　はしご自動車が活動する高さ15メートル以上は，どのような高さのことか。

答　はしご自動車が活動する高さ15メートル以上とは，建築物の地上から屋上広場までの高さ（地上高）のことである。建築物の屋上の給水塔，昇降機塔等附帯工作物については，屋上に架梯することが困難な場合を除き，通常，人命救助活動，消火活動の障害にならないので，建築物の高さには含めない。また，寺院建築物で屋上部分が水平ではなく，屋根の最上部の高さが15メートルを超えるものがあるが，文化的価値の高い建築物等は算定基礎となる棟数に含めるのが適当である。

　したがって，はしご自動車は，高さ15メートル以上の建物火災に対処するものであるから，はしごを伸張したときその先端が地上高15メートル以上であることが必要である。

問3　「現場での活動の開始」とは，具体的にどの時点をいうのか。

答　はしごの架梯が完了することをもって「活動の開始」とする。

問4　「管轄区域が隣接する消防署又は出張所に配置されたはしご自動車が出動から現場での活動の開始まで30分未満で完了することができること。」とあるが，その理由は何か。

答　中高層建築物の主要構造部は一定の耐火性能を有しているが，建築基準法施行令においては，最も短い耐火性能の時間設定として，非耐力壁に関するものが30分と定められているからである。

64

第7条　〔はしご自動車〕

> **問5**　「延焼防止のための消火活動」とあるが，この「延焼」とは建物内部での延焼を指すものか，それとも，隣棟への延焼を指すものか。

答　本条における「延焼」とは，隣棟への延焼を指すものである。

　　なお，例えば共同住宅等のように1戸が耐火構造で区画されている場合の当該区画外への延焼等，1棟の建物内部での延焼も含む。

> **問6**　「延焼防止のための消防活動に支障のない場合」とは具体的にどういう場合のことか。

答　延焼防止のための消防活動に支障がある場合に該当する具体例としては，対象となる中高層建築物が密集地域に建築されている場合などが考えられ，この場合は，第1項ただし書は適用すべきではない。

65

第1編　消防力の整備指針

第8条　〔化学消防車〕

第8条　危険物の規制に関する政令（昭和34年政令第306号）第6条第1項に規定する製造所等（以下「危険物の製造所等」という。）及び核原料物質，核燃料物質及び原子炉の規制に関する法律（昭和32年法律第166号。以下「核原料物質等規制法」という。）第2条第4項に規定する原子炉を設置している事業所等（以下「原子炉設置事業所等」という。）の火災の鎮圧のため，化学消防車（大型化学消防車及び大型化学高所放水車を含む。以下同じ。）を配置するものとし，その数は，次の各号に掲げる数を合算して得た数を基準として，市町村に存する危険物の製造所等及び原子炉設置事業所等の数，規模，種類等を勘案した数とする。

(1)　消防法別表第1に定める第4類の危険物を貯蔵し，又は取り扱う製造所，屋内貯蔵所，屋外タンク貯蔵所，屋外貯蔵所及び一般取扱所（以下「第4類危険物の5対象施設」という。）の施設ごとの数に，別表第7に定める第4類危険物の5対象施設ごとの補正係数をそれぞれ乗じて得た数の合計（以下「補正後施設合計数」という。）に応じ次に掲げる台数

　　イ　補正後施設合計数が50以上500未満の場合　1台

　　ロ　補正後施設合計数が500以上1,000未満の場合　2台

　　ハ　補正後施設合計数が1,000以上の場合　2台に1,000を超える補正後施設合計数おおむね1,000ごとに1台を加算した台数

(2)　第4類危険物の5対象施設のうち危険物の規制に関する規則（昭和34年総理府令第55号）第47条の4に該当するもの以外のものにおいて貯蔵し，又は取り扱う第4類危険物の貯蔵最大数量及び取扱最大数量を合算して得た数量（以下「第4類危険物の最大貯蔵・取扱量」という。）に応じ，次に掲げる台数（ただし，第4類危険物の最大貯蔵・取扱量が指定数量（消防法第9条の4第1項に規定する指定数量をいう。以下同じ。）の6万倍未満の場合において，同一事業所の屋外タンク貯蔵所で第4類の危険物を貯蔵する最大数量が1,000キロリットルを超えるときには1台）

66

イ　第４類危険物の最大貯蔵・取扱量が指定数量の６万倍以上
　　　240万倍未満の場合　１台

　　ロ　第４類危険物の最大貯蔵・取扱量が指定数量の240万倍以上
　　　480万倍未満の場合　２台

　　ハ　第４類危険物の最大貯蔵・取扱量が指定数量の480万倍以上
　　　の場合　３台

　⑶　核原料物質等規制法第２条第５項に規定する発電用原子炉を設
　　置している工場若しくは事業所又は同条第10項に規定する再処理
　　を行う設備若しくは附属施設を設置している工場若しくは事業所
　　の数が１以上の場合　１台

２　前項第１号の規定にかかわらず，同号に掲げる化学消防車の台数
　から同号中「第４類危険物の５対象施設」を「第４類危険物の５対
　象施設（指定数量の倍数が10以上のものに限る。）」と読み替えた場
　合における同号に掲げる台数を減じて得た台数については，化学消
　防車に代えて消防ポンプ自動車に泡を放出することができる装置を
　備えたものを配置することができる。

３　第１項の規定による化学消防車及び前項の規定による消防ポンプ
　自動車に泡を放出することができる装置を備えたものは，消防本部
　又は署所が管理するものとする。

別表第７（第８条第１項第１号関係）

第４類危険物の５対象施設	補正係数
製造所	5
屋内貯蔵所	0.1
屋外タンク貯蔵所	1
屋外貯蔵所	0.1
一般取扱所	1.5

□解　説□

1　化学消防車の配置

⑴　第４類の危険物

第1編　消防力の整備指針

　消防法においては，引火性，発火性等を有する物質が危険物とされており，この危険物を一定量以上貯蔵し，又は取り扱う場合には，市町村長等の許可を受けた製造所等において行うことが必要とされている。

　危険物の製造所等は，以下のとおり区分されている。

　　ア　製造所
　　イ　貯蔵所
　　　　屋内貯蔵所，屋外タンク貯蔵所，屋内タンク貯蔵所，地下タンク貯蔵所，簡易タンク貯蔵所，移動タンク貯蔵所，屋外貯蔵所
　　ウ　取扱所
　　　　給油取扱所，第1種販売取扱所，第2種販売取扱所，移送取扱所，一般取扱所

　製造所等においては，様々な危険物が貯蔵され，又は取り扱われているが，第4類の危険物を貯蔵し，又は取り扱っている製造所等が98％以上を占めているところである。

　この第4類の危険物は代表的なものとしてガソリン，灯油等があるが，一般的に水に不溶であり，水より比重が小さい。このような危険物が火災となった場合に水が存すると，危険物が水面上に展開し，火災を拡大させる危険性がある。このため第4類の危険物の消火には，水を使用することはできず，泡消火薬剤等を用いることが必要となる。

(2)　化学消防車

　危険物の製造所等において火災が発生した場合には，その初期には，自衛消防組織等により消火器や施設に設置されている消火設備を用いた消火活動が行われるが，さらに火災が拡大した場合には，消防機関による消火活動が行われることとなる。この場合，水ではなく泡消火薬剤等を放出することができる化学消防車が必要となり，その性能は，危険物の規制に関する規則（昭和34年9月29日総理府令第55号）第65条に定める基準に適合するものでなければならない。

2　化学消防車の台数の算定（第1項）

　化学消防車は，「危険物施設の数に補正係数を乗じて得た数に応じた

第8条 〔化学消防車〕

台数」,「危険物の最大貯蔵・取扱量に応じた台数」及び「原子炉設置事業所等の数に応じた台数」を加えた台数を基準として市町村が勘案した数を配置するものとしている。

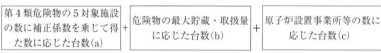

(1) 「危険物施設の数に補正係数を乗じて得た数に応じた台数」(第1項第1号)

　　危険物の製造所等のうち,火災となった際に化学消防車を用いた消火活動を必要とする可能性が高いものは,第4類危険物の5対象施設であると考えられる。このため,第4類危険物の5対象施設の数に応じて化学消防車の台数を算定する必要があるが,次に説明する補正係数の考え方にあるとおり,事故発生率等を反映するため,第4類危険物の5対象施設の数に施設ごとの補正係数(別表第7)を乗じて得た数に応じた数としているものである。表の形式でまとめると次のとおりとなる。

表9　補正後の施設合計数に応じた化学消防車の数

補正後の施設合計数	化学消防車の数
50以上500未満	1台
500以上1,000未満	2台
1,000以上2,000未満	3台
2,000以上3,000未満	4台
3,000以上4,000未満	5台
4,000以上5,000未満	6台
5,000以上6,000未満	7台
6,000以上7,000未満	8台

(注) 第4類の5対象施設の数が7,000以上の場合は省略する。

(2) 補正係数(第1項第1号)の考え方

　　近年,第4類危険物の5対象施設の数の推移は減少傾向にある。一方で全体の火災・流出事故発生件数は増加傾向にあり,内訳を見ると,製造所,屋外タンク貯蔵所及び一般取扱所で増加しているのに対

69

第1編　消防力の整備指針

し，屋内貯蔵所及び屋外貯蔵所では極端に少ないなど施設ごとの発生
割合に差異が生じている。

これらのことから，化学消防車の算定にあたっては，必要な地域に
適正に化学消防車が配置されるよう市町村に存するこれら第４類危険
物の５対象施設の施設数に加え，当該施設の火災・流出事故発生件数
を加味することが必要である。具体的には，第４類危険物の５対象施
設ごとに，その事故発生割合から表10にあるとおり補正係数が算定さ
れるため，施設数にそれぞれ補正係数を乗じて得た数に応じた台数を
配置することとしている。

表10　第４類危険物の５対象施設の事故発生割合と補正係数

施設	補正係数	参考		
		施設数 （a）	事故発生件数（b）	事故発生割合 (b)／(a)×1,000
製造所	5	5,148	25	4.86
屋内貯蔵所	0.1	52,605	2	0.04
屋外タンク貯蔵所	1	68,605	32	0.47
屋外貯蔵所	0.1	11,206	1	0.09
一般取扱所	1.5	68,811	103	1.50
合計		206,375	163	－

※　施設数は，H20～H24の各年３月31日現在の数の平均

※　事故発生件数は，H20～H24年中の火災件数と流出事故件数の合計の平均

(3)　「第４類危険物の最大貯蔵・取扱量に応じた台数」（第１項第２号）

第４類の危険物の最大貯蔵・取扱量（製造所，屋内貯蔵所，屋外タ
ンク貯蔵所，屋外貯蔵所及び一般取扱所（危険物の規制に関する規則
第47条の４に該当するものを除く。）において貯蔵し，又は取り扱う
第４類の危険物の貯蔵最大数量及び取扱最大数量を合計して得た数量
をいう。）に応じた台数が定められている。表の形式でまとめると，
次のとおりとなる。

表11　第４類危険物の最大貯蔵・取扱量に応じた化学消防車の数

第４類の危険物の最大貯蔵・取扱量	化学消防車の数
指定数量の６万倍未満（※）	１台
６万倍以上240万倍未満	１台

第8条　〔化学消防車〕

240万倍以上480万倍未満	2台
480万倍以上	3台

※同一事業所の屋外タンク貯蔵所で第4類の危険物を貯蔵する最大数量が1,000キロリットルを超えるとき。

(4)　「原子炉設置事業所等の数に応じた台数」（第1項第3号）

　　原子炉設置事業所等においては，ガソリン等を貯蔵する危険物施設が多数設置されている。このため，市町村に原子炉設置事業所等が存する場合は，化学消防車を1台配置するよう定められている。

表12　原子炉設置事業所等の数に応じた化学消防車の数

原子炉設置事業所等の数	化学消防車の数
核原料物質等規制法第2条第5項に規定する発電用原子炉を設置している工場若しくは事業所又は同条第10項に規定する再処理を行う設備若しくは附属施設を設置している工場若しくは事業所の数が1以上	1台

3　小規模な危険物施設（第2項）

　　危険物施設の規模は大小様々であり，当該施設において貯蔵し，又は取り扱う危険物の量も様々である。危険物施設が火災になった場合，危険物の種類や量によって火災の規模は変わってくる。

　　危険物施設の火災に対する消防活動の実態を見ると，規模の大きな危険物施設においては，化学消防車が用いられているが，規模の小さな危険物施設においては，化学消防車ではなく，消防ポンプ自動車からラインプロポーショナーを用いて泡を放出することで対応している例が多い。

　　このような実態を踏まえ，第1号の危険物施設の数に施設ごとの火災・流出事故の発生割合を加味して配置すべき化学消防車のうち，指定数量の倍数が10以上の比較的大きな危険物施設に応じて配置すべき数を除いた数については，化学消防車に代えて「消防ポンプ自動車に泡を放出することができる装置を備えたもの」とすることができることとしている。

　　（a＋b＋c）の台数のうち，

　　　（a'＋b＋c）の台数　→　「化学消防車」を配置

　　　（a－a'）の台数　→　「化学消防車」又は「消防ポンプ自動車に泡
　　　　　　　　　　　　　　を放出できる装置を備えたもの」を配置

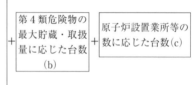

4 市町村における決定（第1項）

　化学消防車の台数の算定については，上述したように「危険物施設の数に補正係数を乗じて得た数に応じた台数」，「危険物の最大貯蔵・取扱量に応じた台数」及び「原子炉設置事業所等の数に応じた台数」を加えた台数を基準としている。

　しかしながら，大規模な施設を有する場合には，化学消防車の数を増加することが必要となる場合がありうるものと考えられる。また，市町村においては，製造所等の火災において，第4類危険物の5対象施設以外の製造所等についても化学消防車を活用することとしている場合があると考えられ，さらに，消防戦術上，複数の化学消防車を同時に活用することなども想定される。

　このようなことから，これら市町村の実態に鑑みて，最終的に必要な化学消防車の台数を決定することとしている。

　この際，勘案すべき事項としては，製造所等の数，種類，規模，危険物の種類，市町村の管轄面積，署所の配置状況などが考えられる。

問1　化学消防車の算定対象危険物を第4類としているのはなぜか。

答　化学消防車の配置基準を第4類の危険物としたのは，
　① 危険物火災の90パーセント以上が第4類の火災であること
　② 泡消火が有効である危険物のうち第4類の危険物以外の第1類（アルカリ金属の過酸化物等を除く。），第2類（金属粉等を除く。），第3類（禁水性物品を除く。），第5類及び第6類の危険物の火災には水が適応性があるため，化学消防車の使用は専ら第4類の危険物に限られること

等の理由に基づくものである。

問2 製造所等のうち5対象施設にした理由は何か。

答 　危険物施設には，製造所，屋内貯蔵所，屋外タンク貯蔵所，屋内タンク貯蔵所，地下タンク貯蔵所，簡易タンク貯蔵所，移動タンク貯蔵所，屋外貯蔵所，給油取扱所，第1種販売取扱所，第2種販売取扱所，移送取扱所及び一般取扱所の13種類の施設があるが，火災の発生状況，対応状況等に鑑み，これらのうち危険物を貯蔵し，取り扱う数量が少量の施設と地下タンクのように貯蔵又は取扱いの形態が比較的安全である施設及び移送取扱所を除外し，製造所，屋内貯蔵所，屋外タンク貯蔵所，屋外貯蔵所及び一般取扱所を5対象施設としたものである。

問3 第1項第2号の一般取扱所は，第1号の一般取扱所と差異があるがなぜか。

答 　第2号において一般取扱所について，危険物の規制に関する規則第47条の4に該当するものを除外しているのは，これらの一般取扱所は，

① 　施設及び取扱作業の態様が簡易であること
② 　比較的危険性が低いこと

等の理由に基づくものである。

問4 製造所等の数の数え方は何によるのか。また，第1項第2号の数量は，合計量か単一施設の量か。

答 　危険物施設の数は，第4類危険物の5対象施設を持つ事業所単位でなく，危険物許可対象施設ごとに数えるものである。
　第1項第2号本文の数量は，第4類危険物の5対象施設の合計量であり，同号ただし書の数量は，同一事業所の屋外タンク貯蔵所のタンク群の合計量である。

第1編　消防力の整備指針

> **問5**　第8条第3項に「化学消防車と消防ポンプ自動車に泡を放出する
> ことができる装置を備えたもの」とあるが，A－2ポンプ規格を備
> え，さらに積載水を2～4t積載し自動泡混合装置を取り付け，放
> 水能力も満たしているが，搭乗可能人員が3名の車両について，危
> 険物の規制に関する規則第65条の規格に適合していれば化学消防車
> として捉えてよいか。

答　　化学消防車としての性能を有していれば搭乗可能人員にかかわら
ず化学消防車として捉えることは可能である。ただし，第27条に化
学消防車の搭乗人員は市街地においては5名（条件によっては4
名）とされていることに留意されたい。

第9条　〔大型化学消防車等〕

第9条　市町村の区域内に，石油コンビナート等災害防止法施行令
　　（昭和51年政令第129号。以下「石災法施行令」という。）第8条第
　　1項に規定する屋外貯蔵タンクを設置している石油コンビナート等
　　災害防止法（昭和50年法律第84号。以下「石災法」という。）第2
　　条第6号に規定する特定事業所（以下「特定事業所」という。）が
　　ある場合には，大型化学消防車，大型高所放水車及び泡原液搬送車
　　をそれぞれ1台配置するものとする。ただし，他の市町村からこれ
　　らの応援出動を受けることができる場合等には，この限りでない。

2　市町村の区域内に，石災法施行令第8条第1項の規定により大型
　　化学消防車，大型高所放水車及び泡原液搬送車をそれぞれ2台以上
　　備え付けなければならない特定事業所（特定事業所に石災法施行令
　　第8条第2項に規定する送泡設備付きタンクがある場合には，当該
　　特定事業所の当該送泡設備付きタンクに送泡設備がないものとみな
　　したときに同条第1項の規定により備え付けるべきそれぞれの台数
　　を，当該特定事業所に備え付けなければならないそれぞれの台数と
　　みなす。）があり，かつ，当該市町村が次の各号のいずれにも該当
　　する場合には，前項の規定にかかわらず大型化学消防車，大型高所
　　放水車及び泡原液搬送車をそれぞれ2台配置するものとする。

(1)　当該市町村の区域内にある石油コンビナート等特別防災区域
　　　（石災法第2条第2号に規定する石油コンビナート等特別防災区
　　　域をいう。以下同じ。）に係る石油の最大貯蔵・取扱量が400万キ
　　　ロリットル以上であること。

(2)　当該市町村の区域内にある石油コンビナート等特別防災区域を
　　　管轄する消防署が2以上あり，かつ，当該消防署のうち，2以上
　　　の消防署の管轄区域に，それぞれ常圧蒸留装置の処理能力が1日
　　　当たり1万5,898キロリットル以上である特定事業所が1以上あ
　　　ること。

3　前2項の場合において，大型化学高所放水車を1台配置したとき
　　は，大型化学消防車及び大型高所放水車をそれぞれ1台配置したも

のとみなし，大型高所放水車と同等の機能を有するはしご自動車を
1台配置したときは，大型高所放水車についても1台配置したもの
とみなす。

4　前3項の規定による大型化学消防車，大型高所放水車，大型化学
高所放水車，はしご自動車及び泡原液搬送車は，消防本部又は署所
が管理するものとする。

□解　説□

1　屋外貯蔵タンクを設置している特定事業所（第1項）

市町村区域内に一定の屋外貯蔵タンクを有する特定事業所がある場合
は，大型化学消防車，大型高所放水車及び泡原液搬送車（以下「3点
セット」という。）を配置するものとする。

なお，本条第1項に規定する石災法施行令第8条第1項に規定する屋
外貯蔵タンクとは，石災法施行令の条文のとおり石災法施行令第8条第
1項中の表を示しており，屋外貯蔵タンクから送泡設備付きタンクを除
外した場合を示したものではない。したがって，送泡設備付きタンクの
有無にかかわらず，屋外貯蔵タンクのうち石災法施行令第8条第1項中
の表に該当するタンクがある場合は，本条第1項が適用される（下記
（参考）参照）。

2　2台以上備え付けなければならない事業所がある場合（第2項）

本条第1項の規定では，市町村の区域内に，石災法施行令第8条第1
項中の表に該当する屋外貯蔵タンクが存在する場合には，前出の3点
セットを1セット配置するものとしている。

一方，本条第2項の規定では，石災法施行令第8条第1項により3点
セットを2セット以上備え付けるようなタンクを有する特定事業所があ
り，かつ，本条第2項第1号，第2号のいずれにも該当する場合は，市
町村において本条第1項の規定にかかわらず3点セットを2セット配置
するものとしている。

なお，第2項における送泡設備付きタンクの扱いは，第1項と同様で
ある。

3 3点セットの規格

3点セットの規格については，石災法施行令第8条及び石油コンビナート等における特定防災施設等及び防災組織等に関する省令（以下「施設省令」という。）第18条において規定されており，市町村においても同様に整備する必要がある。

4 3点セットの搭乗員

石災法施行令においては，第7条の規定により，特定事業所に係る自衛防災組織に防災資機材等を備え付けなければならないものとされている場合には，3点セットにあっては，各1台についてそれぞれ次のとおり防災要員を置かなければならないとされている。

①大型化学消防車　5人
②大型高所放水車　2人
③泡原液搬送車　1人

なお，「消防力の整備指針」における大型化学消防車（大型化学高所放水車）の搭乗員については，第27条第4項の規定のとおりであり，大型高所放水車及び泡原液搬送車については，同条第5項の規定に基づき，それぞれの機能を十分に発揮できると認められる数の搭乗員で運用することとされている。

5 3点セットの泡消火薬剤

3点セットの泡消火薬剤については，石災法施行令第14条の規定により，特定事業所に必要な量の泡消火薬剤を備え付けなければならないとされている。また，浮き屋根式タンクの浮き屋根が油没した場合に，二次災害を防止するために必要な量を備えることも考慮する必要がある。

6 他の市町村から応援出動を受けることができる場合等（第1項ただし書）

本条第1項のただし書に規定される「他の市町村から応援出動を受けることができる場合等」とは，当該市町村の区域内に石油コンビナート等特別防災区域の規模が小さく，3点セットを備え付けなければならない特定事業所も少ない場合において，近隣の市町村からの応援によるだけで足りると認められる場合，あるいは特定防災区域の規模が小さい島しょ又は山間へき地であり，実質上3点セットを配置できない等の事情

がある場合等である。

7 石油の貯蔵・取扱量(第2項第1号及び第2号)

「石油」とは,石災法第2条第1項に規定される石油であり,消防法別表第1に掲げる第1石油類,第2石油類,第3石油類及び第4石油類をいう。したがって,「石油の最大貯蔵・取扱量」とは,上記に定める石油の貯蔵最大数量及び取扱最大数量を合計して得られた数量である。

また,「1万5,898キロリットル」とは,石油の容積の単位であるバーレル(樽)に基づくもので10万バーレルに相当している。

8 管轄する消防署(第2項第2号)

「管轄する消防署」とは,例えば,石油コンビナート等特別防災区域を所轄する消防署が3署あった場合,常圧蒸留装置の処理能力が1日当たり1万5,898キロリットル以上の事業所が2署の管内に1事業所ずつあれば第2項第2号の規定に該当するものである。

図9　第2項第2号の規定に該当する場合の例

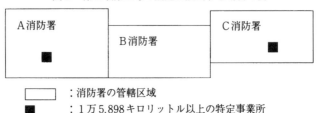

9 大型化学高所放水車を配置した場合(第3項)

石災法施行令第16条第2項の規定では,人員,管理等において効率化が図れることから,大型化学高所放水車(大型化学消防車で,高所から放水することができる性能を有するもの)を配置した場合は,大型化学消防車,大型高所放水車を各1台配置したものとみなすとされている。

なお,大型化学高所放水車の規格については,施設省令第20条に規定されており,市町村においても同様に整備する必要がある。

これを踏まえ,この指針においても同様の理由から,市町村が大型化

第9条　〔大型化学消防車等〕

学高所放水車を配置した場合，大型化学消防車，大型高所放水車を各1
台配置したものとみなすものである。

(参考)

　　　　石油コンビナート等災害防止法（抄）

〔昭和50年12月17日〕
〔法　律　第　84　号〕

(定義)

第2条　この法律において，次の各号に掲げる用語の意義は，それぞれ当該各号に定めると
　ころによる。

　(1)〜(3)　（略）

　(4)　第1種事業所　石油コンビナート等特別防災区域（以下「特別防災区域」という。）
　　に所在する事業所であって，石油の貯蔵・取扱量を第二号イに規定する政令で定める基
　　準貯蔵・取扱量で除して得た数値若しくは高圧ガスの処理量を同号イに規定する政令で
　　定める基準処理量で除して得た数値又はこれらを合計した数値が1以上となるものをい
　　う。

　(5)　第2種事業所　特別防災区域に所在する事業所のうち第1種事業所以外の事業所で
　　あって，政令で定める基準に従い，相当量の石油等その他政令で定める物質を取り扱
　　い，貯蔵し，又は処理することにより当該事業所における災害及び第1種事業所におけ
　　る災害が相互に重要な影響を及ぼすと認められるものとして都道府県知事が指定するも
　　のをいう。

　(6)　特定事業所　第1種事業所及び第2種事業所をいう。

　(7)〜(10)　（略）

第1編　消防力の整備指針

石油コンビナート等災害防止法施行令（抄）

〔昭和51年5月31日〕
〔政　令　第　129　号〕

（大型化学消防車，大型高所放水車及び泡原液搬送車等）

第8条　特定事業者は，その特定事業所の屋外タンク貯蔵所（危険物の規制に関する政令第2条第2号に規定する屋外タンク貯蔵所をいう。以下同じ。）に，次の表の第1欄から第3欄までに掲げる区分に該当する石油を貯蔵する屋外タンク（以下「屋外貯蔵タンク」という。）で次項に規定する送泡設備付きタンク以外のものがある場合には，当該特定事業所に係る自衛防災組織に，大型化学消防車（毎分3,100リットル以上の放水能力を有する大型の化学消防自動車で総務省令で定めるものをいう。以下同じ。），大型高所放水車（毎分3,000リットル以上の放水能力を有する大型の高所放水車で総務省令で定めるものをいう。以下同じ。）及び総務省令で定める泡原液搬送車（以下「泡原液搬送車」という。）を，それぞれ，屋外貯蔵タンク（次項に規定する送泡設備付きタンクを除く。以下この項において同じ。）の同表のこれらの欄の区分に応じ，同表の第4欄に定める台数（当該特定事業所に同表の第1欄から第3欄までの区分が異なる二以上の屋外貯蔵タンクがあるときは，これらの屋外貯蔵タンクに係る同表の第4欄に定める台数のうち最も多い台数（同じ台数のときは，その台数。以下同じ。））に相当する台数を備え付けなければならない。ただし，次項の規定により当該自衛防災組織に大型化学消防車を備え付けなければならないものとされる場合には，総務省令で定めるところにより，この項の規定により当該自衛防災組織に備え付けるべき大型化学消防車を備え付けず，又は当該台数を減ずることができる。

屋外貯蔵タンクの型	屋外貯蔵タンクに貯蔵する石油の種類	屋外貯蔵タンクの直径	台数
浮きぶた付きの屋外貯蔵タンクのうち浮きぶたが屋根を兼ねるもの	石油	34メートル以上	1台
浮きぶた付きの屋外貯蔵タンクのうち浮きぶたが屋根を兼ねるもの以外のもので総務省令で定めるもの	石油	34メートル以上50メートル未満	1台
		50メートル以上	2台
その他の屋外貯蔵タンク	消防法別表第1に掲げる第1石油類又は第2石油類	24メートル以上34メートル未満	1台
		34メートル以上50メートル未満	2台
		50メートル以上60メートル未満	3台
		60メートル以上	4台

80

第9条　〔大型化学消防車等〕

| | 消防法別表第1に掲げる第3石油類又は第4石油類 | 34メートル以上50メートル未満 | 1台 |
| | | 50メートル以上 | 2台 |

2　特定事業者は，その特定事業所の屋外タンク貯蔵所に，総務省令で定める送泡設備（災害の発生又は拡大の防止の用に供されるものに限る。）が設置された屋外貯蔵タンクで総務省令で定めるもの（以下「送泡設備付きタンク」という。）がある場合には，当該特定事業所に係る自衛防災組織に，次に掲げる防災資機材等を備え付けなければならない。

(1)　当該送泡設備付きタンクに総務省令で定めるところにより泡水溶液を送水するものとした場合に必要となる総務省令で定める台数（当該特定事業所に二以上の送泡設備付きタンクがあるときは，これらの送泡設備付きタンクに係る総務省令で定める台数のうち最も多い台数）の大型化学消防車又は次条に規定する甲種普通化学消防車

(2)　当該送泡設備付きタンクに前号に規定する総務省令で定めるところにより泡水溶液を送水するものとした場合に必要となる総務省令で定める種類の総務省令で定める数（当該特定事業所に二以上の送泡設備付きタンクがあるときは，総務省令で定める発泡器（以下「発泡器」という。）の総務省令で定める種類ごとに，これらの送泡設備付きタンクに係る総務省令で定める数のうち最も多い数（同じ数のときは，その数。以下同じ。））の発泡器

第1編 消防力の整備指針

第10条 〔化学消防車の消防ポンプ自動車への換算〕

第10条 前2条の規定により化学消防車を配置する場合には，地域の
実情に応じて，化学消防車を消防ポンプ自動車とみなして，第5条
第1項から第3項まで又は第5項の規定による消防ポンプ自動車の
数を減ずることができる。

□解　説□

化学消防車の構造は，一般的に水槽付消防ポンプ自動車に消火薬液槽及
び消火薬液混合装置を備えたものである。したがって，化学消防車は消防
ポンプ自動車の性能を合わせ持っていると言える。このことから，化学消
防車を消防ポンプ自動車とみなして，第5条第1項から第3項まで又は第
5項の規定により配置する消防ポンプ自動車の数を減ずることができると
している。

ただし，化学消防車と消防ポンプ自動車を乗り換えて運用するなど，化
学消防車が危険物災害のみに出動することをあらかじめ出動計画等で定め
ている場合には，化学消防車を消防ポンプ自動車とみなすことはできな
い。

第11条　〔泡消火薬剤〕

第11条　市町村の区域内の第４類危険物の５対象施設の数，第４類危険物の最大貯蔵・取扱量，原子炉設置事業所等の数，特定事業所の数並びに石災法施行令第８条に規定する屋外貯蔵タンクの型，直径及びそのタンクに貯蔵する石油の種類等を勘案し，必要な量の泡消火薬剤を備蓄するものとする。

□解　説□

　市町村は，第８条及び第９条の規定に基づき，危険物施設や石油コンビナート等の実態に応じて，化学消防車，大型化学消防車等を配置することとなるが，本条は，当該車両により泡を放出するために必要となる泡消火薬剤の備蓄について規定している。

　備蓄すべき泡消火薬剤の種類及び量は，危険物の種類，危険物施設の種類，原子炉設置事業所等の数，配置状況等により異なるものである。種類については，危険物施設に存する危険物の種類に応じて決定すべきである。また，量については，希釈率，単位時間当たりの放射量，同時に放射する消防車両の数，放射時間等に応じて決定すべきである。

問1　必要な泡消火薬剤の備蓄量の算定基準は何か。

答　備蓄する泡消火薬剤の量は，①第４類危険物の５対象施設の数，②第４類危険物の最大貯蔵・取扱量，③特定事業所の数，④屋外貯蔵タンクの型，直径及びそのタンクに貯蔵する石油の種類等によって，市町村が判断するものである。この場合，タンク火災に必要な泡消火薬剤の量は，タンクの液表面積１平方メートル当たり毎分6.5リットルの混合液を投入して消火を図ることを想定して算定するものであり，また，第４類危険物の５対象施設の数等から，火災の発生頻度，規模等を想定するものである。

　　なお，石災法施行令第14条，第20条，第21条，第23条及び第24条によって，自衛防災組織，共同防災組織あるいは広域共同防災組織についても泡消火薬剤の備蓄が規定されている。

83

第1編　消防力の整備指針

問2　「石油の種類等を勘案し」から泡消火薬剤の種類を決めると読み取ってよいのか。また，各種石油類に適応した泡消火薬剤は何か。

答　前段お見込みのとおり。後段は，表13の泡消火薬剤の分類による。

表13　泡消火薬剤の分類

石油類用	蛋白質加水分解系	蛋白泡系		蛋白泡	P
		フッ素蛋白泡系	水成膜を形成しないもの	フッ素蛋白泡	FP
			水成膜を形成するもの	フッ素蛋白水成膜泡	FFFP
	界面活性剤系	フッ素界面活性剤泡系	水成膜を形成しないもの	フッ素界面活性剤泡	F－Syndet
			水成膜を形成するもの	フッ素界面活性剤水成膜泡	AFFF
		炭化水素系界面活性剤泡系		炭化水素系界面活性剤泡	Syndet又はS
水溶性液体用（石油類にも使用可）	蛋白質加水分解系	フッ素蛋白泡系	フッ素蛋白泡	フッ素蛋白耐アルコール泡	AFP
			高分子ゲルを形成するもの	高分子ゲル生成フッ素蛋白耐アルコール泡	AGFP
	界面活性剤系	フッ素界面活性剤泡系	高分子ゲルを形成するもの	高分子ゲル生成フッ素界面活性剤耐アルコール泡	AGFF
			フッ素界面活性剤	フッ素界面活性剤耐アルコール泡	AFS
		炭化水素系界面活性剤泡系	フッ素界面活性剤を添加したもの		
			高分子を添加したもの		

第12条　〔消防艇〕

第12条　〔消防艇〕

第12条　水域に接した地域の火災の鎮圧等のため，消防艇を配置する
　ものとし，その数は次の各号に掲げる数を合算して得た数を基準と
　して，地域特性を勘案した数とする。
　(1)　水域に接した市街地で消防艇の接岸できる水路（消防ポンプ自
　　動車による火災の鎮圧が可能な市街地に係るものを除く。）の延
　　長が３キロメートルを超え５キロメートル以下の場合に１隻，５
　　キロメートルを超える場合には，おおむね５キロメートルごとに
　　１隻
　(2)　市町村の区域内に港湾法（昭和25年法律第218号）第２条第２
　　項に規定する国際戦略港湾，国際拠点港湾及び重要港湾がある場
　　合には，当該港湾における火災の鎮圧等に，必要と認められる隻
　　数
　2　前項の規定による消防艇は，消防本部又は署所が管理するものと
　する。

□解　説□

1　水域等における市町村の消防責任

　地方自治法第５条による市町村の区域は，その区域内における河川湖
沼の水面は言うまでもなく，その地域に接続する領海及び上空，地下に
及ぶと解されている（行政裁判所判決昭和12年５月20日）。また，消防
組織法第６条により市町村は，当該市町村の区域における消防責任を十
分に果たすべきであることから，領域内の市町村の地先海域における消
防責任は市町村にあるものである。しかし，これらの海域における消防
責任を市町村だけに負わせるのは，現実として著しく困難なことから，
海上における船舶火災等に対する消防責任については，海上保安庁と職
務分担している。
　海上保安庁との覚書によれば，現地機関における協定において，船舶
火災に対し，消防機関が海上保安庁と共同して消防活動を行うほか，特
にふ頭又は岸壁に係留された船舶及び上架又は入渠中の船舶については

85

第1編　消防力の整備指針

第1次的責任を負うこともあり，重要港湾の所在する市町村は，当該港湾における諸事情を考慮して必要と認められる隻数の消防艇を配置するものである。港湾の実績として考慮すべき要素は，年間の入港船舶数，年間における石油類の取扱貨物量が挙げられよう。

2　消防艇の算定

(1)　水域に接した市街地における消防艇の隻数

　水域に接した市街地における建築物の火災には，陸上から消防ポンプ自動車によって消火するだけでなく，水域側からの消火活動が必要である。市街地に接する沿岸では，倉庫，埠頭設備，住宅等が密集しており，これらの建築物から出火した場合には，陸上からだけでは有効な放水活動が実施できない。しかも，沿岸で発生した建築物の火災が埠頭に係留中の船舶へ延焼する危険性もあり，水域に接した市街地では，背面からの消火活動を確保するため消防艇の配置が必要である。

　第1項第1号において，「水域に接した市街地で消防艇の接岸できる水路の延長」を消防艇の算定基準としており，この延長が3キロメートルを超え5キロメートル以下の場合に1隻，5キロメートルを超える場合には，おおむね5キロメートルごとに1隻を配置するものとしている。これは，消防艇の行動範囲を考慮して定められたものであり，一般的に消防艇の速度は消防ポンプ自動車の速度より劣るが，その水面における行動は，陸上における消防ポンプ自動車のそれより自由に火災現場に直進しやすいことを考慮し，半径2.5キロメートル程度を有効範囲とし，5キロメートルごとに1隻の消防艇を配置する必要がある。

　なお，第1項第1号かっこ書きで陸上から消防ポンプ自動車によって火災を鎮圧することが可能な市街地については，当該市街地に接する水路の延長分を算定基準の基礎となる水路の延長に算入しないものとしている。これは，個々の消防対象物に対して，消防ポンプ自動車が近づくことができ，延焼の危険がなく火災の鎮圧も可能な市街地をいうもので，必ずしも四面からの消火活動ができる状態をいうものではない。したがって，消防対象物の特質，風向等の態様によって一様

ではないが，一般的には消防対象物に障害なく接近でき，たとえ一面だけからであっても効果的な消火活動が実施できれば，これに該当する。

(2) 港湾における消防艇の隻数

　第1項第2号に規定する国際戦略港湾，国際拠点港湾及び重要港湾については，入港船舶数が多く，石油類等の危険物の搬入も相当量にのぼること，船舶については，当該船舶が消防法第2条に規定する防火対象物又は消防対象物に該当するか否かにかかわらず，一般的に市町村は消防責任を有するとされていることから，消防艇を配置する必要があると規定している。

　配置する消防艇の数は，当該港湾における年間の入港船舶数，石油類の取扱貨物量等を考慮して，火災の鎮圧等に必要と認められる隻数とする。

3　消防艇の規格

　消防艇の能力は，第1項第1号の規定により配置するものについては，固定の消防ポンプを装備し，消防ポンプ自動車1台以上の放水能力であることが求められる。この場合，小型動力消防ポンプ等を船舶に積載したものは，この指針でいう消防艇には含まない。

　また，第1項第2号の規定により配置するものについては，固定の消防ポンプ及び消火薬液混合装置を併せて装備し，かつ，10メートル以上の高さの放水塔又はこれと同程度の放水射程能力を有することが求められる。

問　河川，水路等の両岸に市街地が接している場合の水路のとらえ方はどうか。

答　河川，水路等の両岸に市街地が接しているような場合，両岸の延長を合計する必要はなく，その河川等の延長をもって基準を適用すればよい。なお，干潮時において消防艇が航行不可能なところは，水域に接した延長に含めず，常時航行可能な水域のみを対象として取り扱う。

（参考）

港湾法（抄）

〔昭和25年5月31日〕
〔法 律 第 218 号〕

（定義）

第2条

2　この法律で「国際戦略港湾」とは，長距離の国際海上コンテナ運送に係る国際海上貨物輸送網の拠点となり，かつ，当該国際海上貨物輸送網と国内海上貨物輸送網とを結節する機能が高い港湾であって，その国際競争力の強化を重点的に図ることが必要な港湾として政令で定めるものをいい，「国際拠点港湾」とは，国際戦略港湾以外の港湾であって，国際海上貨物輸送網の拠点となる港湾として政令で定めるものをいい，「重要港湾」とは，国際戦略港湾及び国際拠点港湾以外の港湾であって，海上輸送網の拠点となる港湾その他の国の利害に重大な関係を有する港湾として政令で定めるものをいい，「地方港湾」とは，国際戦略港湾，国際拠点港湾及び重要港湾以外の港湾をいう。

港湾法施行令（抄）

〔昭和26年1月29日〕
〔政 令 第 4 号〕

（国際戦略港湾，国際拠点港湾，重要港湾及び避難港）

第1条　港湾法（以下「法」という。）第2条第2項に規定する国際戦略港湾，国際拠点港湾及び重要港湾並びに同条第9項に規定する避難港は，別表第1のとおりとする。

第13条　〔救急自動車〕

第13条　消防本部又は署所に配置する救急自動車の数は，人口10万以下の消防本部又は署所にあってはおおむね人口２万ごとに１台を基準とし，人口10万を超える消防本部又は署所にあっては５台に人口10万を超える人口についておおむね人口５万ごとに１台を加算した台数を基準として，当該市町村の昼間人口，高齢化の状況，救急業務に係る出動の状況等を勘案した数とする。

２　前項の規定による救急自動車は，消防本部又は署所が管理するものとする。

□解　説□

　救急自動車の配置基準は，人口を基準とした配置台数を基本としながらも，当該地域における昼間人口，高齢化の状況，救急業務に係る出動の状況等を勘案して配置台数を決定する。

　近年の救急出動件数の伸びは，救急自動車の整備数の伸びを大きく上回っており，今後も高齢化のさらなる進展等に伴い，救急需要は増加し続けると予想されている（図10参照）。

　このことは，人口規模にかかわらず，人口の少ない地域等においても，住民に対して充実した救急サービスを提供する必要があることを意味しており，人口10万以下の消防本部又は署所にあってはおおむね人口２万ごとに救急自動車１台を配置の基準とするように定めたものである。さらに，人口10万を超える人口については，５台におおむね人口５万ごとに１台を加算して得た数を基準とするものである。

　このとき消防本部又は署所は，基準となる人口以外に当該地域における昼間人口及び高齢化の状況や人口で示すことのできない救急自動車の救急業務に係る出動の状況等を踏まえて，救急自動車の配置台数を決定する。

　「昼間人口」を勘案事項とした趣旨は，昼間人口と夜間人口の差が大きい都市部等の救急需要を的確に反映するためである。また，図11の事故種別年齢階層別搬送率にあるとおり，高齢者，特に75歳以上の高齢者

は，他の年齢階層に比べ著しく搬送率が高い傾向にあることから，「高齢化の状況」を勘案事項としているものである。さらに，「救急業務に係る出動の状況」には，救急自動車の出動頻度，救急自動車が署所から出動して災害現場に到着するまでに要する時間等が含まれると解される。

図10 救急出動件数と救急自動車数の推移

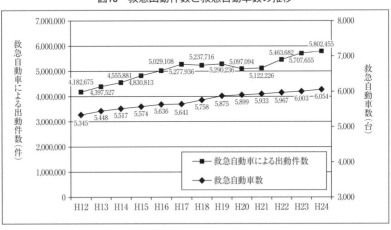

図11 事故種別年齢階層別搬送率

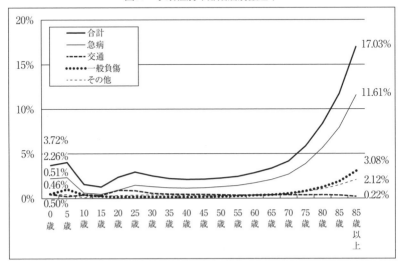

第14条 〔救助工作車〕

第14条 消防本部又は署所に，救助省令第３条に規定する救助隊の配置基準数（同条第２項による増減を行った場合には，当該増減後の配置基準数とする。次項において同じ。）と同数の救助工作車を配置するものとする。

2 前項の規定にかかわらず，救助隊の配置基準数から救助省令第４条に規定する数（同条第２項による増減を行った場合には，当該増減後の数とする。）を控除した数については，救助工作車に代えて，同様の救助器具積載能力を有する消防用自動車等（第17条第３項に規定する消防用自動車等をいう。次項において同じ。）のうち救助工作車以外のものを充て，前項の規定により配置するものとされる救助工作車の台数から減ずることができる。

3 第１項の規定による救助工作車及び前項の規定により救助工作車に代えて充てる消防用自動車等は，消防本部又は署所が管理するものとする。

□解　説□

1 救助に関する規定

昭和61年の消防法における救助隊の規定化及び救助省令の制定に伴い，現行のように規定された。

2 救助工作車の算定

救助工作車の配置基準は，原則として救助省令に定める救助隊の配置基準数と同数とするが，救助省令第４条に規定する救助隊（特別救助隊）の配置基準数を控除した数については，同様の救助器具積載能力を有する消防用自動車等を充て，救助工作車の配置基準数から減ずることができる。

なお，救助省令第３条によれば，「消防本部及び消防署を置く市町村（消防常備市町村）の配置する救助隊の数」（救助隊の配置基準数）とは，当該市町村における消防署の数とされている。

第1編　消防力の整備指針

問1　「救助省令第3条に規定する救助隊の配置基準数と同数の救助工作車を配置する」とは，具体的にどのようなことか。

答　救助省令は昭和61年10月1日に制定公布され，昭和62年1月1日から施行されたものである。

これによると，消防常備市町村の救助隊の配置基準数は，原則として，当該市町村における消防署の数と定められている（第3条第1項）ので，市町村においては，各消防署に救助隊1隊を配置しておくこととされている。

また，消防署の配置は火災消火の観点を中心に定められているのが通常であるのに対し，人命の救助を要する事案の発生状況は必ずしも火災の発生状況とリンクしていないことに鑑み，市町村は人命の救助を要する事案の発生状況，人口，面積，地形その他地域特性を考慮して救助隊の配置基準数を増減することができる。この場合の配置基準数の増減とは，救助隊を置かないこととすることは含まない。

また，特に，1署当たりの管轄面積が大きいこと，山地などにより集落が分散していること，自然災害が多発していること，観光地などにおける観光客の人込みが多いこと，交通事故が多発していること，労災事故の発生する事業所が多く立地していること等の特殊な事情があり，各消防署に1隊の配置では対応できない市町村にあっては，救助隊の配置基準数を検討の上，増加させることが望ましい。

救助省令によると，消防常備市町村における救助隊は，救助省令別表第1に掲げる救助器具及び当該救助器具を積載することができる救助工作車その他の消防用自動車1台を備えるものとされている。

救助器具については，救助省令別表第1に掲げられたもの以外のものについても，災害，事故等の状況に応じて必要なものを備えるよう努めるものとし，搭乗車両については，救助工作車であることが望ましいが，全ての救助器具を常時積載可能か，又は常時積載できない場合でも迅速な積載替えが可能なシステムとなっているもの

第14条　〔救助工作車〕

であれば消防ポンプ自動車その他の消防用自動車であっても差し支えないものである。

問2　救助省令第4条の救助隊とは何か。

答　救助省令では，消防常備市町村における救助隊について，配置基準数の範囲内で原則としては，以下の数の救助隊をいわゆる特別救助隊として，人命の救助に関する専門的な教育を受けた隊員5人以上で編成し，救助省令別表第1及び別表第2に掲げる救助器具並びに当該救助器具を積載することができる救助工作車を備えるものとされている。

○人口10万の市町村，あるいは人口10万未満の消防常備市町村で中高層建築物，幹線道路，鉄道，空港，危険な作業を伴う事業場等に係る人命の救助が特に必要となると認められるもの　1隊

○人口25万の消防常備市町村　2隊
　（以下人口100万までは，人口15万ごとに1隊を加算）

○人口130万の消防常備市町村　8隊
　（以下人口310万までは，人口30万ごとに1隊を加算）

○人口350万の消防常備市町村　15隊
　（以下人口40万ごとに1隊を加算）

また，この特別救助隊の配置基準数についても，事情により増減することができるとされている。

問3　救助省令第4条に規定する救助隊（特別救助隊）の車両は，救助工作車に代えて，同様の救助器具積載能力を有する救助工作車以外の消防用自動車等で代替することはできるか。

答　できない。特別救助隊は，救助省令別表第1及び第2に掲げる救助器具とそれを積載する救助工作車及び救助隊員で構成されるものである。

第1編　消防力の整備指針

（参考）
救助隊の編成，装備及び配置の基準を定める省令

> 昭和61年10月 1 日
> 自治省令第22号

（趣旨）

第1条　この省令は，市町村が配置する人命の救助を行うため必要な特別の救助器具を装備した消防隊（以下「救助隊」という。）の編成，装備及び配置の基準を定めるものとする。

（消防常備市町村における救助隊の編成及び装備の基準）

第2条　消防本部及び消防署を置く市町村（一部事務組合又は広域連合を設けて消防本部及び消防署を置き，消防事務を処理している場合には，当該一部事務組合又は広域連合とする。以下「消防常備市町村」という。）の配置する救助隊は，人命の救助に関する専門的な教育を受けた隊員5人以上で編成するよう努めるものとし，別表第1に掲げる救助器具及び当該救助器具を積載することができる救助工作車その他の消防用自動車1台を備えるものとする。

（救助隊の配置基準数）

第3条　消防常備市町村の配置する救助隊の数（以下「救助隊の配置基準数」という。）は，当該市町村における消防署の数とする。

2　消防常備市町村の長は，当該市町村の区域内における人命の救助を要する事案の発生状況，人口，面積，地形その他の地域特性（以下「地域特性」という。）を考慮して，前項の規定による救助隊の配置基準数を増減することができる。

（特別救助隊）

第4条　救助隊の配置基準数（前条第2項の規定による増減を行った場合には，当該増減後の配置基準数をいう。以下この項において同じ。）のうち，人口10万以上の消防常備市町村にあっては次の各号に定める数の合計数に1を加算した数（当該数が救助隊の配置基準数を超える場合は，当該救助隊の配置基準数とする。），人口10万未満の消防常備市町村で中高層建築物，幹線道路，鉄道，空港，危険な作業を伴う事業場等に係る人命の救助が特に必要となると認められるものにあっては一の救助隊は，特別救助隊（人命の救助に関する専門的な教育を受けた隊員5人以上で編成し，別表第1及び別表第2に掲げる救助器具並びに当該救助器具を積載することができる救助工作車1台を備えた救助隊をいう。以下同じ。）とする。

(1)　人口10万を超え100万までの人口について，人口15万で除して得た数（整数未満の端数がある場合は，当該端数を切り捨てる。以下この項において同じ。）

(2)　人口100万を超え310万までの人口について，人口30万で除して得た数

(3) 人口310万を超える人口について，人口40万で除して得た数

2 消防常備市町村の長は，地域特性を考慮して，前項に規定する要件を満たす救助隊の数を増減することができる。

（高度救助隊）

第5条 特別救助隊の数のうち，特別区が連合して維持する消防，地方自治法（昭和22年法律第67号）第252条の19第1項の指定都市（以下「指定都市」という。）（指定都市が一部事務組合又は広域連合を設けて消防事務を処理している場合には，当該一部事務組合又は広域連合とする。次条において同じ。），同法第252条の22第1項の中核市（同項の中核市が一部事務組合又は広域連合を設けて消防事務を処理している場合には，当該一部事務組合又は広域連合とする。）及び消防庁長官が指定する消防常備市町村にあつては，一以上の特別救助隊は，高度救助隊（人命の救助に関する専門的かつ高度な教育を受けた隊員5人以上で編成し，別表第1から別表第3までに掲げる救助器具及び当該救助器具を積載することができる救助工作車1台を備えた救助隊をいう。以下同じ。）とする。

（特別高度救助隊）

第6条 高度救助隊の数のうち，特別区が連合して維持する消防及び指定都市にあつては，一以上の高度救助隊は，特別高度救助隊（人命の救助に関する専門的かつ高度な教育を受けた隊員5人以上で編成し，別表第1から別表第3までに掲げる救助器具，当該救助器具を積載することができる救助工作車1台及び特殊災害対応自動車1台を備え，地域の実情に応じてウォーターカッター及び大型ブロアーを備えた救助隊をいう。以下同じ。）とする。

（消防非常備市町村における救助隊の編成及び装備の基準）

第7条 消防本部及び消防署を置かない市町村の配置する救助隊は，消防団員により編成し，別表第1に掲げる救助器具のうち必要な救助器具を備えるよう努めるものとする。

　　　附　則

この省令は，昭和62年1月1日から施行する。

　　　附　則〔平成7年6月20日自治省令第21号抄〕

（施行期日）

第1条 この省令は，公布の日から施行する。

　　　附　則〔平成8年5月11日自治省令第19号〕

この省令は，公布の日から施行する。

　　　附　則〔平成14年4月30日総務省令第54号〕

この省令は，公布の日から施行する。

　　　附　則〔平成18年3月28日総務省令第42号〕

この省令は，平成18年4月1日から施行する。

第1編　消防力の整備指針

　　　附　　則〔平成19年10月１日総務省令第129号〕

この省令は，公布の日から施行する。

　　　附　　則〔平成22年４月１日総務省令第40号〕

この省令は，公布の日から施行する。

別表第１（第２条，第４条―第７条関係）

分　　　類	品　　　名
一 般 救 助 用 器 具	かぎ付はしご 三連はしご 金属製折りたたみはしご又はワイヤはしご 空気式救助マット 救命索発射銃 サバイバースリング又は救助用縛帯 平担架 ロープ カラビナ 滑車
重 量 物 排 除 用 器 具	油圧ジャッキ 油圧スプレッダー 可搬ウィンチ ワイヤロープ マンホール救助器具 救助用簡易起重機※
切 　 断 　 用 　 器 　 具	油圧切断機 エンジンカッター ガス溶断器 チェーンソー 鉄線カッター
破 　 壊 　 用 　 器 　 具	万能斧 ハンマー 携帯用コンクリート破壊器具
検 知 ・ 測 定 用 器 具	生物剤検知器※※※ 化学剤検知器※※※ 可燃性ガス測定器 有毒ガス測定器※※ 酸素濃度測定器※※ 放射線測定器※※
呼 吸 保 護 用 器 具	空気呼吸器（予備ボンベを含む。） 空気補充用ボンベ※

第14条 〔救助工作車〕

隊 員 保 護 用 器 具	革手袋
	耐電手袋
	安全帯
	防塵メガネ
	携帯警報器
	防毒マスク
	化学防護服（陽圧式化学防護服を除く。）※※
	陽圧式化学防護服※※
	耐熱服※
	放射線防護服（個人用線量計を含む。）※※
検 索 用 器 具	簡易画像探索機※※
除 染 用 器 具	除染シャワー※※※
	除染剤散布器※※※
水 難 救 助 用 器 具 ※	潜水器具一式
	流水救助器具一式
	救命胴衣
	水中投光器
	救命浮環
	浮標
	救命ボート
	船外機
	水中スクーター
	水中無線機
	水中時計
	水中テレビカメラ
山 岳 救 助 用 器 具 ※	登山器具一式
	バスケット担架
その他の救助用器具	投光器一式
	携帯投光器
	携帯拡声器
	携帯無線機
	応急処置用セット
	車両移動器具※
	その他の携帯救助工具

備考
1　※印のものは，地域の実情に応じて備えるものとする。
2　※※印のものは，特別救助隊，高度救助隊及び特別高度救助隊を除く救助隊については，地域の実情に応じて備えるものとする。
3　※※※印のものは，特別高度救助隊を除く救助隊については，地域の実情に応じて備えるものとする。
4　表中の救助器具については，はん用器具によることができ，また，同種の機能を有する器具により代替することができるものとする。

97

第1編　消防力の整備指針

別表第2（第4条―第6条関係）

分　　類	品　　名
重量物排除用器具	マット型空気ジャッキ一式 大型油圧スプレッダー 救助用支柱器具※ チェーンブロック※
切　断　用　器　具	空気鋸^{のこぎり} 大型油圧切断機 空気切断機 コンクリート・鉄筋切断用チェーンソー※
破　壊　用　器　具	削岩機 ハンマドリル
呼吸保護用器具	酸素呼吸器（予備ボンベを含む。） 簡易呼吸器 防塵マスク 送排風機 エアラインマスク※
隊員保護用器具	耐電衣 耐電ズボン 耐電長靴 特殊ヘルメット※
その他の救助用器具	緩降機 ロープ登降機 救助用降下機※ 発電機

備考
1　※印のものは，地域の実情に応じて備えるものとする。
2　表中の救助器具については，はん用器具によることができ，また，同種の機能を有する器具により代替することができるものとする。

別表第3（第5条，第6条関係）

分　　類	品　　名
高度救助用器具	画像探索機 地中音響探知機 熱画像直視装置 夜間用暗視装置 地震警報器 電磁波探査装置※ 二酸化炭素探査装置※ 水中探査装置※

検知型遠隔探査装置※※

備考
1 ※印のものは，高度救助隊については，地域の実情に応じて備えるものとする。
2 ※※印のものは，地域の実情に応じて備えるものとする。
3 表中の救助器具については，はん用器具によることができ，また，同種の機能を有する器具により代替することができるものとする。

第1編　消防力の整備指針

第15条　〔指揮車〕

第15条　災害現場において指揮活動を行うため，指揮車を配置するものとし，その数は市町村における消防署の数と同数を基準として，地域特性を勘案した数とする。
2　前項の規定による指揮車は，消防本部又は署所が管理するものとする。

□解　説□

1　指揮活動

　消防の行う災害現場活動は，一般的な救急事故等を除き，複数の消防隊，救助隊等が連携して活動を行うものであり，活動中の全体を統括する現場最高指揮者の指揮に基づき，効率的な活動を行う必要がある。

　現場における指揮活動は，指揮命令，情報収集・分析，安全管理等多岐に渡るものであり，このような多くの任務を現場最高責任者一人で迅速，的確に処理することには限界がある。このことから，的確な現場指揮活動が実施できるよう，現場最高指揮者及びそれを補佐する専任の隊員により編成する指揮隊を運用するため，災害現場における指揮活動に必要な資機材を装備した車両として，指揮車を配置するものとしている。

2　指揮車の算定

　指揮車の配置基準は，消防署の数と同数を基準としている。これは，消防法において，災害現場における様々な緊急措置権限が消防署長に与えられていることから，その者の任務を直接に委任されて指揮活動を行う専任の最高指揮者（指揮隊）は消防署ごとに配置するものとしているものである。なお，各消防本部における地域特性を勘案して増減できるものとしている。

100

第15条 〔指揮車〕

> 問 「消防署の数と同数を基準として，地域特性を勘案した数」とあ
> るが，地域特性を勘案し，台数を減じても差し支えないか。

答 台数を減じる場合も考えられるが，市町村が地域特性を勘案し，
指揮車の配置数を算定する場合，その算定に対しては客観的，合理
的な理由が必要である。

第1編　消防力の整備指針

第16条　〔特殊車等〕

> 第16条　第5条，第7条から第9条まで及び前4条の規定による消防のための出動に使用する自動車等のほか，火災の鎮圧，災害の防除等のため，広報車，資器材搬送車，水槽車，排煙・高発泡車，支援車，人員輸送車，遠距離大量送水車，航空機その他の特殊な機能を有する車両等（以下「特殊車等」という。）を地域の実情に応じて配置するものとする。
> 2　前項の規定による特殊車等は，消防本部又は署所が管理するものとする。

□解　説□

1　特殊車等の配置

効果的な消防活動を実施するためには，前条までに規定する消防用自動車等のほか，多様な機能を有する消防用自動車等が必要となるが，全ての市町村に普遍的に配置する必要があるわけではない。したがって，特殊車等の配置については，地域の実情に応じて配置するものと規定している。

2　特殊車等の種類

特殊車等の種類は，本条に示したもののほかにも様々な機能を有するものがあり，その全てを示すことはできないが，前条までに規定する消防用自動車等以外は，全て特殊車等に含まれる。

> 問1　査察広報車，情報収集用バイクは，本条で規定する特殊車等に該当するか。

答　緊急自動車として認められている車両であれば，消防活動においては情報収集等の支援活動に活用できるので，特殊車等に該当する。

第16条　〔特殊車等〕

問2　特殊車等の配置数は，どのように算定するのか。

答　　特殊車等は，地域の実情に応じて配置するものであり，具体的な
　　　配置数は特殊車等を必要とする災害の発生頻度，防御難易度，災害
　　　が発生した場合の規模等を考慮して，市町村が判断する。

第1編　消防力の整備指針

第17条　〔非常用消防用自動車等〕

第17条　第５条の規定による消防ポンプ自動車（以下「稼働中の消防ポンプ自動車」という。）に加え，水火災等の発生時に始業の時刻から終業の時刻の間にある警防要員以外の者を動員して対処する必要のある場合（以下「非常時の場合」という。）又は稼働中の消防ポンプ自動車が故障した場合等に使用するため，人口30万以下の市町村にあっては稼働中の消防ポンプ自動車８台ごとに１台を基準とし，人口30万を超える市町村にあっては稼働中の消防ポンプ自動車４台ごとに１台を基準として，地域の実情に応じて予備の消防ポンプ自動車（以下「非常用消防ポンプ自動車」という。）を配置するものとする。

2　第13条の規定による救急自動車（以下「稼働中の救急自動車」という。）に加え，多数の傷病者が発生した場合又は稼働中の救急自動車が故障した場合等に使用するため，人口30万以下の市町村にあっては稼働中の救急自動車６台ごとに１台を基準とし，人口30万を超える市町村にあっては稼働中の救急自動車４台ごとに１台を基準として，地域の実情に応じて予備の救急自動車（以下「非常用救急自動車」という。）を配置するものとする。

3　非常時の場合又は消防用自動車等（消防ポンプ自動車，はしご自動車，化学消防車，大型高所放水車，泡原液搬送車，救急自動車，救助工作車，指揮車，消防艇及び特殊車等をいう。以下同じ。）のうち消防ポンプ自動車及び救急自動車以外のものが故障した場合等に使用するため，地域の実情に応じて予備の消防用自動車等を配置するものとする。

4　第１項の規定による非常用消防ポンプ自動車，第２項の規定による非常用救急自動車及び前項の規定による非常時の場合等に使用するための消防用自動車等（以下「非常用消防用自動車等」という。）は，消防本部又は署所が管理するものとする。

第17条〔非常用消防用自動車等〕

□解　説□

1　非常用消防用自動車等の位置づけ

　　署所においては，管轄区域内の災害に即時対応できるよう，消防職員が交替制勤務により従事し，平時の消防力を構成している。しかし，大規模な火災発生時や台風等の自然災害発生時のように平時の消防力で対応が困難な災害等が発生した場合においては，勤務時間外の職員を招集するとともに，通常は総務事務等の業務に従事している毎日勤務の職員を消防用自動車等に搭乗させることで，消防力を一時的に増強して災害防御に当たる必要がある。

　　また，救急自動車については，大規模な事故等により，多数の傷病者が発生した場合や，一定の時間帯に救急出動要請が集中したために通常稼働している救急自動車の台数で対応できない場合には，予備の救急自動車で対応する必要がある。

　　さらに，消防用自動車等が故障した場合や車両の点検・整備等の場合に使用する予備のための消防用自動車等が必要である。

　　このように非常時の場合等に使用する予備の消防用自動車等を非常用消防用自動車等として位置づけており，これらは日常的に運用する車両とは役割が異なることから，明確に区別して管理する必要がある。

2　非常用消防用自動車等の算定

(1)　非常用消防ポンプ自動車（第1項）

　　非常用消防ポンプ自動車の配置は，管轄人口30万以下の市町村は，稼働中の消防ポンプ自動車8台ごとに1台，管轄人口30万を超える市町村は，稼働中の消防ポンプ自動車4台ごとに1台を基準として，地域の実情に応じて配置することとしている。

　　これは，管轄人口規模によって必要となる台数が異なると考えられることから，30万を区切りとして一定の目安を示したものであり，最終的には，地域の実情に応じて市町村が配置台数を決定するものである。

(2)　非常用救急自動車（第2項）

　　非常用救急自動車の配置は，管轄人口30万以下の市町村は，稼働中の救急自動車6台ごとに1台，管轄人口30万を超える市町村は，稼働

第1編　消防力の整備指針

中の救急自動車4台ごとに1台を基準として，地域の実情に応じて配置することとしている。

これについても，考え方は非常用消防ポンプ自動車と同様である。

(3)　その他の非常用消防用自動車等（第3項）

非常用消防ポンプ自動車及び非常用救急自動車以外の非常用消防用自動車等については，地域の実情に応じて配置するものとしている。

これは，保有する消防用自動車等の種類や台数が，市町村によって異なることから，それぞれの実情に応じて配置する非常用消防用自動車等の種類や台数を決定するものである。

| 問1 | 災害の態様に応じて乗り換えて運用する消防用自動車等は，本条に規定する非常用消防用自動車等に該当するのか。 |

| 答 | 非常用消防用自動車等は，非常時において参集者等や毎日勤務者が搭乗するための消防用自動車等である。これに対して乗り換えて運用する消防用自動車等は，日常的に搭乗するものであり，両者は概念上明確に区分される。 |

| 問2 | 「故障した場合等」とは，どのような場合か。 |

| 答 | ①消防ポンプの修理のためのポンプ工場への搬出，②自動車の故障修理，定期整備及び車体検査のための自動車修理工場等への搬出，③消防訓練及び行事への参加等が該当する。 |

| 問3 | 非常用救急自動車は，最低1台は配置しなければならないのか。また，そのための車両として，消防ポンプ自動車をもって代えることはできるか。 |

| 答 | 通常稼働している救急自動車の台数については，市町村が人口規模，出動状況等を勘案して決定しているものであり，通常の救急需要に対応するために必要な台数であると考えられる。
しかしながら，多数の傷病者の発生や救急出動要請の集中等の不測の事態が発生した場合には，消防力が低下し，十分な救急サービスを提供できなくなるおそれがある。 |

106

第17条 〔非常用消防用自動車等〕

したがって，人口30万以下の市町村において，稼働中の救急自動車の台数が6台に満たない場合であっても，非常用救急自動車は，最低1台は配置することが望ましい。

なお，救急自動車は，救急隊員による必要な応急処置を実施しながら傷病者を迅速かつ安静に医療機関等に搬送する車両であり，そのために必要な構造及び設備を有している必要がある。

したがって，傷病者を搬送するための専用の構造及び設備を有しない消防ポンプ自動車を，通常稼働している救急自動車の予備として配置しておくことはできない。

問4 非常用救急自動車を，各種の行事等により多数の傷病者の発生が予測される場合について使用することはできるか。

答 非常用救急自動車は，故障時の予備として使用する場合のほか，非常用に使用するものであり，現に多数の傷病者が発生した場合に限らず，傷病者の発生が予測される場合の現地警戒用に配置する場合等についても使用できるものである。

問5 非常用救急自動車に積載する救急用資器材については，どのようなものを準備する必要があるか。

答 非常用救急自動車を稼働中の救急自動車が故障した場合等の代替車として使用する場合であれば，稼働中の救急自動車に積載されている救急用資器材を全て載せ替えることが可能であることから，必ずしも全ての救急用資器材を準備し，積載しておくことは必要ないとも考えられる。

しかしながら，非常用救急自動車は，故障時に使用する場合のほかに，多数の傷病者が発生した場合等の非常用として配置しておくものでもあり，常に使用可能な状態にしておく必要がある。

したがって，救急業務実施基準（昭和39年3月3日自消甲教初第6号）に示されている救急自動車に備える資器材を参考として，救急業務に必要な救急用資器材を準備しておくことが望ましい。

107

第1編　消防力の整備指針

第18条　〔NBC災害対応資機材〕

第18条　消防本部又は署所に，当該市町村の人口規模，国際空港等及び原子力施設等の立地その他の地域の実情に応じて，放射性物質，生物剤及び化学剤による災害に対応するための資機材（以下「NBC災害対応資機材」という。）を配置するものとする。
2　前項の規定によるNBC災害対応資機材は，消防本部又は署所が管理するものとする。

□解　説□

　NBC（Nuclear＝放射性物質，Biological＝生物剤，Chemical＝化学剤）災害への対応については，救助省令及び救助活動に関する基準の平成14年改正において，消防本部を置く市町村が救助隊（救助工作車）に地域の実情に応じて関係する資機材を配置することとされている。

　NBC災害への対応は，防災・危機管理の一部であり，また，国家的・広域的観点も必要になるものであるが，市町村は地域住民の生命身体を災害等から守り，住民の安全・安心を確保する責任を有しており，上記省令及び告示を踏まえつつ，本条ではNBC災害対応資機材の配置基準を規定している。

　なお，基準に基づく配置に当たっては，市町村の消防責任を十分果たすとともに，国家的・広域的観点を踏まえる必要があることから，国及び地方が連携・協力し，人口分布や重要施設の立地等を勘案し，広域的な災害対応体制を確保する必要がある。

問1　NBC災害対応資機材として，具体的にどのような資機材が必要か。

答　救助省令に示されている資機材以外に，化学剤検知器やガスクロ又は赤外線分析装置，車両としては，NBC災害対応車両などがある。

第18条 〔NBC災害対応資機材〕

問2 「市町村の人口規模，国際空港等及び原子力施設等の立地その他の地域の実情に応じて」資機材を配置するには，具体的にどのようにすればよいか。

答 救助省令との整合を図りつつ，消防本部の規模に応じて，以下の①から⑦までの区分により，表14に掲げた車両及び資機材の配置の基準を定めることが適当である。

① 東京都及び政令指定都市：S＝1セット，A＝1セット，B＝2セット

② 県庁所在地又は人口50万以上：A＝1セット，B＝2セット

③ 人口30万以上50万未満：B＝2セット

④ 人口10万以上30万未満：B＝1セット

⑤ 人口10万未満：C＝1セット（放射性同位元素等取扱事業所等が所在する消防本部にあっては放射性測定器，個人用線量計等必要な資機材を併せて整備すべきである。）

⑥ 国際空港，大規模なスポーツ・レクリエーション施設等の施設の所在する消防本部にあっては，地域の実情に応じて，上記基準に加え，生物剤検知器及び化学剤検知器等必要な資機材を整備すべきである。

⑦ 原子力施設の所在する消防本部及び関係周辺消防本部にあっては，その施設の規模等地域の実情に応じて，上記基準に加え，放射線防護服，放射線測定器等必要な資機材を整備すべきである。

109

第1編　消防力の整備指針

表14　区分別の１セットの車両・資機材の配置表

区　　　分	S	A	B	C
救助工作車		1	1	
NBC対応車両	①			
化学防護服（陽圧式化学防護服を除く）	2	2	2	③
有毒ガス測定器	1	1	1	
酸素濃度測定器	1	1	1	
放射線測定器	1	1	1	
陽圧式化学防護服	⑤	⑤	⑤	
除染シャワー	①	①	①	
除染剤散布器	②	②	②	
生物剤検知器	①	①		
化学剤検知器	①	①		
ガスクロ又は赤外線分析装置	①			
個人用線量計	⑤	⑤	⑤	
放射線防護服	⑤	⑤		

（注）　1　◎は救助省令，救助活動に関する基準で，地域の実情に応じて整備することと
　　　　　されているが，地域の実情にかかわらず整備することが必要なもの。

　　　　2　○は救助省令で定められてはいないが，整備する必要があるもの。

　　　　3　その他の数字は，救助省令で整備することが定められているもの。

110

第19条 〔同報系の防災行政無線設備〕

第19条 市町村に，災害時において住民に対する迅速かつ的確な災害
情報の伝達を行うため，同報系の防災行政無線設備を設置するもの
とする。

□解　説□

　住民に災害情報を一斉に伝達することが可能である同報系の防災行政無
線等は，気象予報の伝達や，地震による津波，豪雨，さらには火山の噴火
時等における避難勧告等の伝達に極めて重要な役割を果たすものであり，
武力攻撃災害等における住民の避難誘導においても，必要不可欠な設備で
ある。実際の避難誘導では消防機関も活用することから，災害情報の伝達
や避難誘導等の防災の基本的責務に関する設備として，市町村での整備を
促進するものとしている。

第1編　消防力の整備指針

第20条　〔消防指令システム等〕

第20条　消防本部の管轄区域に，通信指令管制業務を円滑に行うた
め，消防指令システムを設置するものとする。
2　前項の場合において，消防の連携・協力により，2以上の消防本
部が共同していずれかの消防本部の管轄区域に消防指令システムを
設置したときは，それぞれの消防本部の管轄区域に設置したものと
みなす。
3　消防本部及び署所に，相互の連絡のため，消防専用電話装置を設
置するものとする。

□解　説□

1　消防指令システム等

　消防本部及び署所間において，消防活動に関する指令伝達等の相互連絡
を円滑に行うため，専用の通信連絡の装置を設置することが必要である。
　消防指令システムとは，119番通報の受信，署所に対する情報の同時伝
達や指令，連絡等を行うため，指令装置，表示板，無線統制台，指令伝送
装置，出動車両管理装置，位置情報通知装置等で構成されたシステムのこ
とであり，第31条に規定する通信指令管制業務を円滑に行うため，消防本
部の管轄区域に地域の実情に応じた機能を有する消防指令システムを設置
するものである。消防本部の管轄区域とされているのは，設置場所として
消防本部庁舎や署所のほかにも，他の行政庁舎等に設置されることも想定
されるためである。
　また，消防専用電話装置とは，消防本部と署所に電話機をそれぞれ配置
し，これらの間を交換台を通じて常時通信可能な状態に置く消防専用電話
であることを要する。したがって，加入電話のようなものはこれに含まれ
ない。
　なお，本条でいう消防専用電話は，消防本部及び署所の間に限られるの
で，警察，電力会社，ガス会社，病院等の関係機関との間の専用電話は，
これに該当しない。なお，円滑な消防活動の実施のためには関係機関との
連携，協力が不可欠であることから専用電話を設置することが望ましい。

第20条　〔消防指令システム等〕

　消防本部及び署所相互の連絡事項としては，消防本部又は消防署が，通報を受けた場合における署所に対する同時伝達，指令，署所で収集した災害情報の連絡その他消防業務の遂行上必要な事務連絡等が挙げられる。情報の連絡には第三者に介入又は干渉されることなく，迅速かつ的確に消防機関独自で行えるようなシステム等が要求される。

2　消防の連携・協力による指令の共同運用

　指令の共同運用をすることにより，整備費の削減，現場要員の充実等を図ることができることに加え，災害情報を一元的に把握し，効果的・効率的な応援体制が確立されるなどの効果が見込まれるため，2以上の消防本部が共同していずれかの消防本部の管轄区域に消防指令システムを設置したときは，それぞれの消防本部の管轄区域に設置したものとみなすものとしている。

　なお，第22条に規定する消防救急無線設備については，各消防本部と各車両に設置されているものであるため，消防の連携・協力の規定を追加していない。

第1編　消防力の整備指針

第21条　〔通信装置〕

第21条　消防本部及び消防団に，相互の連絡のため，必要な通信装置
　を設置するものとする。
2　消防団に，分団との連絡のため，必要な通信装置を設置するもの
　とする。

□解　説□

1　消防本部と消防団の相互連絡用通信装置

　　大規模災害時等においては，道路の遮断，市町村防災無線の使用不能
等の事態が発生することがあるため，孤立した地域等からの被害情報の
収集が遅れ，消防活動に支障をきたす場合がある。よって，孤立した地
域等も含め，当該管轄地域でより密着した活動を実施する消防団と消防
本部とが無線等で直接交信することにより，被災状況の早期の把握，迅
速な消防活動等を可能とすることが極めて重要である。
　　したがって，大規模災害時等においても，災害活動中の消防団と管轄
の消防本部が直接に無線等で交信できるよう，全ての消防本部と消防団
に，必要な通信装置を設置するものとしている。

2　消防団との消防分団の連絡用通信装置

　　本条第2項は，消防団の本部から分団への指令の伝達，各分団間の相
互連絡のための装置について規定している。消防団についても，災害発
生の際，その出動指令の伝達は，迅速かつ確実に行わなければならない
が，消防団は主に市街地に該当しない地域の火災等への対応を想定して
いること，また常勤者がいないため施設を管理する上でも署所のような
体制が期待できないこと等の事情を考慮し，地域の事情に応じて必要と
思われる通信装置を備える必要がある。

114

第21条 〔通信装置〕

> 問　「消防本部及び消防団に，相互の連絡のため，必要な通信装置を設置するものとする。」とあるが，具体的にどのような通信装置をいうのか。

答　災害時に一般の電話回線等が使用不能となった場合でも連絡できる無線設備等を想定している。

第1編　消防力の整備指針

第22条　〔消防救急無線設備〕

第22条　消防本部と消防用自動車等の間の連絡及び消防用自動車等の相互の連絡のため，消防本部及び消防用自動車等に，消防救急無線設備を設置するものとする。

□解　説□

　消防機関が災害を覚知すれば，その種別，規模等に応じて消防隊，救急隊，救助隊及び指揮隊（以下「消防隊等」という。）が出動することになるが，消防本部は，当該消防隊等に対し，通報時に聴取した活動上必要な情報等を連絡する必要がある。

　複数の消防隊等が出動する場合，出動途上では，交通上の障害，視認できる範囲での災害の様態等，現場到着時には，災害の状況，応援隊の必要の有無等，その後は，災害状況の変化，消防隊等の活動状況等消防本部に逐次報告する必要があり，災害現場における指揮隊から各隊への下命，消防隊等相互間における情報伝達等を迅速に行うことは，効果的な消防活動に不可欠である。また，救急業務においても，傷病者の状況，医療機関の選定等出動した救急隊と消防本部との密な連絡が必要となる。さらには，震災時等の大規模災害発生時には，一般の有線通信が途絶することもあるので，確実な通信手段を確保する必要がある。

　このことから，消防隊等が災害時に的確な対応をとれるよう，消防本部及び消防用自動車等には消防救急無線設備を設置することとしている。

> 問1　消防救急無線設備は，非常用消防用自動車等についても設置しなければならないか。
>
> 答　非常用消防用自動車等は，日常的には使用されないが，非常時には有効に機能しなければならない。したがって，消防救急無線設備は設置されていることが望ましい。

第22条 〔消防救急無線設備〕

問2　消防救急無線設備は，署所についても設置しなければならない
か。

答　　本条では，消防救急無線設備は消防本部に設置することとしてい
るが，署所と出動した消防隊等との直接交信のために，署所に当該
設備を設置することが望ましい。

117

第1編　消防力の整備指針

第23条　〔消防本部及び署所の耐震化等〕

第23条　消防本部及び署所の庁舎は，地震災害及び風水害時等において災害応急対策の拠点としての機能を適切に発揮するため，十分な耐震性を有し，かつ，浸水による被害に耐え得るよう整備するものとする。

2　消防本部及び署所に，地震災害及び風水害時等において災害応急対策の拠点としての機能を適切に発揮するため，非常用電源設備等を設置するものとする。

3　消防本部は，大規模な地震災害及び風水害時等において，消防本部又は署所の庁舎が被災により災害応急対策の拠点としての機能を維持することが困難となった場合に備え，他の署所，公共施設等を活用して当該機能を確保する計画をあらかじめ策定するものとする。

□解　説□

　消防本部及び署所の庁舎は，大規模災害時において災害応急対策の拠点施設となることから，被災により使用不能となることがないよう，十分な耐震性を有するよう整備することが必要不可欠であり，加えて，浸水による被害を考慮した対策を進める必要がある。

　また，地震災害のほか，風水害等においても，消防本部及び署所の庁舎やライフラインの被災により，停電や通信網の断絶等が発生した場合には，消防本部及び署所が，災害応急対策の拠点としての機能を適切に果たすことができなくなることがあるため，消防本部及び署所の庁舎においては，非常用電源設備等を設置するものとしている。

　さらに，耐震性の確保等の対策を講じている場合でも，大規模災害発生時において消防庁舎の機能維持が困難となる場合に備え，他の署所，公共施設等を活用した災害応急対策の拠点としての機能を確保する計画をあらかじめ策定しておく必要がある。

　これは，東日本大震災において，地震による揺れや津波による浸水により消防庁舎に大きな被害が発生し，その機能の維持が困難となった消防本

部や署所については，被害の少なかった署所や公共施設へ機能を移転して対応した例があったことを踏まえ，本条に規定されているものである。

問1 消防本部及び署所の庁舎に非常用電源設備等を設置する目的は何か。

答 地震や風水害等によって，消防本部又は署所の受電施設等が被災し停電が発生しても，災害応急対策の拠点としての機能を適切に果たすことができるようにするためである。

問2 非常用電源の使用可能時間は何時間が妥当か。

答 「大規模災害発生時における地方公共団体の業務継続の手引き（平成28年2月内閣府（防災担当））」において，「「72時間」は，外部からの供給なしで非常用電源を稼働可能とする措置が望ましい。」とされている。また，燃料の備蓄量は，関係法令により制限される場合もあるため，「あらかじめ燃料販売事業者等との優先供給に関する協定の締結等も検討する。」とされている。

問3 消防学校等，平時の災害応急対策の拠点として機能していない施設についても，浸水対策等が必要であると解してよいか。

答 消防本部及び署所に含まれない消防学校等は，整備指針の対象となっていないことから，浸水対策等の必要性の記述がないものである。

第1編　消防力の整備指針

第24条　〔都道府県の防災資機材の備蓄等〕

> **第24条**　都道府県は，林野火災，石油コンビナート災害等の広域的な災害又は大規模な災害の拡大を防止するため，防災上必要な資機材及び施設を地域の実情に応じて備蓄し，又は整備するとともに，市町村の求めに応じてこれらを貸与し，又は使用させること等により，市町村の消防力を補完するものとする。

□解　説□

　本条は，林野火災，石油コンビナート災害等の広域的な災害又は大規模な災害の拡大を防止するため，都道府県が，資機材及び施設を地域の実情に応じて備蓄，整備し，市町村の求めに応じて貸与又は使用させることを通じ，市町村の消防力の補完について努めることを規定している。

　消防組織法第6条は，「市町村は，当該市町村の区域における消防を十分に果すべき責任を有する。」と規定し，市町村の消防責任を明らかにしている。したがって，消防組織法においては，消防の責任は市町村にあり，基本的には都道府県又は国に及ばないものである。しかし，地方自治法第2条第5項では，都道府県は市町村を包括する広域の地方公共団体として，地方公共団体の事務で，広域にわたるもの，統一的な処理を必要とするもの，市町村に関する連絡調整に関するもの及びその性質又は規模において一般の市町村が処理することが適当でないと認められるものを処理するとされている。消防についても，市町村及び都道府県がそれぞれの立場において任務を分担し，協力していく必要がある。こうした観点から，消防組織法第29条が設けられ，市町村消防の原則を維持しつつ，都道府県の果たすべき役割をその所掌事務として規定し，市町村が円滑に消防責任を遂行できるように期待している。

問1　「広域的な災害又は大規模な災害」とは，どのような災害か。

答　広域的な災害又は大規模な災害には，林野火災，石油コンビナート災害のほか，地震，台風，水害等の災害が該当するものである。

120

第24条　〔都道府県の防災資機材の備蓄等〕

問2　「防災上必要な資機材及び施設」とは何か。

答　　防災上必要な資機材及び施設とは，災害の態様，規模等により，その種類において千差万別であるが，本条の趣旨に照らして，通常市町村が所有すべきとされる資機材及び施設は除外されるべきで，広域的な災害又は大規模な災害の拡大を防止するために必要なものに限定されるべきである。

　　こうした範疇に属する資機材及び施設の代表的なものとしては，石油コンビナート火災等のための泡消火剤貯蔵設備，オイルフェンス，泡放水砲等が挙げられる。

第1編　消防力の整備指針

—— 第3章　人員に係る指針 ——

第25条　〔消防長の責務〕

第25条　消防長は，消防に関する知識及び技能の習得のための訓練を
　　受けるとともに，広範で高い識見等を有することにより，その統括
　　する消防本部の有する消防力を十分に発揮させるように努めるもの
　　とする。

□解　説□

　消防長は，市町村の消防事務を統括し，消防職員を指揮監督する最高の
責任者としての地位を占めており，住民の生命・身体・財産を災害から守
るという大きな責任を有しているとともに，消防法第29条に定められた消
火活動中の緊急措置等をはじめとする私人の権利の制限にかかわる強い権
限が与えられている。

　また，消防長については，消防組織法第15条第2項において，「市町村
の条例で定める資格を有する者でなければならない」とされており，同条
第3項において，市町村が前項の条例を定めるに当たっては，「市町村の
消防長及び消防署長の資格の基準を定める政令」（平成25年政令第263号）
に規定する基準を参酌するものとされている。この政令では，消防長の資
格の基準について，消防行政に係る責任能力・判断能力の実証として，消
防事務又は行政事務の経験年数が種別ごとに規定されている。

　近年の消防活動の高度化・専門家・複雑化等の流れを踏まえると，現場
指揮及び統制を行う立場の最高責任者の能力如何が，実際の消防活動の当
否，効果に大きな影響を及ぼすことから，消防長には，消防活動に係る認
識及び専門的な知識を十分に備えた上での統率力，責任力，判断力の発揮
が期待される。

　一方では，大規模・特殊な災害や武力攻撃災害への対処も含め，市町村
全体で地域の防災力を高めるためには，市町村長の指揮監督のもとに消防
本部と市町村長部局がより一層の連携を深める必要があり，消防長には，
消防活動に係る実務的な責任能力・判断能力とともに，行政全体にわたる

122

第25条 〔消防長の責務〕

幅広い見識も求められるものである。

なお，消防職員として消防業務に従事した経験のない者が新たに消防長として就任する場合には，消防長としての統率力・判断力・責任能力を発揮するために，消防活動に係る認識及び専門的な知識の習得が特に要請されるものである。この場合，就任の直前又は直後に，指揮訓練を含む消防大学校等の教育訓練を受講することが適当である。

> 問　消防職員として消防業務に従事した経験のない者が新たに消防長として就任する場合，どのような教育訓練を受けなければならないのか。

答　消防長としての統率力・責任力・判断能力を発揮するためには，消防活動に係る認識及び専門的な知識の習得が必要であるため，消防大学校で実施する「新任消防長・学校長科（9日間）」を受講することが望ましい。

123

第1編　消防力の整備指針

第26条　〔消防職員の職務能力〕

第26条　消防職員は，第3条各号に掲げる事項を実施することができるよう，訓練を受けること等を通じ，次の各号に掲げる区分に応じ，当該各号に定める能力を備え，その専門性を高めるとともに，複数の業務の経験を経て，それらの知識及び技術を有することにより，職務能力を総合的に高めるよう努めるものとする。

　(1)　警防要員　水火災又は地震等の災害の防御等に関する知識及び技術を有し，災害現場における警防活動等を的確に行うことができる能力

　(2)　予防要員　防火査察（火災の調査を含む。）及び防火管理，危険物，消防用設備等その他の火災の予防に関する知識及び技術を有し，火災の予防に関する業務等を的確に行うことができる能力

　(3)　救急隊の隊員　救急医学に関する知識並びに傷病者の観察，応急処置等に関する知識及び技術を有し，傷病者の搬送等の活動を的確に行うことができる能力

　(4)　救助隊の隊員　救助資機材等の取扱い及び各種災害における救助方法等に関する知識及び技術を有し，人命救助等の活動を的確に行うことができる能力

□解　説□

　消防職員の職務は，複数の分野に分かれており，各業務が深い相関関係を有するものであり，特に警防及び予防の業務は，消防職員の職務を遂行する上で根幹をなすものである。さらに，警防要員のうち救急隊及び救助隊の隊員については，専門的な知識及び技術が求められることとなる。

　以上のことから，本条において，これらの業務に必要となる職務能力を規定しており，これらの業務に加え，他の業務も経験することにより，個々の消防職員の職務能力が，より高い水準を確保していく必要性を明記したものである。

1　警防要員

　火災，風水害，地震等の災害の防御等に関する知識・技術を修得する

124

ことにより，災害現場における警防活動等を的確に行うための能力を備えることが求められる。こうした警防要員に求められる能力は，他の分野の職務遂行の前提として必要となるものである。

さらに，警防要員のうち，消防隊の隊員としての能力をより発揮するためには，建築物構造の知見の活用や人命救助活動との連携を図る必要があることから，予防業務や救急・救助業務の知識を備え，経験を経る必要がある。

2 予防要員

法令知識，建築物・危険物施設等に係る検査・違反処理，消防用設備等や消防同意等に関する知識・技術を修得することにより，火災の未然防止を的確に行うための能力を備えることが求められる。

さらに，予防要員としての能力をより発揮するためには，検査等において，人命救助や消火活動等の視点から予防業務を行う必要があり，消防・救助業務の知識を備え，経験を経る必要がある。

3 救急隊の隊員

警防要員のうち救急隊の隊員は，救急医学知識，傷病者の観察，病態別応急処置等に関する知識・技術を修得することにより，救急活動を的確に行うための能力を備えることが求められる。

さらに，救急業務は，火災現場や救助事故現場等あらゆる災害現場において，消防隊，救助隊等と連携した活動を行うことから，消防・救助業務の知識を備え，経験を経る必要がある。

4 救助隊の隊員

警防要員のうち救助隊の隊員は，強靱な体力を保持するとともに，救助資機材の取扱い，各種災害における救助技術等に関する知識・技術を修得することにより，人命救助等の活動を行うための能力を備えることが求められる。

さらに，救助業務は，災害現場における消防隊との連携や建物構造の知見の活用，要救助者の傷病状態の把握など，消防隊としての知識，経験もさることながら，救急業務，予防業務の知識を備え，経験を経る必要がある。

第1編　消防力の整備指針

第27条　〔消防隊の隊員〕

第27条　消防ポンプ自動車（市街地に該当しない地域に設置した署所
に配置するものを除く。）に搭乗する消防隊の隊員の数は，消防ポ
ンプ自動車1台につき5人とする。ただし，当該消防隊が消防活動
上必要な隊員相互間の情報を伝達するための資機材を有し，かつ，
当該車両にホースを延長する作業の負担を軽減するための資機材又
は装置を備えている場合にあっては，当該消防隊の隊員の数を4人
とすることができ，二の消防隊が連携して火災の鎮圧等を行うこと
により，それぞれの消防隊が別々に火災の鎮圧等を行う場合と同等
又はそれ以上の効果が得られる場合にあっては，いずれか一方の消
防隊の隊員の数を4人とすることができる。

2　手引動力ポンプ又は小型動力ポンプを操作する消防隊の隊員の数
は，それぞれ1台につき4人とする。

3　はしご自動車（市街地に該当しない地域に設置した署所に配置す
るものを除く。）に搭乗する消防隊の隊員の数は，はしご自動車1
台につき5人とする。ただし，当該車両にはしご操作時の障害監視
を軽減するための自動停止装置を有し，かつ，他の消防隊又は救助
隊との連携活動が事前に計画されている場合にあっては，当該消防
隊の隊員の数を4人とすることができる。

4　化学消防車（市街地に該当しない地域に設置した署所に配置する
ものを除く。）に搭乗する消防隊の隊員の数は，化学消防車1台に
つき5人とする。ただし，当該消防隊が消防活動上必要な隊員相互
間の情報を伝達するための資機材を有し，かつ，当該車両にホース
を延長する作業の負担を軽減するための資機材又は装置を備えてい
る場合にあっては，当該消防隊の隊員の数を4人とすることができ
る。

5　消防用自動車等のうち第1項，第3項及び前項に規定するもの以
外のもの（救急自動車，航空機のうち救急業務に用いる航空機（以
下「救急用航空機」という。），救助工作車及び指揮車を除く。）に
搭乗する消防隊の隊員の数は，それぞれの機能を十分に発揮できる
と認められる数とする。

6　第1項及び第2項の規定による消防隊の隊員のうち，1人は，消
防本部及び署所にあっては消防士長以上の階級にある者とし，消防

126

団にあっては班長以上の階級にある者とするものとする。
7 第3項及び第4項の規定による消防隊の隊員のうち，1人は，消防士長以上の階級にある者とするものとする。

□解　説□
1　消防ポンプ自動車及び化学消防車の搭乗人員等
　本条は，消防ポンプ自動車などの1台を，実際の消防活動に支障なくしかも効率的に運用できるために必要な人員を規定している。

　消防ポンプ自動車及び化学消防車は，消火等の消防活動上の基本的な施設であることから，常時運用するための人員は5人を確保しておく必要がある。ただし，現場活動用無線機やホースカー等一定の資機材を備えている場合にあっては，一定の省力化が図られるとして，搭乗員数を4人とすることができるとしている。

図12　消防ポンプ自動車・化学自動車の活動イメージ図

　火災現場における消火活動及び長距離のホース延長作業を考慮し，次の①，②の条件を両方満たす場合には，搭乗隊員を5人から4人に減じても効率的な活動が可能である。

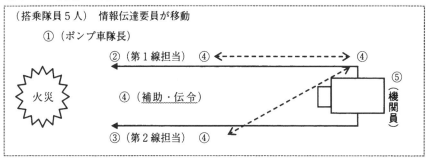

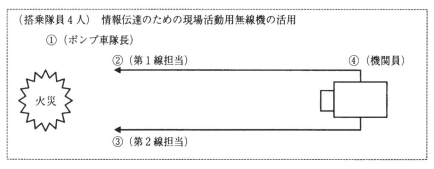

① 情報伝達のための資機材の活用

　火災現場では，各隊員は必要な情報の共有が必要である。その伝達手段として現場活動用無線機を活用することにより，情報伝達のための人員を縮減し，4人での活動が可能である。

② ホース延長が容易な資機材及び装置の活用

　長距離の中継用ホース延長作業時において，動力付きホースカーを活用することより，搭乗隊員4人で迅速かつ安全に消防水利からの中継用ホースの延長が可能である。

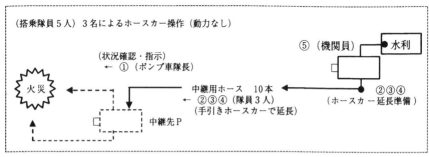

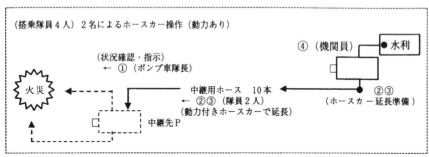

2　ペア運用による搭乗員数

　本条第1項ただし書後段の規定は，近年の水槽付消防ポンプ自動車の普及により，多くの消防本部において，図13による戦術がみられることによる。ペア運用と呼ばれるこの戦術は，先着隊として水槽付消防ポンプ自動車が水利部署することなく出火した建築物の間近に停車し，水槽の水を使った援護注水のもとに，直ちに人命救助活動を開始する。一方，後着隊として消防ポンプ自動車が水利部署し，先着隊に送水すると

ともに延焼阻止活動を実施するものである。こうした連携活動によって，先着隊が水利部署に要する時間等を要しないため，放水開始までの時間を短縮できるとともに，２隊計９人の人員編成によって人命救助活動と延焼阻止活動が実施できる。

　ペア運用が可能と認められる場合とは，２台の消防ポンプ自動車のうち１台が水槽付消防ポンプ自動車であって，それぞれがほぼ同時に火災現場に到着し，消火，救助活動を開始できるような条件のことである。

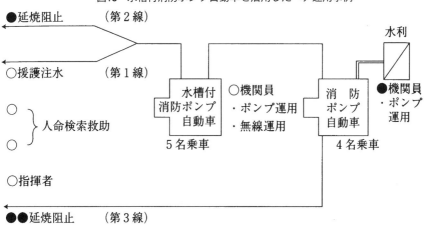

図13　水槽付消防ポンプ自動車を活用したペア運用事例

（注）○：水槽付消防ポンプ自動車の搭乗員　●：消防ポンプ自動車の搭乗員

　つまり，同一の署所に２台の消防ポンプ自動車が配置されている場合，同一の署所でなくても無線等の活用により２台の車両の円滑な連携が図られる場合等が該当する。このようなペア運用の体制が確立されている場合は，２台のうち送水を担当する消防ポンプ自動車に搭乗する人員を４人とすることができる。

3　はしご自動車の搭乗員数

　はしご自動車は，中高層建物火災での活動が主であり，延伸したはしごの先端は高所に位置し，建物に接近させる必要があることから，先端搭乗員のほか，地上からの隊員の目視による建物の庇等の障害物への衝突回避の監視が重要な活動となる。よって，はしご自動車等を常時運用

するための人員は5人を確保しておく必要がある。ただし，はしごの伸長，伏てい又は旋回の操作時に，はしごの先端等が建物や障害物に接触することを自動的に防止するための装置を装備し，かつ，あらかじめ他の消防隊又は救助隊との連携活動が定められている場合に限り，搭乗隊員数を4人とすることができる。

図14　はしご自動車の搭乗人員数を減ずることができる場合の例

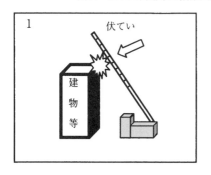
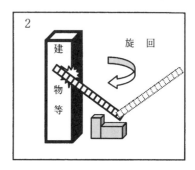
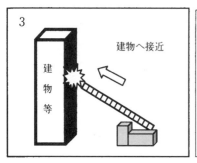

1　てい体の伏てい時に，障害物への接触を自動に防止する「伏てい障害自動停止装置」
2　てい体の旋回時に，障害物への接触を自動に防止する「旋回障害自動停止装置」
3　てい体の伸長時に，てい体先端の建物等への接近を自動的に感知し，接触を自動に防止する「先端障害自動停止装置」

（注）はしご自動車による活動は，高所作業という特殊性から，周囲からの障害監視等の安全管理の徹底が特に必要であるが，当該はしご車が一定の安全装置を有することにより，監視要員を省き，かつ，火災現場で他の隊と共に連携して活動することにより，搭乗隊員を4人とすることが可能である。

4　市街地に該当しない地域に設置した署所の搭乗員数

　市街地に該当しない地域における署所の設置は市町村の任意であり，常備消防が配置すべき消防用自動車等の数も任意であることから，搭乗する消防隊員の数は全面的に市町村の判断に委ねられている。第1項，第3項及び第4項の各かっこ書きは，こうした場合を想定している。た

第27条 〔消防隊の隊員〕

だし，市町村は消防隊員に対する安全管理への配慮，消防団との連携等，円滑な消防活動が実施可能な所要の人員の確保に留意しなければならない。市街地に該当しない地域において署所が設置された場合，救急自動車に搭乗する救急隊員の数は，第28条第1項に定める数，救助工作車に搭乗する救助隊員の数は第29条第1項に定める数とし，指揮車に搭乗する指揮隊員の数は，第30条第1項に定める数とする。

問1 「消防活動上必要な隊員相互間の情報を伝達するための資機材を有し，かつ，当該車両にホースを延長する作業の負担を軽減するための資機材又は装置を備えている場合」とあるが，具体的にはどのような資機材，装置をいうのか。

答 消防隊の隊員相互間で連絡できる現場活動用無線機を装備し，当該消防隊の消防ポンプ自動車等に動力付のホースカー昇降装置を備え，かつ当該ホースカーが走行用の動力を備えているか，又はアルミ製等の軽量ホースカーである場合等が考えられる。

問2 同一の署所に配置された2台の消防ポンプ自動車ではなく，異なる署所に配置された2台の消防ポンプ自動車によってペア運用する場合には，送水を担当する消防ポンプ自動車に搭乗する人員を4人に減じることはできるか。

答 ペア運用によって搭乗する人員を減じることができるのは，同一の署所に配置された2台の消防ポンプ自動車，又は異なる署所に配置された2台の消防ポンプ自動車でも車両の位置を正確に把握できる場合に限る。

同一の署所から水槽付消防ポンプ自動車と消防ポンプ自動車が同時に出動する場合は，後者の車両が前者に追随して走行できるので，火災現場到着後の連携活動がスムーズである。ところが，異なる署所から出動する場合は，両車両の到着時間のずれがあるため，水利部署や送水等に支障がある。そこで，車両相互間の無線交信，消防本部等における管制を円滑に行い，双方の車両に現在位置や火災現場への到着時間を連絡する必要がある。

131

第1編　消防力の整備指針

> **問3** ペア運用している消防ポンプ自動車のそれぞれが本条第1項ただし書前段の要件を満たしている場合，それぞれの消防隊の隊員数を4人ずつとすることはできるか。

答　それぞれの消防隊の隊員数を4人とすることはできない。

　　ペア運用により，一方の隊員を減じることができるのは，双方の隊が，ただし書前段の要件を満たしていない場合（すなわち，双方の隊が5人乗車の場合）においてのみである（以下，例示）。

　　（凡例）
　　　◎：第1項ただし書前段の要件を満たす消防ポンプ自動車（5名又は4名乗車）
　　　○：第1項ただし書前段の要件を満たさない消防ポンプ自動車（5名乗車）

　①　1隊は◎，もう1隊は○のパターン（◎＋○）
　　　ペア運用で1名減じる前の状態として，「5名＋5名」又は「4名＋5名」の組み合わせが考えられるが，ペア運用することにより，ただし書き前段の要件を満たさない消防ポンプ自動車（○）の隊員1名を減じ，「4名＋4名」とすることはできない。
　②　2隊ともに○のパターン（○＋○）
　　　ペア運用で1名減じる前の状態としては，「5名＋5名」であるが，ペア運用することによりどちらか一方の消防ポンプ自動車（○）の隊員1名を減じ，「4名＋5名」又は「5名＋4名」とすることができる。

132

第28条　〔救急隊の隊員〕

第28条　〔救急隊の隊員〕

第28条　消防法施行令第44条第１項に規定する救急隊の救急自動車に
　搭乗する救急隊員の数は，救急自動車１台につき３人とする。ただ
　し，傷病者を一の医療機関から他の医療機関へ搬送する場合であっ
　て，これらの医療機関に勤務する医師，看護師，准看護師又は救急
　救命士が救急自動車に同乗しているときは，救急自動車１台につき
　２人とすることができる。
2　消防法施行令第44条第２項に規定する救急隊の救急自動車に搭乗
　する隊員の数は，救急隊員２人及び准救急隊員１人とする。
3　救急業務の対象となる事案が特に多い地域においては，地域の実
　情に応じて前２項の規定による救急自動車に搭乗する救急隊の隊員
　の代替要員を確保するものとする。
4　救急用航空機に搭乗する救急隊員の数は，救急用航空機１機につ
　き２人とする。
5　第１項及び第２項の規定による救急自動車に搭乗する救急隊員の
　うち，１人は，消防士長以上の階級にある者とするものとする。
6　第１項及び第２項の規定による救急自動車並びに第４項の規定に
　よる救急用航空機に搭乗する救急隊の隊員のうち，１人以上は，救
　急救命士とするものとする。

□解　説□

1　救急自動車等に搭乗する隊員の数

　消防法施行令第44条第１項において，救急隊の編成は，救急自動車１
台及び救急隊員３人以上をもって，又は航空機１機及び救急隊員２人以
上をもって編成しなければならないと規定されている。ただし，同第２
項において，過疎地域及び離島において，総務省令で定める事項を記載
した計画（実施計画）を定めたときには，救急自動車１台並びに救急隊
員２人及び准救急隊員１人以上をもって編成できるとしている。本条で
は，これに基づき，搭乗する救急隊の隊員の数は，救急自動車１台につ
き３人，救急用航空機１機につき２人，消防法施行令第44条第２項にお

133

第1編　消防力の整備指針

いて規定する場合にあっては，救急自動車1台につき救急隊員2人及び准救急隊員1人としている。

　なお，消防法施行令第44条第1項ただし書により，救急自動車による転院搬送においては，当該転院搬送に係る医療機関に勤務する医師，看護師，准看護師又は救急救命士のうち1人が同乗する場合，救急自動車に搭乗する救急隊員が2人であっても，救急隊員3人の場合と同等以上の救急業務の実施が担保されることから，救急隊の搭乗隊員を2人とすることができると規定されている。これに合わせて本条においても同様の規定としている。

2　救急隊員の代替要員

　近年の救急需要の増大に伴い，地域によっては救急隊1隊あたりの出動件数が増加するなど，救急隊員を取り巻く環境は厳しくなっている。このことを踏まえて，救急事案が特に多い地域においては，様々な事態を想定し，救急自動車に搭乗する隊員の代替要員を地域の実情に応じて確保することとしている。

3　救急隊員の資格等

　救急隊員については，消防法施行令第44条第5項で資格要件を定めており，具体的には，消防庁長官，都道府県知事又は市町村長が行う消防法施行規則第51条に定める135時間以上の講習を修了した者又は同等以上の学識経験を有する者として総務省令で定める者とされている。また，准救急隊員については，消防法施行令第44条第6項で資格要件を定めており，具体的には，消防庁長官，都道府県知事又は市町村長が行う消防法施行規則第51条の2の2に定める92時間以上の講習を修了した者又は同等以上の学識経験を有する者として総務省令で定める者とされている。

　さらに，傷病者の救命率の向上を図るため，救急現場及び搬送途上において，より高度な観察及び応急処置を行うことができる資格として，救急救命士法（平成3年法律第36号）により，救急救命士の資格が定められている。

　この指針では，救命率の向上には，少なくとも1人は救急救命士が搭乗することが望ましいとの考えから，救急自動車及び救急用航空機に1

第28条　〔救急隊の隊員〕

人以上の救急救命士を搭乗させるよう規定している。

問1　救急隊の隊員の配置基準として，救急隊の隊員の代替要員となる職員の基準はあるのか。

答　救急隊の隊員の代替要員となる職員は，消防法施行令第44条第5項各号に定める消防職員をもって充てる必要があるが，それ以外の配置基準について，各消防本部で定める基準等に留意する必要がある。

問2　救急隊の代替要員については，同じ消防庁舎で勤務する消防隊員等を充てることで差し支えないか。

答　救急隊の代替要員については，同じ消防庁舎で勤務する消防隊員等を充てることで差し支えないが，同一庁舎内に勤務する者に限るものではなく，消防隊員が救急隊員と交替する際には，消防法施行令第44条第5項各号に定める消防職員をもって充てなければならないことに留意する必要がある。

問3　救急隊員の代替要員は，必ず専任の代替要員を配置しなければならないのか。

答　代替要員の確保にあっては，必ず専任の代替要員を配置しなければならないというものではなく，各消防本部の実情に応じて対応する必要がある。

第1編　消防力の整備指針

(参考)

消防法施行令（抄）

昭和36年３月25日
政　令　第　37　号

（救急隊の編成及び装備の基準）

第44条　救急隊（次条第１項に定めるものを除く。次項において同じ。）は，救急自動車１台及び救急隊員３人以上をもつて，又は航空機１機及び救急隊員２人以上をもつて編成しなければならない。ただし，救急業務の実施に支障がないものとして総務省令で定める場合には，救急自動車１台並び救急隊員２人をもつて編成することができる。

2　消防署又は消防庁長官が定める消防署の組織の管轄区域の全部が次の各号のいずれかに該当する場合において，市町村が当該管轄区域内において発生する法第２条第９項に規定する傷病者に係る救急業務の適切な実施を図るための措置として総務省令で定める事項を記載した計画（以下この項及び次項において「実施計画」という。）を定めたときは，実施計画に基づき当該救急業務を実施する救急隊は，前項本文の規定にかかわらず，救急自動車１台並びに救急隊員２人以上及び准救急隊員１人以上をもつて編成することができる。

(1)　離島振興法（昭和28年法律第72号）第２条第１項に規定する離島振興対策実施地域

(2)　奄美群島振興開発特別措置法（昭和29年法律第189号）第１条に規定する奄美群島の区域

(3)　小笠原諸島振興開発特別措置法（昭和44年法律第79号）第４条第１項に規定する小笠原諸島の区域

(4)　過疎地域自立促進特別措置法（平成12年法律第15号）第２条第１項に規定する過疎地域

(5)　沖縄振興特別措置法（平成14年法律第14号）第３条第３号に規定する離島の区域

3　市町村は，実施計画を定め，又は変更したときは，遅滞なく，その内容を公表しなければならない。

4　第１項及び第２項の救急自動車並びに第１項の航空機には，傷病者の搬送（法第35条の５第１項に規定する傷病者の搬送をいう。次条第２項において同じ。）に適した設備を設けるとともに，救急業務を実施するために必要な器具及び材料を備え付けなければならない。

5　第１項及び第２項の救急隊員は，次の各号のいずれかに該当する消防吏員をもつて充てなければならない。

(1)　救急業務に関する講習で総務省令で定めるものの課程を修了した者

(2)　救急業務に関し前号に掲げる者と同等以上の学識経験を有する者として総務省令で定める者

6　第２項の准救急隊員は，次の各号のいずれかに該当する消防職員（消防吏員を除き，常

第28条　〔救急隊の隊員〕

勤の職員及び地方公務員法（昭和25年法律第261号）第28条の５第１項に規定する短時間
勤務の職を占める職員に限る。）をもつて充てなければならない。

⑴　救急業務に関する基礎的な講習で総務省令で定めるものの課程を修了した者

⑵　救急業務に関し前号に掲げる者と同等以上の学識経験を有する者として総務省令で定
　める者

消防法施行規則（抄）

〔昭和36年４月１日〕
〔自治省令第６号〕

（救急隊の編成の基準の特例）

第50条　令第44条第１項の総務省令で定める場合は，傷病者を一の医療機関から他の医療機
関へ搬送する場合であつて，これらの医療機関に勤務する医師，看護師，准看護師又は救
急救命士が救急自動車に同乗している場合とする。

（実施計画の記載事項）

第50条の２　令第44条第２項の総務省令で定める事項は，次の各号に掲げる事項とする。

⑴　令第44条第２項の規定に基づく救急業務を実施する地域（次号において「実施地域」
　という。）及び時間帯並びに准救急隊員の人数，勤務形態，配置場所その他の実施体制

⑵　複数の場所における傷病者の発生，多数の傷病者の発生等の場合に，実施地域以外の
　地域から救急現場に必要に応じて救急隊一隊以上を出動させることができる体制の確保
　に関する事項

⑶　医師が救急業務を行う救急隊員及び准救急隊員に対して必要に応じて指導又は助言を
　行うことができる体制の確保に関する事項

⑷　前３号に掲げるもののほか，救急業務の適切な実施を図るために必要な事項

（救急業務に関する講習）

第51条　令第44条第５項第１号及び令第44条の２第３項第１号の総務省令で定める救急業務
に関する講習は，消防庁長官，都道府県知事又は市町村長が行う次の表に掲げる課目及び
時間数以上のものとする。

（中略）

（救急業務に関する基礎的な講習）

第51条の２の２　令第44条第６項第１号の総務省令で定める救急業務に関する基礎的な講習
は，消防庁長官，都道府県知事又は市町村長が行う次の表に掲げる課目及び時間数以上の
ものとする。

137

第1編　消防力の整備指針

第29条　〔救助隊の隊員等〕

第29条　救助工作車に搭乗する救助隊の隊員の数は，救助工作車1台につき5人とする。
2　前項の規定による救助工作車に搭乗する救助隊の隊員のうち，1人は，消防士長以上の階級にある者とするものとする。
3　人命救助を必要とする災害又は事故が多発する地域においては，消防団に地域の実情に応じて必要と認められる数の救助のための要員を配置することができる。

□解　説□

1　救助隊の隊員の数

救助隊の隊員の数は，救助省令において隊員5人以上をもって編成するよう努めるものと規定されている。この指針では，これに基づき救助工作車1台につき5人としている。

2　救助のための要員

非常備消防の市町村については，常備消防による救助隊が配置されないことから，消防団に地域の実情に応じて必要と認められる救助のための要員を配置することができるとしている。

なお，その場合，救助省令において別表第1に掲げる救助器具のうち必要な救助器具を備えるよう努めるものとされている。

問　救助工作車に搭乗する救助隊員については，どのような教育が必要か。

答　救助隊員の資格は，救助活動に関する基準（昭和62年消防庁告示第3号）において，消防大学校における救助科又は消防学校の教育訓練の基準（平成15年消防庁告示第3号）に規定する消防学校における救助科を修了した者，若しくはこれと同等以上の知識及び技術を有する者として消防長が認定した者と規定されていることから，これを満たす必要がある。

138

第30条 〔指揮隊の隊員〕

第30条　指揮車に搭乗する指揮隊の隊員の数は，指揮車1台につき3人以上とする。ただし，災害が発生した場合に多数の人命が危険にさらされ，又は消防活動上の困難が発生するおそれが大きい百貨店，地下街，大規模な危険物の製造所等その他の特殊な施設等が管轄区域に存する消防署に配置する指揮車に搭乗する指揮隊の隊員の数は，指揮車1台につき4人以上とする。
2　前項の規定による指揮車に搭乗する指揮隊の隊員のうち，1人は，消防司令以上の階級にある者とする。

□解　説□

　発生する災害の実態が，複雑化，多様化，大規模化する傾向にある今日では，多岐に渡る指揮業務を現場最高指揮者が1人で掌握することには限界があり，これを補佐する隊員と現場の統括，部隊の運用・管理，安全管理及び災害に関する情報の収集・管理等の役割を分担して指揮活動を行う必要がある。
　以上のことから，本条において，指揮車に搭乗する隊員の数は，3人以上と定めている。

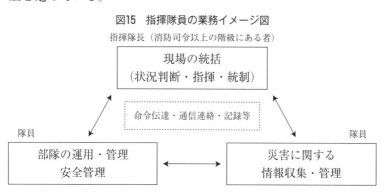

図15　指揮隊員の業務イメージ図

　また，管轄区域において，災害が発生した場合に，多数の人命危険又は消防活動上の困難が発生するおそれが大きい施設が存する消防署に配置する指揮車にあっては，搭乗する隊員の数を4人以上と定めている。

第1編　消防力の整備指針

図16　指揮者が1人の場合と複数の場合の指揮活動イメージ図

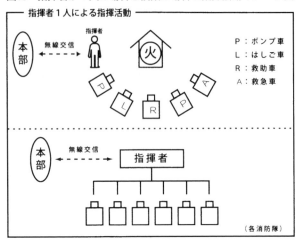

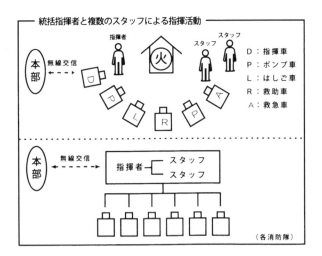

> 問1　災害現場における指揮隊の具体的な任務は，どのようなものか。

答　次に掲げるような任務が考えられる。
・災害実態の把握，被害状況の把握
・活動方針の決定，消火活動の指揮・命令
・水利の統制，火災警戒区域の設定
・部隊増強，応援要請

140

- 指揮本部の設置・運営・管理
- 負傷者の救護
- 関係者，関係機関との連絡・調整
- 各種情報の収集・管理・分析・整理・まとめ
- 広報，報道対応
- 発見・通報・初期消火の状況把握，発生状況の把握
- 全般の安全管理
- 命令伝達，通信連絡，各種記録

問2 災害が発生した場合に，多数の人命危険又は消防活動上の困難が発生するおそれが大きい施設とは，どのようなものか。

答 次に掲げるような施設等が考えられる。

① 多数の人命危険が発生するおそれが大きい施設

超高層建築物，地下鉄，不特定多数を収容する防火対象物（劇場，映画館，百貨店，旅館，ホテル，病院，社会福祉施設，複合用途対象物，地下街等）等

② 消防活動上の困難が発生するおそれが大きい施設

大規模・特殊な危険物施設，毒劇物関係施設，原子力事業所，飛行場，地下洞道等

問3 指揮隊の隊員は他の消防ポンプ自動車等に搭乗する隊員と兼務することができるか。

答 指揮隊の隊員は消防ポンプ自動車等に搭乗する隊員と兼務することはできない。

第1編　消防力の整備指針

第31条　〔通信員〕

第31条　消防本部及び消防署に，常時，通信員を配置するものとする。

2　消防本部に配置する通信員の総数は，人口30万以下の市町村にあってはおおむね人口10万ごとに5人を基準とし，人口30万を超える市町村にあっては15人に人口30万を超える人口についておおむね人口10万ごとに3人を加えた人数を基準として，通信指令体制，通信施設の機能及び緊急通報の受信件数等を勘案した数とする。

3　消防本部に配置する通信員のうち，同時に通信指令管制業務に従事する職員の数は，2人以上とする。ただし，緊急の場合その他やむを得ない場合に限り，当該通信員の数を一時的に減ずることができる。

□解　説□

1　通信員の配置

本条は，災害の発生の通報を受信し，署所や消防隊等に指令を伝達する通信員の配置について規定している。本条を設けた理由は，消防活動に必要な情報を的確に伝達し，消防隊等の出動を円滑に行わせるとともに，出動した消防隊等からの災害状況の報告，応援要請等の受信，伝達に加え，消防本部・署所，警察，電力会社，ガス会社，病院等の関係機関との相互連絡などを迅速，確実に行うことにより，消防機関全体の有機的かつ一体的な消防活動を常時確保するためである。

つまり，本条で規定する通信員の業務範囲は，119番通報の受付に始まり，出動指令，さらに消防隊等の管制も含むものである。的確な通信指令管制業務を行うためには，管内地理への精通，救急受付に対応するための救急に関する知識等の習得，無線用語の円滑な使用等が不可欠であり，さらには，近年増加する外国人からの通報に対応できるよう，外国語の知識も必要となる。

2　通信員の算定

近年の119番通報の増加，通信手段の多様化等，通信指令管制業務の

第31条　〔通信員〕

重要性に鑑み，消防本部に配置する通信員のうち通信指令管制業務に従事する職員数について基準を規定している。

通信指令管制業務に従事する職員は，「配置された通信指令管制業務に従事する職員数で処理できる以上の119番通報が同時に発生する確率が1日に1回以下」という考え方に基づき，119番通報件数に対応して必要となる職員数を算定し，これを交替制勤務のために必要な人数に換算するとともに，指標としては流動性のある119番通報件数に変えて，関連性の高い管内人口規模に換算されている。

これにより，消防本部において通信指令管制業務に従事する職員の数は，管轄人口30万以下の市町村にあってはおおむね人口10万ごとに5人を基準とし，管轄人口30万以上の市町村については，15人に管轄人口30万を超える人口についておおむね10万ごとに3人を加えた人数を基準として，通信指令体制，通信施設の機能及び緊急通報の受信件数等を勘案した数としている。これは，地域の実情によっては通信員を人口に基づく基準以上に配置することが必要な地域もあると考えられることから，勘案によって増減させることができるとしている。

また，原則として，同時に通信指令管制業務に従事する職員の数は，2人以上としているが，災害出動などやむを得ない場合に限り，通信員を一時的に減ずることができるものとしている。

▶通信員数算出に係る数値指標の考え方

1　「配置された指令担当の通信員数で処理できる以上の119番通報が同時に発生することを，1日に1回までとする。」という考え方により，管内人口に対して必要な通信員数を算定した方法は以下のとおり。

(1)　実態調査から，管内人口と年間119番通報件数の関係は次のとおり（図17参照）。

　　（年間119番通報件数）＝0.001×（管内人口）$^{1.33}$　　　　（式1）

(2)　「配置された指令担当の通信員数の処理能力を超える119番通報が同時に発生することを，1日に1回までとする。」ための年間119番通報件数と常時必要な通信員数の関係（図18）を算出した。この場合の前提は以下のとおり。

①　救急要請が119番通報の多くを占めることから，救急対応1件当たりの処理時

143

図17 管内人口と年間119番通報件数（平成15年中）の関係

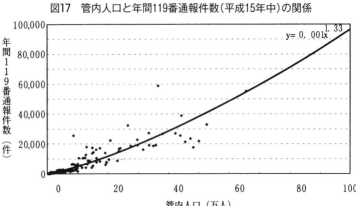

図18 年間119番通報件数と必要通信員数（常備配備）の関係

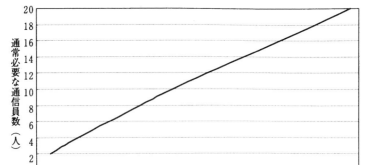

間より119番通報1件当たりの処理時間を30分と設定した。
② 時間帯毎に119番通報が変動することを踏まえ，年間119番通報件数から1時間当たりの119番通報件数を次式で算出した。なお，時間帯毎の変動率については，救急発生の時間帯変動を参照して最大時間帯で平均の35％増しとなることと想定した。

（1時間当たりの119番通報件数）
　＝（年間119番通報件数）／365日／24時間×1.35　　　　（式2）

(3) (2)で算出した常時必要な通信員数を,以下の係数を乗じて交替制勤務のために必要な人数に換算した。

(通信員数)
= (常時必要な通信員数)×3交替×(24時間／16時間)
= (常時必要な通信員数)×4.5　　　(式3)

以上の(1)管内人口と年間119番通報件数の関係,(2)年間119番通報件数と常時必要な通信員数の関係及び(3)常時必要な通信員数と交代制勤務のために必要な通信員数の関係から,管内人口と必要な通信員数の関係は,図19の破線のように算出される。

算出結果は,「管内人口10万人当たり通信員数5人」の関係(図19の実線)と近似される。

図19　各消防本部の管内人口と指令担当の通信員数についてのサンプル調査(平成16年10月実施)をした結果と本基準案との比較

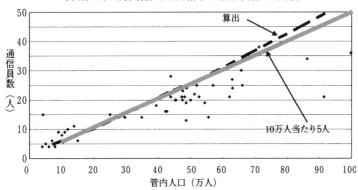

2　以上を勘案して,本指針としては,消防本部に配置する指令担当の通信員については管轄人口10万人当たり5人以上の人数を配置するものとしたが,図20のとおり,管轄人口30万以上の消防本部については,通信施設の機能等の向上により効率的な対応が可能なことから,15人に管轄人口30万を超える人口についておおむね10万人ごとに3人を加えた人数を基準としている。

第1編　消防力の整備指針

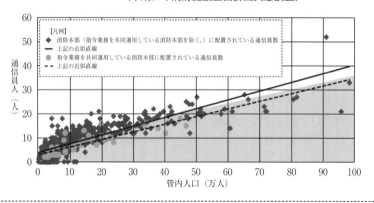

図20　通信員の基準数と人口対比の整備数
（平成24年消防施設整備計画実態調査）

| 問1 | 「消防本部に配置する通信員の総数は，人口30万以下の市町村にあってはおおむね人口10万ごとに5人」とあるが，この総数の内訳には消防署に配置する通信員数が含まれるか。 |

答　消防本部に配置する通信員の数を規定しているものであり，消防署に配置する通信員の数は含まない。具体的には消防指令センター等に配置する通信員の数である。

| 問2 | 消防署には通信員を何名配置すればよいか。 |

答　消防署と消防本部間，消防車両間の通信を確保するため，常時1人以上の通信員を配置すべきである。

| 問3 | 通信員を一時的に減ずることができるとしたことの意図は何か。 |

答　通信指令管制業務に従事する人員については，原則2名とするものであるが，災害対応等緊急の場合やその他やむを得ない場合に限り，通信員を一時的に減ずることができることとしているものである。

第32条 〔消防本部及び署所の予防要員〕

第32条 消防本部及び署所における予防要員の数は，次の各号に掲げる数を合算して得た数を基準として，市町村の人口，市町村の区域の面積，少量危険物の施設の数及び種類等，市町村における消防法第7条に基づく消防長又は消防署長の同意の件数，消防用設備等の設置に係る届出の件数，石油コンビナート等特別防災区域の有無並びに火災予防に関する事務執行体制を勘案した数とする。

(1) 市町村に存する特定防火対象物（消防法第17条の2の5第2項第4号に規定する特定防火対象物をいう。以下同じ。）の数に730分の12を乗じて得た数

(2) 市町村に存する特定防火対象物以外の防火対象物の数に2,400分の2を乗じて得た数

(3) 市町村に存する一戸建ての住宅の数に22,000分の3を乗じて得た数

(4) 市町村に設置されている別表第8に掲げる危険物の製造所等の区分に応じた危険物の製造所等の数に，同表に定める補正係数をそれぞれ乗じて得た数の合計を150で除して得た数

2 前項の場合において，同項第1号，第2号及び第4号に掲げる数を合算して得た数に相当する予防要員の数は，2人以上とする。

3 消防本部及び消防署において，火災の予防に関する業務等を的確に行うため，火災の予防を担当する係又は係に相当する組織には，当該消防本部及び消防署の管轄区域に存する防火対象物，危険物の製造所等の種類，規模等を勘案し，火災の予防に関する高度な知識及び技術を有するものとして消防庁長官が定める資格を有する予防技術資格者を1人以上配置するものとする。

第1編　消防力の整備指針

別表第8（第32条第1項第4号関係）

危険物の製造所等の区分	補正係数
予防規程を定めなければならない製造所等（給油取扱所を除く。）	1.8
製造所，屋内貯蔵所，屋外タンク貯蔵所，屋外貯蔵所及び一般取扱所（予防規定を定めなければならない製造所等を除く。）	1.0
地下タンク貯蔵所及び給油取扱所	0.9
屋内タンク貯蔵所，簡易タンク貯蔵所，移動タンク貯蔵所及び販売取扱所	0.7

□解　説□

1　予防要員

　消防本部及び署所においては，消防法，石災法，条例等により定められた検査や許認可等を行わなければならないほか，火災を未然に防止等するため，法令等に基づく立入検査やその他の予防事務を行わなければならない。

　これらの事務に専ら従事する消防職員を予防要員という旨，当指針第2条第6号に定義されており，本条はその算定基準，最低限必要な要員数及び予防技術資格者の配置について示したものである。

2　予防要員数の算定（第1項関係）

　予防要員の数は，立入検査，消防同意，消防用設備等の設置時検査，火災原因調査，防火指導等及び違反処理などの狭義の予防事務に要する人員数と危険物事務に要する人員を合算して求めることとしている。

(1)　予防事務に要する人員

　　人命危険の高い防災対象物に対する厳格な違反処理の推進や違反対象物に係る公表制度，防火対象物に係る表示制度等新たな制度の導入，さらには建築物の大規模化，複雑化等に伴い予防業務が高度化・専門化していること等を踏まえ，予防事務に要する人員数の算定指標を予防事務量と密接な相関関係にある防火対象物数（特定防火対象物数，非特定防火対象物数及び一戸建て住宅数）としているものである。

　　都道府県の人口と防火対象物数（特定防火対象物数，非特定防火対象物数及び一戸建て住宅数）の相関関係からみると，人口10万人の標

第32条 〔消防本部及び署所の予防要員〕

図21 都道府県の人口と特定防火対象物数

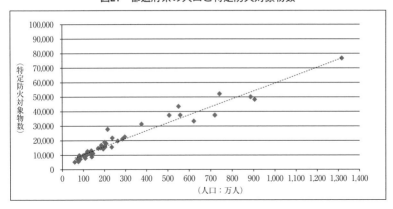

図22 都道府県の人口と非特定防火対象物数

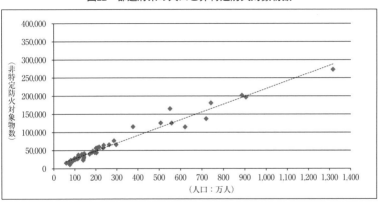

図23 都道府県の人口と一戸建て住宅数

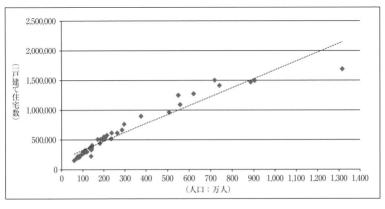

準団体では，おおむね730の特定防火対象物，2,400の非特定防火対象物，22,000の一戸建て住宅がある（図21から図23）。

　一方，人口10万人の標準団体において，主たる業務は，立入検査，消防同意，消防用設備等設置時の検査，火災原因調査，防火指導及び違反処理であり，これらの業務に必要な人員は，それぞれの業務に要する人員の数から判断して730の特定防火対象物当たり12人，2,400の非特定対象物当たり2人，22,000の一戸建て住宅当たり3人の合計17人が必要となる。

　これらのことから，市町村に存する特定防火対象物数に730分の12を乗じて得た数，非特定防火対象物数に2,400分の2を乗じて得た数及び一戸建て住宅数に22,000分の3を乗じて得た数を合算した数を予防事務に要する人員としているものである。

(2)　危険物事務に要する人員

　この人員は，消防法第3章（危険物）に基づく事務に要する人員である。

　これらの事務に含まれるものは，次のとおりであり，市町村においては，これらの事務を行うための人員が必要である。

　　ア　危険物施設の設置又は変更に係る許可，完成検査前検査及び完成検査

　　イ　危険物施設に係る各種届出の受理

　　ウ　危険物施設の所有者等に対する命令

　　エ　予防規程の認可

　　オ　危険物施設に係る保安検査

　　カ　危険物施設等に対する立入検査等

　危険物事務に要する人員の算定指標は，危険物施設の危険性（施設区分ごとの事故発生率）及び技術基準の構成の複雑さ（審査，検査等に要する時間）等を考慮し，4つの区分に分類している。

　この区分ごとに定められた係数を市町村に設置されている区分ごとの危険物の製造所等の数にそれぞれ乗じて算定された数値の合計を150で除して得た数を危険物事務に要する人員数としているものである（表15参照）。

なお，危険物施設の高経年化や事故発生状況を踏まえ，危険物取扱者や予防技術検定の資格取得の促進等を通じた危険物事務に従事する職員の育成等を推進することが重要である。

表15　危険物施設の区分及び補正係数

施　　設　　区　　分	係数
①　予防規程を定めなければならない施設（給油取扱所を除く。）	1.8
②　製造所，屋内貯蔵所，屋外タンク貯蔵所，屋外貯蔵所，一般取扱所のうち①以外の施設	1.0
③　地下タンク貯蔵所及び給油取扱所の施設	0.9
④　屋内タンク貯蔵所，簡易タンク貯蔵所，移動タンク貯蔵所及び販売取扱所の施設	0.7

3　市町村による決定

本条においては，予防事務及び危険物事務に要する人員の基準数を規定しているところであるが，これはあくまでも平均に基づくものであることから，市町村ごとの固有の実情に応じ，適宜増減する必要がある。

予防事務に要する人員数については，防火対象物等の数を基準に設定されているが，同程度の数を有する市町村であっても，原子力施設が所在するなど，防火対象物の規模，複雑さなどが大きく異なる場合には，必要となる人員数も異なってくるものと考えられる。

また，危険物事務に要する人員数については，消防法により規制を受ける危険物施設に基づく算定基準となっているが，火災予防条例に基づく少量危険物施設の種類，数及び指定可燃物施設の種類，数，規模等を考慮した事務量の実態に応じて基準数に加えた職員数の増員を図るとともに，石油コンビナート等特別防災区域における特定事業所の数及び規模に応じて増員を図る必要がある。

さらに，本条では，市町村は上述の算定方法による人員を基本としつつ，下記のような事項を勘案して必要となる人員を定めることとしている。

①　市町村の管轄区域の面積

②　施設の配置状況

③　署所の配置状況

また，予防事務に要する人員は，専従の職員を当てることが適当であ

第1編　消防力の整備指針

るが，予防事務の量及び各消防機関における職員数及び事務の執行体制に応じ，これらの事務を円滑に遂行する上で必要な研修を受け，必要な知識等を有すると認められる消防隊員等が兼務することも，有効な人員活用方策である。

なお，兼務については，次条で定める。

4　最低限の人数の確保（第2項）

小規模な消防本部にあって，前項により算定した予防要員の数が1となった場合においても，予防業務を的確に実施するため，最低限必要となる予防要員の数を2名以上確保することを規定したものである。

5　予防技術資格者の配置（第3項関係）

2で述べたように，予防業務については，厳格な違反処理の推進や建築物の大規模化・複雑化等に伴い高度化・専門化が進んでいる。

このような状況を踏まえ，より専門的で高度な予防業務に的確に対応するために，火災の予防に関する高度な知識及び技術を有するものとして消防庁長官が定める資格を有する予防技術資格者を，火災予防を担当する係又は係に相当する組織に1名以上配置するよう規定しているものである。

なお，消防庁長官が定める資格については，「消防力の整備指針第32条第3項の規定に基づき，予防技術資格者を定める件」（平成17年消防庁告示第13号）において定めている。

152

第33条　〔兼務の基準〕

第33条　消防ポンプ自動車，はしご自動車又は化学消防車及び救急自動車を配置した消防本部又は署所の管轄区域において，当該救急自動車の出動中に火災が発生する頻度がおおむね２年に１回以下であり，当該救急自動車が出動中であっても当該消防本部又は当該署所ごとに消防ポンプ自動車，はしご自動車又は化学消防車の速やかな出動に必要な消防隊の隊員を確保でき，かつ，当該救急自動車に搭乗する専任の救急隊の隊員を配置することが困難である場合には，当該消防ポンプ自動車，はしご自動車又は化学消防車に搭乗する消防隊の隊員は，救急自動車に搭乗する救急隊員と兼ねることができる。

２　消防ポンプ自動車（第10条の規定により消防ポンプ自動車とみなされる化学消防車を含む。以下この項において同じ。）及び救急自動車を配置した都市部の署所の管轄区域において当該救急自動車の出動中に火災が発生した場合において，当該署所とその管轄区域が隣接する消防署又はその出張所（以下この項において「隣接署所」という。）に配置された消防ポンプ自動車の出動によって延焼防止のための消防活動を支障なく行うことができ，当該署所の消防ポンプ自動車及び救急自動車の出動状況等を隣接署所において常時把握することができる体制を有し，かつ，当該救急自動車に搭乗する専任の救急隊の隊員を配置することが困難である場合には，当該消防ポンプ自動車に搭乗する消防隊の隊員は，救急自動車に搭乗する救急隊員と兼ねることができる。

３　前条第１項の規定にかかわらず，同項第２号に掲げる数に２分の１を乗じて得た数と同項第３号に掲げる数とを合算して得た数を超えない範囲内の数の予防要員については，予防業務の執行に支障のない範囲に限り，必要な数の警防要員をもって充てることができる。ただし，第１号に掲げる数から第２号に掲げる数を除いて得た数に相当する予防要員の数が２人に満たない場合は，この限りでない。

第1編　消防力の整備指針

　⑴　前条第1項第1号，第2号及び第4号に掲げる数を合算して得
　　　た数
　⑵　前条第1項第2号に定める数の2分の1を超えない範囲内の数
　　　に相当すると認められる警防要員をもって充てることとされる予
　　　防要員の数
4　前項の場合において，次の各号に掲げる業務を行うに当たって
　は，当該各号に定める要件を満たす警防要員をもって充てなければ
　ならない。
　⑴　消防法第17条に基づき消防用設備等（消火器具を除く。）の設
　　　置が義務づけられている共同住宅に対する立入検査業務　前条第
　　　3項に規定する予防技術資格者であること。
　⑵　前号に掲げるもの以外の共同住宅に対する立入検査業務　消防
　　　学校の教育訓練の基準（平成15年消防庁告示第3号）第5条第2
　　　項第3号に規定する予防査察科を修了した者又は同等以上の知識
　　　及び技術を有すると認められる者であること。
　⑶　共同住宅又は一戸建て住宅に対する防火指導業務　当該業務の
　　　執行に必要な知識及び技術を有すると認められる者であること。

□解　説□

1　火災及び救急出動頻度が少ない署所における搭乗隊員の兼務

　　全国的に救急出動件数が増加を続ける中で，火災の発生件数は減少傾
　向にあり，火災出動の少ないところにおいては，消防ポンプ自動車，は
　しご自動車又は化学消防車（以下「消防ポンプ自動車等」という。）の
　搭乗隊員が救急隊員を兼務する勤務形態を採用する消防本部が多く存在
　する実態がある。
　　しかしながら，この兼務の勤務形態を採用する署所に配置する救急自
　動車が出動中に，当該署所の管轄地域において火災が発生した場合に，
　消防ポンプ自動車等に搭乗すべき隊員が不足し，火災の初期対応に支障
　をきたすという事態が懸念されている。
　　そこで，全国の消防本部の実態を踏まえつつ，住民の消防への期待に
　応えるため，消防ポンプ自動車等及び救急自動車を配置した署所の管轄

154

地域において，当該救急自動車の出動中の火災発生頻度がおおむね２年
に１回以下であって，かつ，当該署所に配置された救急自動車が出動中
に当該署所の管轄地域で火災が発生した時に，非番や休日の消防職員の
応召で，当該署所に配置した消防ポンプ自動車の出動に必要な搭乗隊員
が，速やかに確保できる体制を事前に計画していることを条件に，消防
ポンプ自動車の搭乗隊員が救急自動車の搭乗隊員を兼ねることができる
ものとしている。

　なお，兼務を行うか否か基準については，各市町村における過去３年
間の救急・火災発生件数をもとに次に示す方法で算定することができ
る。

▶救急出動中に火災が発生する確率の算定方法

（前提となる条件）

　確率Ｐ１を，「ある署・所管内で救急出動中に火災が発生することが１年間に少なく
とも１回もしくはそれ以上起きる確率」と定義し，この確率Ｐ１は，ある時刻に火災
が発生したときそれが救急出動中でない確率をＰ２として，１年間に発生するすべて
の火災NF件についてこれが成り立つ確率PN２を求め，それを全体集合である１から
差し引いた値として求めることができる。

（算定方法）

・年間の救急発生件数をNA

・年間の火災発生件数をNF

・救急の１出動当たり平均活動時間をTA（時間）

　ここでは，救急搬送時間（覚知～病院収容まで）に，医師への引き継ぎや再出場の
準備時間を考慮し，$TA = 1$（時間）とする。

　ある時刻に火災が発生して，それが救急出動中でない確率Ｐ２は，１年を8,760時間
としたとき，これに対して年間の救急出動総時間（$NA \cdot TA$）を8,760時間から引い
た時間の比に等しく，次式で表される。

$$P2 = \frac{8760 - NA \cdot TA}{8760}$$

次に，NF件の火災すべてが救急出動中でないときに発生する確率PN２は，

第1編　消防力の整備指針

$$PN2 = \left(\frac{8760 - NA \cdot TA}{8760}\right)^{NF}$$

　したがって，救急出動中に火災が発生することが1年間に1回以上起きる確率P1は，

$$P1 = 1 - PN2 = 1 - \left(\frac{8760 - N_A T_A}{8760}\right)^{NF}$$

と表すことができる。

（モデル地域における計算結果）

表16　消防署又は出張所の管轄地域における災害事象の発生状況

モデル消防署・所が管轄する人口（人）	2,000	4,000	6,000	8,000	10,000	12,000	15,000	18,000	21,000	24,000
署・所数	1署・所									
ポンプ車数	1台									
救急車	1台									
年間救急件数（NA）	76	152	229	305	381	457	572	686	800	914
年間火災件数（NF）	0.9	1.8	2.6	3.5	4.4	5.3	6.6	7.9	9.2	10.6
救急車1回当たり平均出動時間（TA）	1	1	1	1	1	1	1	1	1	1
火災と救急が同時に発生しない確率（P2）	0.99	0.98	0.97	0.97	0.96	0.95	0.93	0.92	0.91	0.90
1年間通して上記が成り立つ確率（PN2）	0.99	0.97	0.93	0.88	0.82	0.75	0.64	0.52	0.41	0.31
管内で救急出動中に火災が発生することが1年間に1回以上起きる確率（P1）	0.01	0.03	0.07	0.12	0.18	0.25	0.36	0.48	0.59	0.69
管内で救急出動中に火災が発生することが起きる平均間隔年数（1／P1年）	128.01	32.24	15.03	8.57	5.63	4.05	2.78	2.11	1.71	1.45

　＊救急自動車の出動中の火災発生頻度が概ね2年に1回のモデル署所

　　管轄人口：18,000人

　　年間救急件数：　686件

　　年間火災件数：　8件

　　同時発生確率：2.1年に1回

図24 管轄人口規模とP1（1年間で救急出動中に火災が発生する確率）

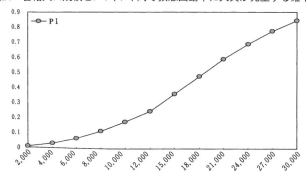

図25 管轄人口規模と1／P1（救急出動中に火災が発生する事象が起きる平均間隔年）

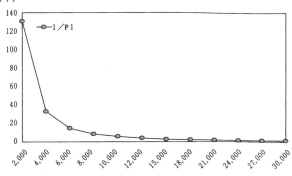

2 都市部の署所における搭乗隊員の兼務

都市部においては，救急需要が急速に増加しており，これへの対応を図る上で，厳しい財政事情等を考慮すると，専任の救急隊員を大幅に増加させることは困難な状況にある。

したがって，都市部の署所においては，救急事案の増加に対応した必要な救急自動車を新たに整備するとともに，管轄区域及び隣接する署所の状況を勘案し，次の全ての条件を満たす場合には，消防ポンプ自動車の搭乗隊員を救急自動車の搭乗隊員にシフトし，両者を兼務させることができるものとしている。その要件は，救急自動車の出動中に，当該署所の管轄地域で火災が発生する頻度が高いため，火災及び救急出動頻度が少ない署所における搭乗隊員の兼務に比べて厳しい内容となってい

る。
① 兼務を行う署所の管轄区域における火災対応について，当該管轄区域内の全ての地域において，隣接する署所の消防ポンプ自動車が出動から6.5分以内に放水開始することが可能（複数の隣接する署所の消防ポンプ自動車の出動により可能な場合を含む。）であり，現状の消火に係る消防力を補完することができること。
② 兼務を行う署所の消防ポンプ自動車及び救急自動車の出動等の状況を，当該署所に隣接する署所において，確認できる体制となっていること。

なお，兼務を行う場合にあっても，第13条に規定する救急自動車の配置基準を満たさなければならないことに変わりはない。

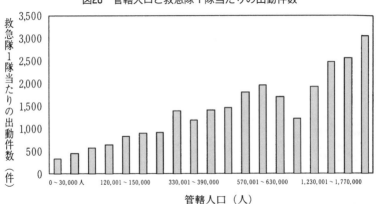

図26 管轄人口と救急隊1隊当たりの出動件数

3 予防要員と警防要員の兼務

予防要員については，その業務内容の重要性，高度な専門性に鑑み，専従の職員を充てることが適当と考えられる。一方で，業務の執行に必要な知識等を有すると認められる警防要員が，予防要員を兼務することも有効な人材活用方策と考えられる。

また，厳しい財政状況の中，必要な予防要員の数全てに専従の職員を充てることは難しい側面もある。

これらを踏まえて，予防要員として専従の職員を配置することが困難である場合には，必要な予防要員の数の一部について，警防要員をもっ

第33条　〔兼務の基準〕

て充てることができるとしており，その数は，前条第1項第2号の規定
により算定する「特定防火対象物以外の防火対象物の数に2,400分の2
を乗じて得た数」に2分の1を乗じて得た数と同項第3号の規定により
算定する「一戸建ての住宅の数に22,000分の3を乗じて得た数」を合算
して得た数を超えない範囲としている。

　ただし，警防要員をもって充てる場合であっても，専従の予防要員の
数は少なくとも2名は確保しなければならないとしている。

4　兼務する警防要員の要件

　前述のとおり，予防業務はその重要性，高度な専門性から，専従の職
員に替えて兼務の警防要員を予防要員に充てる場合，一定の要件を規定
している。

　専従の職員に替えて予防要員に兼務の警防要員をもって充てる場合に
おいて，消防法第17条に基づき消防用設備等（消火器具を除く。）の設
置が義務付けられている共同住宅の立入検査業務を兼務する警防要員
は，予防技術資格者であることが要件であり，それ以外の共同住宅の立
入検査業務を兼務する警防要員は，「消防学校の教育訓練の基準第5条
第2項第3号」に規定する予防査察科を修了した者，又はそれと同等以
上の知識及び技術を有すると認められる者とされている。また，共同住
宅又は一戸建て住宅の防火指導業務を兼務する警防要員は，当該業務の
執行に必要な知識及び技術を有すると認められる者であることが要件と
なる。

　なお，「共同住宅の立入検査業務」及び「共同住宅又は一戸建て住宅
の防火指導業務」以外の予防業務（消防同意事務など）については，そ
の業務の性質等に鑑み，兼務の警防要員をもって充てることが適当では
ないことから，予防要員の数を算定する上で警防要員が兼務することを
認める場合の要件は，規定されていない。また，これらの要件は警防要
員を予防要員として算定するためのものであり，消防法第4条で定める
立入検査について実施対象物の範囲及び実施できる者を制限するもので
はないことから，警防要員が共同住宅以外の防火対象物の立入検査業務
に従事することを否定するものではない。

159

第1編　消防力の整備指針

問1　「速やかな出動に必要な消防隊の隊員を確保」とは具体的にどのようなことか。

答　非番や休日の消防吏員の応召で，当該署所に配置した消防ポンプ自動車等の出動に必要な隊員を，速やかに確保できる体制を事前に計画していること等が該当する。

問2　「当該署所の消防ポンプ自動車及び救急自動車の出動状況等を隣接の署所において常時把握することができる体制」とは，具体的にどのような体制か。

答　動態管理システム等により兼務を行う署所の消防ポンプ自動車及び救急自動車の出動等の状況を，当該署所に隣接する署所において，常時把握できる体制等が考えられる。

問3　特定防火対象物の立入検査において交替制勤務の職員が従事することができると理解してよいか。

答　交替制勤務の職員が特定防火対象物の立入検査業務に従事することを否定するものではない。

　なお，予防要員の数を算出する上で，特定防火対象物の数に応じて必要となる予防要員の数を交替制職員の兼務によって充てることは認められないことから，必要な専従の予防要員を確保するよう努められたい。

問4　「予防業務の執行に支障のない範囲に限り，必要な数の警防要員をもって充てることができる」とあるが，兼務する隊員に救急隊員を含めることはできないのか。

答　消防力の整備指針上の警防要員は，指揮隊員，消防隊員，救助隊員及び救急隊員を指し，兼務する隊員に救急隊員を充てることは可能である。

160

第34条　〔消防本部及び署所の消防職員の総数〕

第34条　消防本部及び署所における消防職員の総数は、次の各号に掲げる数を合算して得た数を基準として、勤務の体制、業務の執行体制、年次休暇及び教育訓練の日数等を勘案した数とする。

(1)　消防本部及び署所の管理する消防用自動車等のうち非常用消防用自動車等以外のものを常時運用するために必要な消防隊、救急隊、救助隊及び指揮隊の隊員の数（ただし、消防隊の隊員については、火災の鎮圧等に支障のない範囲内で、消防用自動車等のうち複数のものについて、一の消防隊が搭乗することを、消防本部の規模及び消防用自動車等の保有状況等を勘案して消防庁長官が定めるところによりあらかじめ定めている場合にあっては、当該複数のものそれぞれを常時運用するとした場合に、それぞれについて必要となる消防隊の隊員の数のうち最大のものとする。）

(2)　第31条に規定する通信員の数

(3)　第32条第1項に規定する予防要員の数

(4)　消防本部及び署所の総務事務等（消防の相互応援に関する業務を含む。）の執行のために必要な消防職員の数

2　前項の規定により消防職員の総数を計算する場合においては、前条第1項及び第2項の規定により消防ポンプ自動車、はしご自動車又は化学消防車に搭乗する消防隊の隊員が救急自動車に搭乗する救急隊員と兼ねる場合にあっては、前項第1号中「ただし」とあるのは「ただし、救急隊員を兼ねる消防隊の隊員については、当該消防隊の隊員が搭乗する消防ポンプ自動車、はしご自動車又は化学消防車を常時運用するために必要な消防隊の隊員の数とし」と、前条第3項の規定により予防要員について警防要員をもって充てる場合にあっては、前項第3号中「予防要員の数」とあるのは「予防要員の数から警防要員をもって充てる数を除いた数」と読み替えるものとする。

第1編　消防力の整備指針

□解　説□

1　消防職員の総数

　第1項第1号は、消防本部及び署所が保有する非常用消防用自動車等を除く消防用自動車等を常時運用するために必要な消防隊、救急隊、救助隊及び指揮隊の隊員数を計上するものである。

　消防用自動車等に搭乗する隊員の数について、十分な人員を確保することは、効果的な消防活動の実施に加え、隊員の安全確保という点からも極めて重要である。しかし、限られた人員を有効に活用し、効果的な消防行政の推進を図ることにも留意しなければならない。こうした観点から、ただし書に次で説明する乗換運用について規定しており、これを考慮して隊員数を算出するものである。

　以下、第2号から第4号までの数と合算して得た数に対して、消防本部における勤務体制（2部制、3部制）、業務の執行体制（警防業務と予防業務の比重、毎日勤務者と交替制勤務者の割合等）、年次休暇の取得日数、教育訓練の日数等を勘案して職員数を算出することになる。

　なお、第2項では、消防本部及び署所における人員の総数を計算する場合に、第33条の兼務の基準に基づき、消防隊の隊員が救急隊の隊員を兼ねている場合及び交替制勤務者を予防要員に充てている場合については、それぞれを重複して合算しないようにするための読み替えについて規定しているものである。

▶2交替制で消防ポンプ自動車1台（5人搭乗）の計算例

①　週40時間勤務体制を確保するために必要な人員措置

　　職員1人当たり年間261日の勤務を設定（365−104）

②　休暇等を取得するために必要な人員措置

　　職員1人当たり年間20日の休暇等を設定（365−104−20）

以上①，②を考慮すると，人員措置係数：365／（365−104−20）≒1.515

　　　5　×　2　×　1　×　365／（365−104−20）＝15.15≒15人

　　　↑　　　↑　　　↑　　　　　　　↑　　　　　　　　　　↑

　　搭乗人員　2部　　1台　　　　人員措置係数　　　　　必要人員

162

2 乗換運用について

　前述のとおり、第1項第1号のただし書に乗換運用について規定しており、具体的な基準については、「消防力の整備指針に基づく消防職員の総数の算定の基となる乗換運用基準について（平成27年2月20日　消防消第26号 消防庁長官）」で定められている。

(1)　消防隊の乗換運用基準

　　消防隊が運用する車両等の相互乗換は、原則として2台までとしている。

　　ただし、管轄人口がおおむね5万未満の規模の小さい消防本部については3台までとすることができるとしている。これは、災害発生件数が少なく、複数の災害が同時に発生するリスクが極めて低いと考えられる消防本部について、例外的に認められているものである。

　　また、特殊車等のように搭乗する隊員の数を明確に示していない車両を乗り換えて運用する場合、例えば、消防ポンプ自動車に搭乗する隊員の数が4人で、大型水槽車とホース延長車にそれぞれ2人が分散して搭乗し、運用する場合は、その台数を相互乗換の1台分とみなすことができるとしており、さらに、後方支援系特殊車については、前述の相互乗換の台数に1台（分散して搭乗する場合は先に述べたとおり）を追加することができるとしている。

　　なお、第33条第1項又は第2項の規定により、消防隊が救急隊を兼務している場合には、主として運用する消防用自動車等及び救急自動車以外の車両への乗換は認められていない。

(2)　救助隊の乗換運用基準

　　救助隊が運用する車両は、主として救助工作車であるが、災害種別によっては、救助系特殊車と乗り換えて運用する場合があり、それらの相互乗換は、原則として2台までとしている。

　　ただし、特異災害に対応するための車両については、災害種別に応じて車両の組合せを設定し、必要な人員数を確保している場合はこの限りでないとしている。

　　また、分散して搭乗する場合の取扱いは、消防隊の場合と同様としている。

第1編 消防力の整備指針

図27 乗換運用等のイメージ

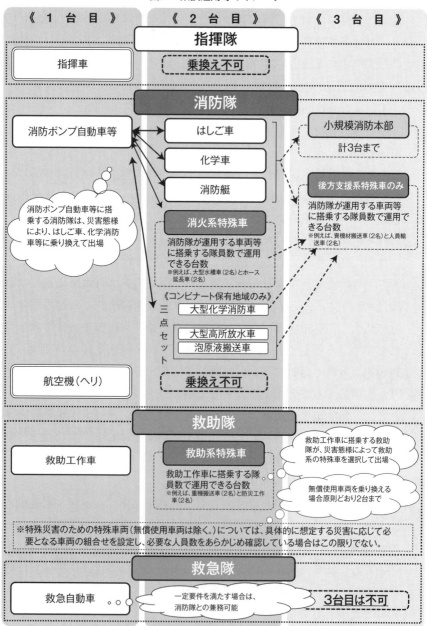

(3) 救急隊及び指揮隊の乗換運用基準

　　救急隊及び指揮隊については、原則として他の消防用自動車等との乗換はしないものとしている。

問1　各消防本部において部隊運用方法を定めているが、消防力の整備指針に基づく消防庁長官が定める乗換運用基準に反している場合は、実際の運用を制限されるのか。

答　この乗換運用基準は、消防本部が整備目標とする消防職員の総数を算定する際の前提となる乗換方法を定めたものであって、各消防本部における実際の運用について制限を設けるものではない。

問2　特殊車等を分類する上で、明確な線引きがあるのか。

答　特殊車等については、使用目的に応じ消火系特殊車、救助系特殊車及び後方支援系特殊車に分類することとしている。

　　これらの具体的な分類については、各消防本部における使用目的等に応じて分類することとしている。

問3　乗換運用の具体例を示されたい。

答　乗換運用の例は次のとおりである。

(1) 消防隊の乗換運用例

　① 消防ポンプ自動車とはしご自動車

　② 消防ポンプ自動車と化学消防車

　③ 消防ポンプ自動車と消防艇

　④ 消防ポンプ自動車と大型高所放水車・泡原液搬送車

(2) 救助隊の乗換運用例

　① 救助工作車と水難救助車

　② 救助工作車と山岳救助車

　③ 救助工作車と特殊災害対策車

　④ 救助工作車と重機搬送車・ウォーターカッター車

(3) 規模の小さい消防本部における3台までの乗換運用例

　① 消防ポンプ自動車とはしご自動車と化学消防車

第1編　消防力の整備指針

②　消防ポンプ自動車と化学消防車と大型水槽車

問4　乗り換えて運用する消防用自動車等は、非常時に使用してよい
か。

答　乗り換えて運用する車両は、第17条の解説で記述したように、
「非常用消防用自動車等」には該当せず、日常的に運用する消防用
自動車等であるが、常に一方（2台で乗り換えを想定）は待機した
状態にある。非常時には、消防本部及び署所が保有する全ての車両
が運用の対象となり、参集者等が当該消防用自動車等を活用するこ
とは有効である。

第35条　〔消防団の設置〕

第35条　消防団は，地域防災力の中核として将来にわたり欠くことのできない代替性のない存在として，一市町村に一団を置くものとする。ただし，市町村の合併等消防団の沿革その他の特段の事情がある場合は，一市町村に二団以上置くことができる。

□解　説□

　消防団は，消防組織法第9条に定める消防機関の一つとして，現在，全国全ての市町村に設置されている。

　また，消防団のみを設置する市町村においては，専ら消防の任務を果たし，消防本部及び署所を設置する市町村においても，その活動が十分に行われがたい地域又は分野で消防の任務を果たしているほか，多数の人員を必要とする大規模災害等の際には特に重要な役割を果たしている。さらに，武力攻撃事態等における国民の保護のための措置に関する法律（平成16年法律第112号）においては，武力攻撃災害等において住民の避難誘導等明確な任務を担うことが定められており，消防団を中核とした地域防災力の充実強化に関する法律（平成25年法律第110号　以下「消防団等充実強化法」という。）においては，消防団は，地域防災力の中核として将来にわたり欠くことのできない代替性のない存在であることが定められている。

　以上のとおり，近年の地域防災力における消防団の重要性に鑑み，本条において消防団の存在意義を明確にするとともに設置についての基準を示しているものである。

　ただし，消防団は「自らの地域は自らで守る」という精神に基づき，自らの意思で参加した住民有志により組織されている公共機関であって，その実態は地域の事情により様々であり，一律に基準を規定できない側面もある。そこで，市町村の合併等消防団の沿革その他の特段の事情がある場合は，一市町村に二団以上置くことができることを規定しているものである。

第1編　消防力の整備指針

> **問**　複数の市町村を広域的に管轄している消防団については，「一市町村に二団以上置くことができる。」の規定に合致するのか。

答　地方自治法第292条の普通地方公共団体に関する規定の準用により，市町村が構成する組合については，市に関する規定を準用するとされていることから，複数の市町村を広域的に管轄する消防団は基準に合致しているものである。

168

第36条　〔消防団の業務及び人員の総数〕

第36条　消防団は，次の各号に掲げる業務を行うものとし，その総数は，当該業務を円滑に遂行するために，地域の実情に応じて必要な数とする。

(1)　火災の鎮圧に関する業務

(2)　火災の予防及び警戒に関する業務

(3)　救助に関する業務

(4)　地震，風水害等の災害の予防，警戒及び防除並びに災害時における住民の避難誘導等に関する業務

(5)　武力攻撃事態等における警報の伝達，住民の避難誘導等国民の保護のための措置に関する業務

(6)　地域住民（自主防災組織等を含む。）等に対する指導，協力，支援及び啓発に関する業務

(7)　消防団の庶務の処理等の業務

(8)　前各号に掲げるもののほか，地域の実情に応じて，特に必要とされる業務

□解　説□

1　消防団の業務

　消防団員は，一つの業務に専従することなく，複数の業務を兼務しており，また，消防団の業務範囲は非常に多岐にわたっている。こうしたことから，本条では，第1号から第8号までに，消防団の代表的な業務を列記している。

　消防団の行う業務については，各地における消防団が平常時において，きめ細やかな火災予防活動や応急手当の普及指導等の地域に密着した多様な活動を行っている実態や，消防団の持つ組織力を踏まえて明記されている。各号に規定する業務の具体例は，以下のとおりである。

第1編　消防力の整備指針

表17　消防団の業務内容

消防団の業務	業務内容
(1)　火災の鎮圧に関する業務	・消火活動 ・火災発生時における連絡業務 ・火災現場における警戒（鎮火後の警戒を含む。）
(2)　火災の予防，警戒に関する業務	・防火訓練，広報活動等の火災予防活動 ・独居老人宅等への戸別訪問による防火指導 ・年末警戒 ・夜回り ・花火大会等における警戒
(3)　救助に関する業務	・水難救助活動 ・山岳救助活動 ・交通事故等における救助活動 ・救助事故現場における警戒 ・行方不明者の捜索
(4)　地震，風水害等の災害の予防，警戒及び防除並びに災害時における住民の避難誘導等に関する業務	・住民の避難誘導 ・災害防除活動 ・災害現場における警戒 ・災害発生時における連絡業務 ・危険箇所の警戒
(5)　武力攻撃事態等における警報の伝達，住民の避難誘導等国民の保護のための措置に関する業務	・住民への警報や避難指示等の伝達 ・住民の避難誘導
(6)　地域住民（自主防災組織等を含む。）等に対する指導，協力，支援及び啓発に関する業務	・自主防災組織等に対する指導，協力，支援 ・応急手当の普及指導 ・イベント等の警戒 ・スポーツ大会等への参加を通じた防火意識の啓発 ・木遣り，音楽隊等の活動を通じた防火意識の啓発 ・老人ホーム等各種施設，団体での防火啓発
(7)　消防団の庶務の処理等の業務	・業務計画の策定 ・経理事務 ・団員の募集 ・広報誌の発行 ・その他，庶務関係事務
(8)　前各号に掲げるもののほか，地域の実情に応じて，特に必要とされる業務	・資機材の点検整備 ・消防水利確保のための草刈り等 ・操法訓練 ・その他，地域の実情に応じて特に必要とされる業務

2　消防団員の総数

　消防団は，前条でも規定されているとおり，大規模災害時はもとよ

り，地域防災力の中核として将来にわたり欠くことのできない代替性の
ない存在であり，常備消防と密接に連携を図りながら業務を行ってい
る。その総数は，市町村の条例や地域性，歴史的背景など様々であり，
地域の実情に応じて弾力的に配置することができるよう，各号に掲げる
業務を円滑に遂行するために必要な数としているものである。

　なお，全国的に減少傾向にある消防団員を確保するため，消防団等充
実強化法において，国及び地方公共団体への積極的な加入が促進される
よう自らの地域は自らで守るという意識の啓発を図るために必要な措置
を講ずることや，公務員の消防団員との兼職に関する特例，消防団員の
活動に対する事業者や大学等の協力について定められている。

問1　「総数は，当該業務を円滑に遂行するために，地域の実情に応じ
　　　て必要な数とする。」とあるが，「地域の実情」とは具体的にどのよ
　　　うなものか。

答　　他の地域からの応援が困難な山間部地域や離島地域など市町村の
　　　地理的特性，また，火山災害，林野火災，豪雪，水害，津波，土砂災
　　　害等地域固有の事情に起因する災害への対策の必要性が想定される。

問2　消防団員の総数の算定に当たり，留意する点は何か。

答　　当指針に基づき算出した団員数は，少なくとも地域の消防力を担
　　　うために必要な団員数として設定されている市町村の条例定数を下
　　　回ることは適当でないと考えられる。各市町村においては，当該市
　　　町村で行う消防団の業務を円滑に遂行するために必要な消防団員数
　　　を算定し，条例定数への反映を目指していただきたい。

問3　以前規定されていた消防団員数の基準が削除された理由はなに
　　　か。

答　　以前の算出方法により消防団員数を算出した場合，実態にそぐわ
　　　ない消防団員数が算出される可能性があったことから，機械的に算
　　　出するのではなく，業務を円滑にするために，地域の実情に応じて
　　　必要な数としているものである。

第1編　消防力の整備指針

第37条　〔副団長等〕

第37条　消防団に，指揮活動を行うため，副団長，分団長，副分団長，部長及び班長を配置することができる。

□解　説□

　消防本部及び署所に，指揮活動を行うための消防吏員を配置するのと同様に，消防団員についても，指揮活動を行うための消防団員を置くことができる。

　第36条の解説で記述したように，消防団の業務は非常に多岐にわたっているので，消防団員の階級ごとの人員については，消防団が円滑に運営できるよう市町村の判断によって適正な数を決定することとなる。

（参考）

消防団員の階級の基準

〔昭和39年12月8日〕
〔消防庁告示第5号〕

　消防組織法（昭和22年法律第226号）第15条の6第2項〔現行＝第23条第2項〕の規定に基づき，消防団員の階級準則〔現行＝消防団員の階級の基準〕を次のように定める。

　消防団員の階級の基準

第1条　消防団員の階級は，団長，副団長，分団長，副分団長，部長，班長及び団員とする。

第2条　消防団の長の職にある者の階級は，団長とする。

第3条　団長の階級にある者以外の消防団員の階級は，副団長，分団長，副分団長，部長，班長及び団員とする。

　　　　附　則

1　この告示は，昭和40年4月1日から施行する。

2　消防団員の階級準則（昭和37年消防庁告示第4号）は，廃止する。

　　　　附　則〔平成18年3月29日消防庁告示第12号〕

この告示は，公布の日から施行する。

第2編

消防水利の基準

第1条 〔目的〕

> **第1条** この基準は，市町村の消防に必要な水利について定めるものとする。

□解　説□

　この「消防水利の基準」は，消防法第20条第1項に規定する「消防に必要な水利の基準」であり，消防庁の勧告として制定されたものであって，市町村の消防機関が消防活動をするために必要とする水利について定めているものである。

　この基準で対象とする消防水利は，動力消防ポンプにより消火活動を行うのに必要とする消防水利であり，「消防力の整備指針」の第2条に規定する市街地及び準市街地に加えて，これらに準ずる地域の建物火災等に対処するための消防水利の種類，給水能力及び配置等について規定しているものである。

　消防水利は，消防施設及び人員とともに消防力の一つであるが，この消防水利については，「消防力の整備指針」と根拠規定が異なる等の理由から別に告示されているものである。

第2編　消防水利の基準

第2条　〔消防水利の定義〕

第2条　この基準において，消防水利とは，消防法（昭和23年法律第
　　186号）第20条第2項に規定する消防に必要な水利施設及び同法第
　　21条第1項の規定により消防水利として指定されたものをいう。
2　前項の消防水利を例示すれば，次のとおりである。
　(1)　消火栓
　(2)　私設消火栓
　(3)　防火水そう
　(4)　プール
　(5)　河川，溝等
　(6)　濠，池等
　(7)　海，湖
　(8)　井戸
　(9)　下水道

□解　説□

1　消防水利の定義

　「消防法第20条第2項に規定する消防に必要な水利施設」とは，当該
市町村が消防の目的で設置し，維持管理する消火栓，防火水そう等の消
防水利を指す（水道については，当該水道の管理者が設置し，維持管理
する。）。
　「同法第21条第1項の規定により消防水利として指定されたもの」と
は，消防の用に供し得る水利に当たり，私有の水利及び国，都道府県，
市町村その他の公法人が設置し，維持管理している水利を，その所有
者，管理者又は占有者の承諾を得て，これらを消防水利としての指定を
行い，常時消防用に使用できる状態にしているものであり，これを一般
に「指定消防水利」と呼んでいる。
　この基準では，これらの設置目的又は所有形態の区分にかかわらず，
消防のための水利について規定している。

176

第2条 〔消防水利の定義〕

2 消防水利の種類

消防水利は，その水を供給する条件から，人工水利と自然水利の二つに分類することができる。

前者は，人工的に作られた水利であって，その中には消火栓等の水道管路に設置されたものと防火水そう，プール等のように水を貯留するものとがある。

後者は，自然に存在する水をその存在する状態から取水するもので，河川，湖沼等地表水を利用するものと，湧泉等の地下水（伏流水）を利用するものとがある。

ここに掲げられたものは，単なる例示であって，これら以外でも第3条第1項に規定する給水能力を満たすものについては，消防水利として取り扱って差し支えないものである。

以下，例示された個々の消防水利について説明する。

① 消火栓

消火栓とは，消火のために必要な水を供給するための水道栓のことであるが，ここでいう消火栓とは，都道府県，市町村等の公営水道の配水管にとりつけられている消火栓をいう。

水道とは，一般に水道法の適用を受ける上水道を指すのであるが，ここでは工業用水道も含むものである。消火栓には，その形式により地上式のものと地下式のものがある。前者は，地上に設置される形式のものであり，後者は，地中に埋め込んだ鉄箱等の中に設置するように設計されたものであり，交通の繁雑化にしたがって地下式のものが多くなっている。

昭和44年以降地上式消火栓は，交通事故等による損傷が多く，地下式消火栓に比べて設置に要する経費が高い等の理由から，「日本水道協会規格」からはずされた。しかし，この規格は，業者の技術的統一を図る目的のもので，規格からはずされたことにより，地上式消火栓の製造，設置が禁止されるものではない。

地上式消火栓の中には，使用しないときは，自動弁の作用で消火栓中の水が抜き去られるように設計され，水の凍結による消火栓の破損を防止できる構造のもの（不凍式地上式消火栓）がある。

177

② 私設消火栓

私設消火栓とは，前記消火栓以外のもの，例えば工場や事業場等に敷設される私設水道等にとりつけられた消火栓のことである。

この中には，消防法施行令第19条の規定により設置される屋外消火栓，防火専用水道等その配管中の水が圧力を持っていて消火栓を開弁することにより圧力水が供給されるようなもので，従来いわゆる防火栓と称していたもの等が含まれる。

③ 防火水そう

防火水そうとは，消防用水を貯留することを目的として建造された水そうのことである。

その構造については，ポンプで取水できるだけの水深を有することのほかは特に制約はなく，必要な量の貯水及び給水ができるだけの容量が確保されていればよい。

防火水そうの構造は，一般には長方体で，鉄筋コンクリート造りのものが多く，無蓋のものと有蓋のものとがあり，空地，道路脇，道路下等に設置されている。

④ プール

学校，遊園地等の水泳用プールで消防用に利用するものをいう。

プールは，貯水できる量も多く，有効な消防水利となり得る。しかし，その設置場所が，学校，遊園地等の敷地内に設置され，道路から隔ったものが多く，消防ポンプ自動車等の部署が困難なものが多いので，この点配慮を要するものである。

⑤ 河川，溝（みぞ）等

河川，溝等に流れている水を消防用に使用するものであるが，これらはその規模，形状等種々雑多であり，水量，水位等消防用に使用可能なものを対象として選択すべきものである。

⑥ 濠（ごう），池等

城の周辺などにある濠，自然又は人工の池等をいう。

⑦ 海，湖

海岸，湖沼に面した場所で，これらの水を消防用に使用するものをいう。

第2条〔消防水利の定義〕

これらは，河川水とともに，まずは無限の取水が期待できる水利であるが，水位の変化の著しい場合が多いので，取水地点の選定に当たって注意を要するものである。

⑧　井戸

井戸とは，一般に地下水を汲み取るために地面を掘り，木，石などで囲ったものであるが，ここに貯留された水を取水するに伴って順次地下水の補給がなされるという有利性がある。

地下水（伏流水を含む。）の豊富な地帯では，この形式によって必要な給水が得られているものである。

また，地域によっては，取水用ストレーナーのついた鉄管を打ち込んだだけで必要な取水を充足しているものもあるが，これも井戸の一種である。

⑨　下水道

下水道法による下水道，下水を導くための下水溝，下水管渠等に取水口（マンホール）を設け，下水を消火用に利用するものである。

下水を消火に供することは，感情的に好ましくない面もあろうが，他に水利のないような場合，また防火対象物の種類によっては利用されてよかろう。

なお，下水道は，その管渠内を流れる水が上水道配水管におけるように管渠に充満した圧力水となっていないため消火栓のように圧力水を供給することができない。

問　工業用水道配管の消火栓については，どのように解するか。

答　工業用水道は，その配水管が従来，市街地や準市街地から離れたところに敷設され，圧力水として配水されていないケースが多く，工業用水道法に消火栓の設置義務の規定がなかったこと，及び設置主体のほとんどが都道府県であることから，消火栓の設置が適当でないとされた面もあった。しかし，市街地や準市街地の拡大により，当該地域内に配水管の分布することもあり，またポンプ圧送方

179

第2編　消防水利の基準

式で配水するものも多くなったので，有効な水利として消火栓設置の対象となることもあるので，工業用水道を十分活用する必要がある。

第3条　〔消防水利の給水能力〕

第3条　消防水利は，常時貯水量が40立方メートル以上又は取水可能
水量が毎分１立方メートル以上で，かつ，連続40分以上の給水能力
を有するものでなければならない。
2　消火栓は，呼称65の口径を有するもので，直径150ミリメートル
以上の管に取り付けられていなければならない。ただし，管網の一
辺が180メートル以下となるように配管されている場合は，75ミリ
メートル以上とすることができる。
3　私設消火栓の水源は，５個の私設消火栓を同時に開弁したとき，
第１項に規定する給水能力を有するものでなければならない。

□解　説□

1　消防水利の給水能力（第１項関係）

防火水そう等貯水施設における貯水絶対量として，常にその貯水量が
40立方メートル以上であることを能力の条件としている。この40立方
メートルという水量は，１分間当たり１立方メートルの放水を40分間継
続するような消火活動ができることを想定したものである。

したがって，防火水そう等にあっては，その有効に取水できる部分の
水量が40立方メートル以上であることが要求されているのであって，消
防ポンプ自動車の吸管ストレーナーで吸水を行った場合，吸水できない
水が残るようなときは，その水量は差し引かなければならない。

１分間当たり１立方メートルで40分間継続して給水する能力があれば
よいのであるから，水そうの内容積が40立方メートルに満たない場合で
あっても，井戸その他の補水装置と連結されていて，所定の能力を満た
すようなものは，もちろん，この基準に適合するものとして取り扱って
よい。なお，補水装置等のない20立方メートルの防火水そうを２か所接
近して設けた場合，合計容量は40立方メートルになるが１口の放水を継
続するのに２台のポンプが必要となり，不経済である等により基準には
適合しないものである。

上記の防火水そう以外では，側溝等に堰を施すなどし，流量が取水必

要量を満たし，かつ，取水に必要な水深が得られるようなものも，消防水利となり得るのである。

この1分間当たり1立方メートルの給水能力は，消防ポンプ自動車（B-1級）による2口放水を行うために必要な水量である。

また，放水継続時間が40分とされているのは，木造建築物の標準温度曲線（図28）から明らかなように，注水を継続する必要のある時間は30分余りであり，若干の余裕を見込んで定められているものである。

なお，分布する防火対象物が火災に当たって多量の放水を要するような場合や防火対象物の平均規模が大きいような地域においては，その需要に応ずることができるように，この規定を満たす消防水利が設置されることはもちろんのこと，できるだけ大きな能力を有する消防水利の設置が望まれる。

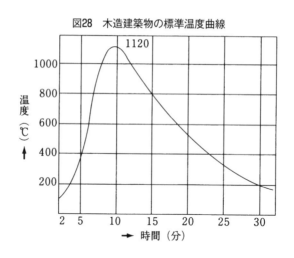

図28　木造建築物の標準温度曲線

2　消火栓の口径及び水道配水管の条件（第2項関係）

消火栓の口径は、その規格として一般的な呼称65のものとしている（「呼称65」とは、口径65ミリメートルのものである。）が、口径65ミリメートルの消火栓は、消防ポンプ自動車等の動力消防ポンプの吸水口に直結でき、所要量の給水が円滑になされる（消火栓の口を流速1秒間当たり5メートル程度で所用の1分間当たり1立方メートルの給水ができる）ものである。

第3条　〔消防水利の給水能力〕

消火栓の口径については、水道施設設計指針（注1）においても、「消火栓の口径は、原則として65㎜とする。」とされている。

消火栓は、前述のとおり毎分1立方メートル以上で、かつ、連続40分以上の給水能力を条件としているが、水道は、配水池及び配水管管径の設計において、消火用水量を加算して設計されており（注2）、給水継続時間については、まず問題にする必要はない。したがって、消火栓が毎分1立方メートル以上の給水能力が保証されるか否かが問題となる。

消火栓の給水能力は、その消火栓を取りつけてある配水支管の径に左右される。

一般的には、配水支管の同一系統に多数の消火栓が設置されているが、その消火栓1個を開栓した場合、所定の給水能力が保証されるとともに、同一系統の管に設置された数個の消火栓を同時に開栓した場合においても、その各々が所定の能力を発揮できるものでなければならない。このような立場から、本項では、消火栓を取りつけてある配水支管の口径を規定している。

同時に開栓する消火栓の数を数個（2～5個）と見込んだ場合、その各々へ所定の給水量を確保できる配水支管の径を検討の結果、一般への給水量についての余裕を相当量見込んでも径が150ミリメートル以上であれば十分であるところから、径150ミリメートル以上の管に取りつけられた消火栓であることを条件としている。

（注1）　水道施設設計指針

　　　　水道の施設整備に当たっては、水道法（昭和32年法律第177号）及び水道施設の技術的基準を定める省令（平成12年厚生省令第15号）に定められた基準に基づき行われることとされているが、具体的に定められていない部分については、日本水道協会から発刊されている水道施設設計指針が施設整備を行う際のガイドラインとして使用されている。

（注2）　消火用水量（水道施設設計指針から抜粋）

　　　　消火用水量は、次の各項による。

　　　　1　配水池の受持つ計画給水人口が50,000人以下のものについては、原則として、配水池容量の設計に当たって、消火用水量を加算する。

　　　　2　配水管の受持つ給水区域内の計画給水人口が100,000人以下のものについ

第2編　消防水利の基準

ては、原則として、配水管管径の設計において、消火用水量を加算して検討
する。

3　火災時の消火用水量は、消火栓1栓あたりの放水能力と、同時に開放する
消火栓の数から決定する。

表18　配水池の容量に加算すべき人口別消火用水量

人口（万人）	消火用水量（㎥）
1	100
2	200
3	300
4	400
5	500

備考　人口については当該人口の万未満の端数を四捨五入して得た数による。

表19　計画1日最大給水量に加算する人口別消火用水量

人口（万人）	消火用水量（㎥）
0.5未満	1以上
1	2
2	4
3	5
4	6
5	7
6	8
7	8
8	9
9	9
10	10

備考　人口については当該人口の万未満の端数を四捨五入して得た数による（0.5万未満を除く）。

（参考）

水道施設設計指針

消火栓（7.6.4）

第3条 〔消防水利の給水能力〕

消火栓は、配水支管に設置するものとし、その設置に当たっては、次の各項による。

1　沿線の建築物の状況などに配慮し、100～200m間隔に設置する。

2　原則として、単口消火栓は、管径150mm以上の配水管に、双口消火栓は、管径300mm以上の配水管に取付ける。

3　消火栓には、補修弁を取付ける。

4　寒冷地及び積雪地では、不凍式の地上式消火栓を用いる。また、地下式消火栓を用いる場合は、凍結防止の方策を講じる。

5　消火栓の口径は、原則として65mmとする。

3　枝状配管と管網（第2項ただし書）

配水支管の敷設形態は，枝状配管と管網の2種類あるが，前者は，配水支管が本管から樹枝状に分岐する形で敷設されたものであり（図29(1)），後者は網目状に敷設された配水支管のことである（図29(2)）。

ただし書では，配水支管が管網として敷設されており，かつ，管網の一辺が180メートル以内であるような配水管に消火栓が取りつけられているような場合，その配水管の径が150ミリメートル未満であっても75ミリメートル以上あれば消防水利となり得るとしているのである。この場合，当該管網へ配水する配水本管の径は150ミリメートル以上であることを要する。

図29(2)において配水池からの配水が管網へ供給されたとする。そして，消火栓A，B，C，D，Eが取りつけられていたとすると，消火栓Aに対しては，dから水が供給され，消火栓Bに対しては，eから水が供給されることとなる。これらの管の径が75ミリメートル以上であれば，消火栓A，Bへともに所定の水量が供給されることとなり，消火栓として有効な働きをするといえよう。次に，同図におけるe－f間については，消火栓C，D，Eの3個が設置されており，この場合，消火栓Cへはeから，消火栓Dへはfから，前述消火栓A，Bと同様に所定の給水がなされることとなろう。しかし，消火栓Eは，消火栓C，Dにより配水支管の給水量が消費されてしまっているため，所定量の給水は得られないこととなる。

管網の一辺とは，管網の一部が分岐している場合の隣接する分岐点の

図29 配水管設置の形態

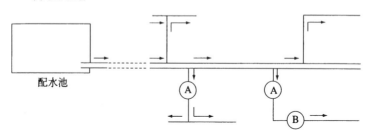

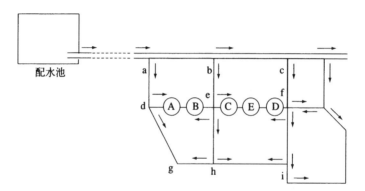

　区間をいう。管網の一辺（図29(2)におけるd－e，e－f，d－g－h間）に消火栓2個以内が設置されている場合は，その配水支管が径75ミリメートル以上150ミリメートル未満の細い管であっても，この2個の消火栓とも消防水利として有効な能力を発揮できるが，管網の一辺に3個以上の消火栓が設置されているような場合は，これらを同時に使用することを考えると，共倒れのおそれが強い。

　また，「管網の一辺が180メートル以下となるように配管されている場合」とは，一般に配水支管の延長180メートル以下の範囲内には消火栓の設置数は2個以内であり（注），3個以上が設置されて共倒れのおそれの生ずるような場合はないので，管網の一辺が180メートル以下であることを条件として規定しているのである。

第3条　〔消防水利の給水能力〕

（注）水道施設設計指針中，消火栓は配水支管に設置するものとし，沿線の建築物の状況などに配慮し，100〜200メートル間隔に設置するとされていることから，延長180メートルの配水支管には2個以内の消火栓の設置となり，配水支管延長200メートル以上でなければ消火栓3個以上設置されるような場合は一般的にはない。

4　私設消火栓の水源の能力（第3項関係）

　私設消火栓を取りつけてある給水施設は，消火栓を取りつけてある上水道とは違ってその規模において一般的に小さい場合が多く，特に消火栓として必要な水量を充たさないようなものが予想されることから，私設消火栓の水源の能力について規定している。

　私設消火栓を取りつけてある給水施設の水源の能力は，5個の消火栓を開弁した場合，その5個の消火栓とも，それぞれ第1項のような毎分1立方メートル以上で，連続40分以上の給水能力を有することを条件としている。すなわち，その水源は，毎分5立方メートルの給水を40分間継続できるものか，又は貯水そう等を水源とする場合は，その貯水量が200立方メートル以上のものであることが要求されている。

　消防水利の同時使用個数は，その地域の状況に応じて，数個（2〜5個）とされるのであるが，私設消火栓の設置されるような地域の一般の実情からして，そのうち最高の5個を同時開栓基準数として規定しているのである。なお，一の水源に対して私設消火栓が5個未満の場合には，これらを同時に開弁したときに，それぞれの消火栓が第1項に規定する給水能力を有していなければならない。

　私設消火栓については，その口径は問わないが，消防隊の部署の都合を考慮すると呼称65の必要があろう。

187

第2編　消防水利の基準

第4条　〔消防水利の配置〕

第4条　消防水利は，市街地（消防力の整備指針（平成12年消防庁告示第1号）第2条第1号に規定する市街地をいう。以下本条において同じ。）又は準市街地（消防力の整備指針第2条第2号に規定する準市街地をいう。以下本条において同じ。）の防火対象物から一の消防水利に至る距離が，別表に掲げる数値以下となるように設けなければならない。

2　市街地又は準市街地以外の地域で，これに準ずる地域の消防水利は，当該地域内の防火対象物から一の消防水利に至る距離が，140メートル以下となるように設けなければならない。

3　前2項の規定に基づき配置する消防水利は，消火栓のみに偏することのないように考慮しなければならない。

4　第1項及び第2項の規定に基づき消防水利を配置するに当たっては，大規模な地震が発生した場合の火災に備え，耐震性を有するものを，地域の実情に応じて，計画的に配置するものとする。

別表（第4条関係）

平均風速 用途地域	年間平均風速が4メートル毎秒未満のもの	年間平均風速が4メートル毎秒以上のもの
近　隣　商　業　地　域 商　　業　　地　　域 工　　業　　地　　域 工　業　専　用　地　域 （メートル）	100	80
その他の用途地域及び用途地域の定められていない地域（メートル）	120	100

備考

　　用途地域区分は，都市計画法（昭和43年法律第100号）第8条第1項第1号に規定するところによる。

□解 説□
1 防火対象物から一の消防水利に至る距離
　第1項及び第2項では街区に応じて有効に導水できる距離を規定している。この距離の根拠は，「市街地又は市街地以外の地域で，これに準ずる地域」を例に挙げると，消防水利から防火対象物までの直線距離の最高が140メートルであることを基礎として，ホース延長の本数を10本以内（約200メートル），かつ，ホースを延長する時間，直角に交わった道路に沿ってホース延長を行う場合のホースの屈曲等を踏まえ，消防ポンプ自動車で長時間にわたり無理のない放水を継続できることを考慮して算出された距離である（図30参照）。

2 市街地又は市街地以外の地域で，これに準ずる地域
　「準ずる地域」とは，消防力の整備指針第2条の定義による市街地，準市街地には該当しない地域（例えば，人口規模において1,000人に満たないもの，街区の平均建ぺい率，その連たんの状況からして市街地や準市街地としての条件を満たさないような地域等）であって小規模ながら建物が連続しているような地域，防火対象物の種類，その分布の状況から，市街地，準市街地に準じて消防水利の配置が必要と考えられるような地域等を指す。

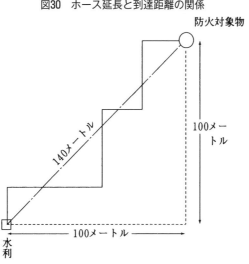

図30　ホース延長と到達距離の関係

「準ずる地域」については，基準上，何ら具体的に示されていないが，地域の特殊性，文化財等防火対象物の分布状況など，多種多様の事情から総合的見地に立って消防長（消防本部を置かない市町村にあっては市町村長。以下本条において同じ。）の判断によって定めればよいものである。

これらの地域においては，一般的に防火対象物の分布が粗であるので，消防水利の配置は，これらの地域の防火対象物に対して有効にホースで導水できる範囲内に最低1個消防水利を配置するように述べている。

3　消火栓以外の消防水利の配置

消火栓は消防水利として極めて有効なものではあるが，これらの配水源は同一系統から分岐しており（大規模の水道であれば，水源，配水系統ともに2以上多くある場合もあるが，火災地点付近の小区域についてみるならば，まずは同一系統と考えるのが一般的である。），その送配水施設が故障すれば全消火栓への給水ができなくなる。故障が一部の配水管であっても，その付近の消火栓が全て使用できないこととなる。

特に，大規模な地震が発生した場合においては，水道の送配水施設（配水管）が被災し，広域的，長期的に使用不能となることが想定され，火災が発生した際には，離れた水利からの遠距離送水を余儀なくされるなど，消火活動に支障をきたすおそれがある。

このことから，消防水利の配置が消火栓に偏っているような地域で

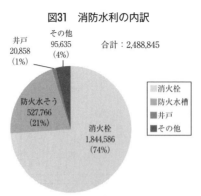

図31　消防水利の内訳

平成26年「消防防災・震災対策現況調査」

は，今後，消防水利を配置する上で，消火栓のみに偏することのないように考慮する必要がある。

　さらに，大規模な地震等が発生した場合を想定し，水利不足が懸念される市街地などでも効果的な消火活動が行えるよう，耐震性を有した消防水利の種類ごとに整備目標と年次計画を定め，その計画に沿って整備していく必要がある。

　この場合，消火栓と消火栓以外の水利の配置割合については明示されていないが，各市町村の実態に応じて配置することが必要になる。

第2編　消防水利の基準

第5条　〔消防水利配置の特例〕

第5条　消防水利が，指定水量（第3条第1項に定める数量をいう。）の10倍以上の能力があり，かつ，取水のため同時に5台以上の消防ポンプ自動車が部署できるときは，当該水利の取水点から140メートル以内の部分には，その他の水利を設けないことができる。

□解　説□

1　消防水利配置の特例

　海，河川，池，プール等多量の取水の可能な水利については，その消防水利としての有利性を考慮して，前条に規定する配置基準によらず別の取扱いをしようとするものである。

　指定水量の10倍，すなわち1分間あたり10立方メートルで40分間以上継続して給水できる水量があり，消防ポンプ自動車が同時に5台以上部署し，取水できるような条件を備えている消防水利については，その地域の条件が前条に規定する別表の区分の如何にかかわらず，その取水地点から140メートル以内の区域はその水利によってカバーできるものとし，その範囲内には他に消防水利を設けなくてもよいものとしている。

　ここでは，消防ポンプ自動車5台による消火活動を最低として規定していることから，この多量の水利については，指定水量の5倍の水量があれば必要な給水は満たされていることになるが，消火活動上の余裕を見込み，指定水量の10倍以上であることを条件としているものである。

2　多量取水可能な水利の有効範囲

　多量取水可能な水利については，部署できる範囲から，プール等の点水利と河川，海，湖沼等の線水利の2種類に分けることができる。ホース延長本数を10本とした場合，その有効範囲は，前者にあっては，水利点を中心とした半径140メートルの円となるが，後者にあっては，水利に沿って幅140メートルの帯状となる。具体的には，多量取水の可能な線水利（以下「無限水利」という。）の有効範囲は，図32に示すとおりA－A′から140メートル離れたB－B′までの範囲となり，この無限水利

192

第5条 〔消防水利配置の特例〕

によってカバーされる部分は，他の水利を設けなくてもよい範囲である。

　無限水利でカバーできる範囲外、すなわち図のB−B′から下の部分については、第4条の別表の距離を半径とする円を描き、これらの円に覆われない部分のないように、図示の位置に消防水利を配置しなければならない。

図32　無限水利のある場合の水利配置

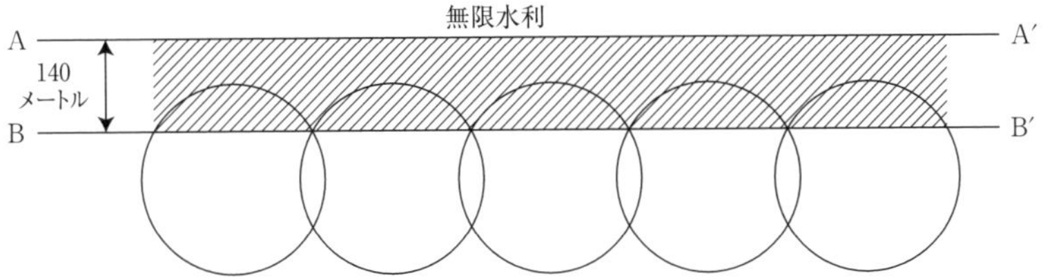

193

第2編　消防水利の基準

第6条　〔消防水利の構造〕

第6条　消防水利は，次の各号に適合するものでなければならない。
　⑴　地盤面からの落差が4.5メートル以下であること。
　⑵　取水部分の水深が0.5メートル以上であること。
　⑶　消防ポンプ自動車が容易に部署できること。
　⑷　吸管投入孔のある場合は，その一辺が0.6メートル以上又は直径が0.6メートル以上であること。

□解　説□

1　地盤面からの落差

　　地盤面下4.5メートルまでの範囲内において，第3条第1項に規定する水量の取水が可能なものでなければならない。これは，真空ポンプによる吸水可能水頭は，取水に当たっての損失水頭を考慮して6〜7メートル程度とされているが，ここでは地盤面上のポンプの位置の高さ，円滑な給水等を考慮して地盤面下4.5メートルとしている。

　　この場合，取水を継続することによって，水位が地盤面から4.5メートル以上になるようなことはあってはならない。

2　取水部分の水深

　　消防ポンプ自動車が吸水を行うに当たって，吸管のストレーナーが水中に十分浸されていなければ，空気を吸い込み吸水能率が下がり，ひいては吸水ができなくなる。このようなことが起こらないように，取水部分の水深が0.5メートル以上であることが必要である。

3　消防ポンプ自動車の部署

　　消防ポンプ自動車が消防水利に容易に部署できるものであることは，消防活動を迅速に行う上で重要なことである。

　　容易に部署できる要件としては，消防ポンプ自動車の部署に必要なスペースがあること，及びその部署位置から迅速に吸水ができることなどが挙げられる。前者は，消防ポンプ自動車のシャーシの面積に相当するスペースに加え，消防ポンプ自動車の進入等に必要なスペースが要求されることになり，後者は，取水作業において消防ポンプ自動車から吸管

第6条 〔消防水利の構造〕

を円滑に延長でき，吸管1本（10メートル）の範囲内で取水できること，さらにはホース延長に支障のないスペースが必要とされることとなる。

4　吸管投入孔の設置

　有蓋の防火水そうなど，吸管投入孔の設置における大きさについては，吸管投入作業を円滑にするため，円形の場合，その内径は0.6メートル以上，正方形又は長方形の場合，その1辺が0.6メートル以上確保することとしている。

第2編　消防水利の基準

第7条　〔消防水利の管理〕

第7条　消防水利は，常時使用しうるように管理されていなければならない。

□解　説□

1　消防水利の維持管理

　　消防水利は，いつどこで発生するかわからない火災に際して，緊急に使用する施設であり，いつでも使用できるように維持管理されていなければならないものである。

　　具体的な維持管理のための作業としては，消防水利の使用可能の状態を点検する巡回監視と消防水利の使用可能の状態を維持するための修繕等がある。巡回監視の頻度については，消防水利の設置箇所，種類によって異なるが，例えば消火栓や防火水そう等の取水口の設置場所が砂利道である場合に，砂利等の堆積による蓋の開閉の困難性，内部へ流入が考えられ，このようなものについては頻繁な見回りが必要となる。

　　このように消防水利取水箇所の条件の相違によって，巡視点検の頻度は異なるが平均して月1回以上行うことが望まれる。

　　また，指定消防水利（消防法第21条関係）の維持管理は，原則としてその所有者・管理者又は占有者が行うものであるが，指定消防水利を常時使用可能な状態にしておくために，その維持管理について消防機関が何らかの責任を負うことを条件としている場合，その範囲内で消防機関が維持管理を行わなければならないものである。

　　なお，老朽化した防火水そうにあっては，更新や長寿命化（既存の防火水そうの有蓋化や内装修繕，鉄骨等による補強等により使用年数を延伸すること）により，継続的に消防水利を使用できる状態に維持する必要がある。

2　防火水そうの安全管理

　　防火水そうに関連する幼児童の転落事故等においては，所有者，管理者又は占有者の安全管理等が問題となり，その要件も厳しくなってきていることから，防火水そうの安全管理については，次のとおり万全を期

第7条　〔消防水利の管理〕

すことが重要である。

①　巡回監視に当たっては，同時に安全点検を行い，安全上の維持管理を徹底すること。

②　無蓋防火水そうについては，安全防護さく及び蓋等を設置すること。

③　標識，立看板等の注意標識を設置し，近隣住民等への広報活動を徹底すること。

第3編

法令・通知等

第1－1 消防力の整備指針

第1 「消防力の整備指針」

1 消防力の整備指針

〔平成12年1月20日〕
〔消防庁告示第1号〕

最終改正 平成31年3月29日消防庁告示第4号

　市町村においては，消防を取り巻く社会経済情勢の変化を踏まえ，今後とも，住民の生命，身体及び財産を守る責務を全うするため，消防力の充実強化を着実に図っていく必要がある。

　このためには，各種の災害に的確に対応できるよう警防戦術及び資機材の高度化等の警防体制の充実強化を図るとともに，建築物の大規模化・複雑化等に伴う予防業務の高度化・専門化に対応するための予防体制の充実強化，高齢社会の進展等に伴う救急出動の増加や救急業務の高度化に対応するための救急体制の充実強化，複雑・多様化する災害における人命救助を的確に実施するための救助体制の充実強化，武力攻撃事態等における国民の保護のための措置の実施体制の充実強化等を，職員の安全管理を徹底しつつ推進していく必要がある。

　さらに，地震や風水害等の大規模な自然災害等への備えを強化するため，緊急消防援助隊をはじめとする広域的な消防体制の充実を図ることが求められている。

　以下の指針は，こうした事情を踏まえて，市町村が目標とすべき消防力の整備水準を示すものであり，市町村においては，その保有する消防力の水準を総点検した上で，この指針に定める施設及び人員を目標として，地域の実情に即した適切な消防体制を整備することが求められるものである。

　　第1章　総則

　（趣旨）

第1条　この指針は，市町村が火災の予防，警戒及び鎮圧，救急業務，人命の救助，災害応急対策その他の消防に関する事務を確実に遂行し，当該市町村の区域における消防の責任を十分に果たすために必要な施設及び人員について定めるものとする。

2　市町村は，この指針に定める施設及び人員を目標として，必要な施設及び人員を整備するものとする。

　（定義）

第2条　この指針において，次の各号に掲げる用語の意義は，それぞれ当該各号に定めるところによる。

⑴　市街地　建築物の密集した地域のうち，平均建ぺい率（街区（幅員4メートル以上の道路，河川，公園等で囲まれた宅地のうち最小の一団地をいう。以下同じ。）における建築物の建築面積の合計のその街区の面積に対する割合をいう。以下同じ。）がおおむね10パーセント以上の街区の連続した区域又は二以上の準市街地が相互に近接している区域であつて，その区域内の人口が1万以上のものをいう。

⑵　準市街地　建築物の密集した地域のうち，平均建ぺい率がおおむね10パーセント以上の街区の連続した区域であって，その区域内の人口が1,000以上1万未満のものをいう。

201

第3編　法令・通知等

⑶　署所　消防署又はその出張所をいう。

⑷　動力消防ポンプ　消防ポンプ自動車，手引動力ポンプ又は小型動力ポンプをいう。

⑸　警防要員　火災の警戒及び鎮圧並びに災害の発生時における人命の救助その他の被害の防御に従事する消防吏員をいう。

⑹　予防要員　火災の予防に従事する消防職員をいう。

⑺　消防隊　消防法（昭和23年法律第186号）第2条第8項に規定する消防隊のうち，救助隊及び指揮隊以外のものをいう。

⑻　救助隊　救助隊の編成，装備及び配置の基準を定める省令（昭和61年自治省令第22号。以下「救助省令」という。）第1条に規定する救助隊をいう。

⑼　指揮隊　災害現場において指揮活動を行う消防吏員の一隊をいう。

⑽　救急隊　消防法第2条第9項に規定する救急業務を行う消防法施行令（昭和36年政令第37号）第44条第5項に規定する消防吏員（以下「救急隊員」という。）の一隊又は救急隊員及び同条第6項に規定する消防職員（第28条において「准救急隊員」という。）の一隊をいう。

⑾　消防の連携・協力　市町村の消防の広域化に関する基本指針（平成18年消防庁告示第33号）に規定する消防の連携・協力をいう。

（基本理念）

第3条　市町村は，住民の消防需要に的確に対応するため，次の各号に掲げる事項に配慮しつつ，消防力を整備するものとする。

⑴　消防職員がその業務を的確に実施するために必要な職務能力を有するとともに，相互に連携した活動を行うことができるようにすること等により，総合的な消防力の向上を図ること。

⑵　災害の複雑・多様化に対応した警防体制，防火対象物の大規模・複雑化，危険物の多様化等に対応した高度かつ専門的な予防体制及び救急需要の増加等に対応した救急体制その他の適切な消防体制の整備を図ること。

⑶　災害対応における地域の防災力を高めるため，消防団の充実強化，災害情報の伝達等に必要な資機材の整備等を図るとともに，消防機関，市町村の防災部局，自主防災組織等が相互に連携を深めること。

⑷　大規模な災害や武力攻撃事態等に対応するため，他の市町村，都道府県及び関係機関と広域的な協力体制を確保するとともに，住民の避難誘導等を的確に実施すること。

第2章　施設に係る指針

（署所の数）

第4条　市街地には，署所を設置するものとし，その数は，別表第1（積雪寒冷の度の甚だしい地域（以下「積雪寒冷地」という。）にあっては，別表第2。以下この条において同じ。）に掲げる市街地の区域内の人口について別表第1に定める署所の数を基準として，地域における地勢，道路事情，建築物の構造等の特性（以下「地域特性」という。）を勘案した数とする。

2　前項の規定にかかわらず，市街地のうちその区域内の人口が30万を超えるもの（以下「大市街地」という。）に設置する署所の数は，当該大市街地を人口30万単位の地域に分割し，当該分割に係る地域を一の市街地とみなして，当該地域の人口についてそれぞれ別表第1に定める署所の数を合算して得た数を基準として，地域特性を勘案した数とする。この場合において，同表中

「市街地の区域内の人口」とあるのは「分割に係る地域の人口」と読み替えるものとする。

3　市街地に該当しない地域には，地域の実情に応じて当該地域に署所を設置することができる。

（動力消防ポンプの数）

第5条　市街地には，動力消防ポンプを配置するものとし，その数は，別表第3（積雪寒冷地にあっては，別表第4。以下この条において同じ。）に掲げる市街地の区域内の人口について別表第3に定める消防本部又は署所及び消防団の管理する動力消防ポンプの数を基準として，地域特性を勘案した数とする。

2　前項の規定にかかわらず，大市街地に配置する動力消防ポンプの数は，当該大市街地を人口30万単位の地域に分割し，当該分割に係る地域を一の市街地とみなして，当該地域の人口についてそれぞれ別表第3に定める消防本部又は署所及び消防団の管理する動力消防ポンプの数を合算して得た数を基準として，地域特性を勘案した数とする。この場合において，同表中「市街地の区域内の人口」とあるのは「分割に係る地域の人口」と読み替えるものとし，分割に係る地域の人口が7万未満の場合には，当該地域に配置する動力消防ポンプの数は，別表第5に掲げる分割に係る地域の人口について，同表の定めるとおりとする。

3　準市街地に配置する動力消防ポンプの数は，別表第6に掲げる準市街地の区域内の人口について同表に定める動力消防ポンプの数を基準として，地域特性を勘案した数とする。

4　前項の規定による動力消防ポンプの数は，動力消防ポンプについてそれぞれ次に掲げる口数を基礎として算出する。

消防ポンプ自動車　2口

手引動力ポンプ　　1口

小型動力ポンプ　　1口

5　市街地及び準市街地に該当しない地域には，地域の実情に応じて，必要な数の動力消防ポンプを配置するものとする。

6　第1項から第3項まで及び前項の規定による動力消防ポンプは，消防本部若しくは署所又は消防団が管理するものとする。

（旅館等の割合の大きい市街地及び準市街地の特例）

第6条　市街地又は準市街地の区域内における消防法施行令別表第1（以下「令別表」という。）に定める(5)項イの防火対象物の数の当該市街地又は準市街地の区域内の人口に対する割合が，他の市街地又は準市街地の区域内における割合に比して著しく大きいときは，第4条及び第5条の規定の適用については，当該市街地又は準市街地の区域内の人口に，次の算式により算出された人口を加えた数を当該市街地又は準市街地の区域内の人口とみなす。

$$P = \frac{a - 0.64p}{31}$$

この算式において，P，p及びaは，それぞれ次の数値を表すものとする。

P　加算する人口（小数点1位以下は，切り捨てる。）

p　当該市街地又は準市街地の区域内の人口

a　当該市街地又は準市街地の区域内における令別表に定める(5)項イの防火対象物の延べ面積の合計の数値（1平方メートル未満は，切り捨てる。）

第3編　法令・通知等

（はしご自動車）

第7条　高さ15メートル以上の建築物（以下「中高層建築物」という。）の火災の鎮圧等のため，一の消防署の管轄区域に中高層建築物の数がおおむね10棟以上，又は令別表中(1)項，(4)項，(5)項イ及び(6)項イ等に掲げる防火対象物のうち中高層建築物の数がおおむね5棟以上ある場合には，はしご自動車（屈折はしご自動車を含む。以下同じ。）1台以上を当該消防署又はその出張所に配置するものとする。ただし，当該消防署の管轄区域が次の各号のいずれにも該当し，かつ，延焼防止のための消防活動に支障のない場合には，この限りでない。

(1)　当該消防署の管轄区域に存する中高層建築物が120棟未満であること。

(2)　当該消防署の管轄区域に存する中高層建築物における火災等において，当該消防署とその管轄区域が隣接する消防署又はその出張所に配置されたはしご自動車が出動から現場での活動の開始まで30分未満で完了することができること。

2　前項の場合において，消防の連携・協力により，二以上の消防本部が共同していずれかの消防本部の消防署又はその出張所にはしご自動車を1台配置したときは，当該消防署又はその出張所を除いたそれぞれの消防署又はその出張所（当該消防署の管轄区域に存する中高層建築物が120棟未満であって，当該建築物における火災等において，当該はしご自動車が出動から現場での活動の開始まで30分未満で完了することができる消防署又はその出張所であって，延焼防止のための消防活動に支障のない場合に限る。）についても1台配置したものとみなす。

3　前2項の場合において，はしご自動車と同等の機能を有する大型高所放水車を1台配置したときは，はしご自動車についても1台配置したものとみなす。

4　前3項の規定によるはしご自動車及び大型高所放水車は，署所が管理するものとする。

（化学消防車）

第8条　危険物の規制に関する政令（昭和34年政令第306号）第6条第1項に規定する製造所等（以下「危険物の製造所等」という。）及び核原料物質，核燃料物質及び原子炉の規制に関する法律（昭和32年法律第166号。以下「核原料物質等規制法」という。）第2条第4項に規定する原子炉を設置している事業所等（以下「原子炉設置事業所等」という。）の火災の鎮圧のため，化学消防車（大型化学消防車及び大型化学高所放水車を含む。以下同じ。）を配置するものとし，その数は，次の各号に掲げる数を合算して得た数を基準として，市町村に存する危険物の製造所等及び原子炉設置事業所等の数，規模，種類等を勘案した数とする。

(1)　消防法別表第1に定める第4類の危険物を貯蔵し，又は取り扱う製造所，屋内貯蔵所，屋外タンク貯蔵所，屋外貯蔵所及び一般取扱所（以下「第4類危険物の5対象施設」という。）の施設ごとの数に，別表第7に定める第4類危険物の5対象施設ごとの補正係数をそれぞれ乗じて得た数の合計（以下「補正後施設合計数」という。）に応じ次に掲げる台数

　　イ　補正後施設合計数が50以上500未満の場合　　1台

　　ロ　補正後施設合計数が500以上1,000未満の場合　　2台

　　ハ　補正後施設合計数が1,000以上の場合　　2台に1,000を超える補正後施設合計数おおむね1,000ごとに1台を加算した台数

(2)　第4類危険物の5対象施設のうち危険物の規制に関する規則（昭和34年総理府令第55号）第47条の4に該当するもの以外のものにおいて貯蔵し，又は取り扱う第4類危険物の貯蔵最大数

204

第1－1　消防力の整備指針

量及び取扱最大数量を合算して得た数量（以下「第4類危険物の最大貯蔵・取扱量」という。）に応じ，次に掲げる台数（ただし，第4類危険物の最大貯蔵・取扱量が指定数量（消防法第9条の4第1項に規定する指定数量をいう。以下同じ。）の6万倍未満の場合において，同一事業所の屋外タンク貯蔵所で第4類の危険物を貯蔵する最大数量が1,000キロリットルを超えるときには1台）

イ　第4類危険物の最大貯蔵・取扱量が指定数量の6万倍以上240万倍未満の場合　1台

ロ　第4類危険物の最大貯蔵・取扱量が指定数量の240万倍以上480万倍未満の場合　2台

ハ　第4類危険物の最大貯蔵・取扱量が指定数量の480万倍以上の場合　3台

⑶　核原料物質等規制法第2条第5項に規定する発電用原子炉を設置している工場若しくは事業所又は同条第10項に規定する再処理を行う設備若しくは附属施設を設置している工場若しくは事業所の数が一以上の場合　1台

2　前項第1号の規定にかかわらず，同号に掲げる化学消防車の台数から同号中「第4類危険物の5対象施設」を「第4類危険物の5対象施設（指定数量の倍数が10以上のものに限る。）」と読み替えた場合における同号に掲げる台数を減じて得た台数については，化学消防車に代えて消防ポンプ自動車に泡を放出することができる装置を備えたものを配置することができる。

3　第1項の規定による化学消防車及び前項の規定による消防ポンプ自動車に泡を放出することができる装置を備えたものは，消防本部又は署所が管理するものとする。

（大型化学消防車等）

第9条　市町村の区域内に，石油コンビナート等災害防止法施行令（昭和51年政令第129号。以下「石災法施行令」という。）第8条第1項に規定する屋外貯蔵タンクを設置している石油コンビナート等災害防止法（昭和50年法律第84号。以下「石災法」という。）第2条第6号に規定する特定事業所（以下「特定事業所」という。）がある場合には，大型化学消防車，大型高所放水車及び泡原液搬送車をそれぞれ1台配置するものとする。ただし，他の市町村からこれらの応援出動を受けることができる場合等には，この限りでない。

2　市町村の区域内に，石災法施行令第8条第1項の規定により大型化学消防車，大型高所放水車及び泡原液搬送車をそれぞれ2台以上備え付けなければならない特定事業所（特定事業所に石災法施行令第8条第2項に規定する送泡設備付きタンクがある場合には，当該特定事業所の当該送泡設備付きタンクに送泡設備がないものとみなしたときに同条第1項の規定により備え付けるべきそれぞれの台数を，当該特定事業所に備え付けなければならないそれぞれの台数とみなす。）があり，かつ，当該市町村が次の各号のいずれにも該当する場合には，前項の規定にかかわらず大型化学消防車，大型高所放水車及び泡原液搬送車をそれぞれ2台配置するものとする。

⑴　当該市町村の区域内にある石油コンビナート等特別防災区域（石災法第2条第2号に規定する石油コンビナート等特別防災区域をいう。以下同じ。）に係る石油の最大貯蔵・取扱量が400万キロリットル以上であること。

⑵　当該市町村の区域内にある石油コンビナート等特別防災区域を管轄する消防署が2以上あり，かつ，当該消防署のうち，2以上の消防署の管轄区域に，それぞれ常圧蒸留装置の処理能力が1日当たり1万5,898キロリットル以上である特定事業所が1以上あること。

3　前2項の場合において，大型化学高所放水車を1台配置したときは，大型化学消防車及び大型

205

第3編　法令・通知等

高所放水車をそれぞれ1台配置したものとみなし，大型高所放水車と同等の機能を有するはしご自動車を1台配置したときは，大型高所放水車についても1台配置したものとみなす。

4　前3項の規定による大型化学消防車，大型高所放水車，大型化学高所放水車，はしご自動車及び泡原液搬送車は，消防本部又は署所が管理するものとする。

（化学消防車の消防ポンプ自動車への換算）

第10条　前2条の規定により化学消防車を配置する場合には，地域の実情に応じて，化学消防車を消防ポンプ自動車とみなして，第5条第1項から第3項まで又は第5項の規定による消防ポンプ自動車の数を減ずることができる。

（泡消火薬剤）

第11条　市町村の区域内の第4類危険物の5対象施設の数，第4類危険物の最大貯蔵・取扱量，原子炉設置事業所等の数，特定事業所の数並びに石災法施行令第8条に規定する屋外貯蔵タンクの型，直径及びそのタンクに貯蔵する石油の種類等を勘案し，必要な量の泡消火薬剤を備蓄するものとする。

（消防艇）

第12条　水域に接した地域の火災の鎮圧等のため，消防艇を配置するものとし，その数は次の各号に掲げる数を合算して得た数を基準として，地域特性を勘案した数とする。

⑴　水域に接した市街地で消防艇の接岸できる水路（消防ポンプ自動車による火災の鎮圧が可能な市街地に係るものを除く。）の延長が3キロメートルを超え5キロメートル以下の場合に1隻，5キロメートルを超える場合には，おおむね5キロメートルごとに1隻

⑵　市町村の区域内に港湾法（昭和25年法律第208号）第2条第2項に規定する国際戦略港湾，国際拠点港湾及び重要港湾がある場合には，当該港湾における火災の鎮圧等に，必要と認められる隻数

2　前項の規定による消防艇は，消防本部又は署所が管理するものとする。

（救急自動車）

第13条　消防本部又は署所に配置する救急自動車の数は，人口10万以下の消防本部又は署所にあってはおおむね人口2万ごとに1台を基準とし，人口10万を超える消防本部又は署所にあっては5台に人口10万を超える人口についておおむね人口5万ごとに1台を加算した台数を基準として，当該市町村の昼間人口，高齢化の状況，救急業務に係る出動の状況等を勘案した数とする。

2　前項の規定による救急自動車は，消防本部又は署所が管理するものとする。

（救助工作車）

第14条　消防本部又は署所に，救助省令第3条に規定する救助隊の配置基準数（同条第2項による増減を行った場合には，当該増減後の配置基準数とする。次項において同じ。）と同数の救助工作車を配置するものとする。

2　前項の規定にかかわらず，救助隊の配置基準数から救助省令第4条に規定する数（同条第2項による増減を行った場合には，当該増減後の数とする。）を控除した数については，救助工作車に代えて，同様の救助器具積載能力を有する消防用自動車等（第17条第3項に規定する消防用自動車等をいう。次項において同じ。）のうち救助工作車以外のものを充て，前項の規定により配置するものとされる救助工作車の台数から減ずることができる。

206

第1−1　消防力の整備指針

3　第1項の規定による救助工作車及び前項の規定により救助工作車に代えて充てる消防用自動車等は，消防本部又は署所が管理するものとする。

　（指揮車）

第15条　災害現場において指揮活動を行うため，指揮車を配置するものとし，その数は市町村における消防署の数と同数を基準として，地域特性を勘案した数とする。

2　前項の規定による指揮車は，消防本部又は署所が管理するものとする。

　（特殊車等）

第16条　第5条，第7条から第9条まで及び前4条の規定による消防のための出動に使用する自動車等のほか，火災の鎮圧，災害の防除等のため，広報車，資器材搬送車，水槽車，排煙・高発泡車，支援車，人員輸送車，遠距離大量送水車，航空機その他の特殊な機能を有する車両等（以下「特殊車等」という。）を地域の実情に応じて配置するものとする。

2　前項の規定による特殊車等は，消防本部又は署所が管理するものとする。

　（非常用消防用自動車等）

第17条　第5条の規定による消防ポンプ自動車（以下「稼働中の消防ポンプ自動車」という。）に加え，水火災等の発生時に始業の時刻から終業の時刻の間にある警防要員以外の者を動員して対処する必要のある場合（以下「非常時の場合」という。）又は稼働中の消防ポンプ自動車が故障した場合等に使用するため，人口30万以下の市町村にあっては稼働中の消防ポンプ自動車8台ごとに1台を基準とし，人口30万を超える市町村にあっては稼働中の消防ポンプ自動車4台ごとに1台を基準として，地域の実情に応じて予備の消防ポンプ自動車（以下「非常用消防ポンプ自動車」という。）を配置するものとする。

2　第13条の規定による救急自動車（以下「稼働中の救急自動車」という。）に加え，多数の傷病者が発生した場合又は稼働中の救急自動車が故障した場合等に使用するため，人口30万以下の市町村にあっては稼働中の救急自動車6台ごとに1台を基準とし，人口30万を超える市町村にあっては稼働中の救急自動車4台ごとに1台を基準として，地域の実情に応じて予備の救急自動車（以下「非常用救急自動車」という。）を配置するものとする。

3　非常時の場合又は消防用自動車等（消防ポンプ自動車，はしご自動車，化学消防車，大型高所放水車，泡原液搬送車，救急自動車，救助工作車，指揮車，消防艇及び特殊車等をいう。以下同じ。）のうち消防ポンプ自動車及び救急自動車以外のものが故障した場合等に使用するため，地域の実情に応じて予備の消防用自動車等を配置するものとする。

4　第1項の規定による非常用消防ポンプ自動車，第2項の規定による非常用救急自動車及び前項の規定による非常時の場合等に使用するための消防用自動車等（以下「非常用消防用自動車等」という。）は，消防本部又は署所が管理するものとする。

　（NBC災害対応資機材）

第18条　消防本部又は署所に，当該市町村の人口規模，国際空港等及び原子力施設等の立地その他の地域の実情に応じて，放射性物質，生物剤及び化学剤による災害に対応するための資機材（以下「NBC災害対応資機材」という。）を配置するものとする。

2　前項の規定によるNBC災害対応資機材は，消防本部又は署所が管理するものとする。

　（同報系の防災行政無線設備）

第3編　法令・通知等

第19条　市町村に，災害時において住民に対する迅速かつ的確な災害情報の伝達を行うため，同報系の防災行政無線設備を設置するものとする。

（消防指令システム等）

第20条　消防本部の管轄区域に，通信指令管制業務を円滑に行うため，消防指令システムを設置するものとする。

2　前項の場合において，消防の連携・協力により，2以上の消防本部が共同していずれかの消防本部の管轄区域に消防指令システムを設置したときは，それぞれの消防本部の管轄区域に設置したものとみなす。

3　消防本部及び署所に，相互の連絡のため，消防専用電話装置を設置するものとする。

（通信装置）

第21条　消防本部及び消防団に，相互の連絡のため，必要な通信装置を設置するものとする。

2　消防団に，分団との連絡のため，必要な通信装置を設置するものとする。

（消防救急無線設備）

第22条　消防本部と消防用自動車等の間の連絡及び消防用自動車等の相互の連絡のため，消防本部及び消防用自動車等に，消防救急無線設備を設置するものとする。

（消防本部及び署所の耐震化等）

第23条　消防本部及び署所の庁舎は，地震災害及び風水害時等において災害応急対策の拠点としての機能を適切に発揮するため，十分な耐震性を有し，かつ，浸水による被害に耐え得るよう整備するものとする。

2　消防本部及び署所に，地震災害及び風水害時等において災害応急対策の拠点としての機能を適切に発揮するため，非常用電源設備等を設置するものとする。

3　消防本部は，大規模な地震災害及び風水害時等において，消防本部又は署所の庁舎が被災により災害応急対策の拠点としての機能を維持することが困難となった場合に備え，他の署所，公共施設等を活用して当該機能を確保する計画をあらかじめ策定するものとする。

（都道府県の防災資機材の備蓄等）

第24条　都道府県は，林野火災，石油コンビナート災害等の広域的な災害又は大規模な災害の拡大を防止するため，防災上必要な資機材及び施設を地域の実情に応じて備蓄し，又は整備するとともに，市町村の求めに応じてこれらを貸与し，又は使用させること等により，市町村の消防力を補完するものとする。

第3章　人員に係る指針

（消防長の責務）

第25条　消防長は，消防に関する知識及び技能の修得のための訓練を受けるとともに，広範で高い識見等を有することにより，その統括する消防本部の有する消防力を十分に発揮させるよう努めるものとする。

（消防職員の職務能力）

第26条　消防職員は，第3条各号に掲げる事項を実施することができるよう，訓練を受けること等を通じ，次の各号に掲げる区分に応じ，当該各号に定める能力を備え，その専門性を高めるとともに，複数の業務の経験を経て，それらの知識及び技術を有することにより，職務能力を総合的

に高めるよう努めるものとする。

⑴　警防要員　水火災又は地震等の災害の防御等に関する知識及び技術を有し，災害現場における警防活動等を的確に行うことができる能力

⑵　予防要員　防火査察（火災の調査を含む。）及び防火管理，危険物，消防用設備等その他の火災の予防に関する知識及び技術を有し，火災の予防に関する業務等を的確に行うことができる能力

⑶　救急隊の隊員　救急医学に関する知識並びに傷病者の観察，応急処置等に関する知識及び技術を有し，傷病者の搬送等の活動を的確に行うことができる能力

⑷　救助隊の隊員　救助資機材等の取扱い及び各種災害における救助方法等に関する知識及び技術を有し，人命救助等の活動を的確に行うことができる能力

（消防隊の隊員）

第27条　消防ポンプ自動車（市街地に該当しない地域に設置した署所に配置するものを除く。）に搭乗する消防隊の隊員の数は，消防ポンプ自動車１台につき５人とする。ただし，当該消防隊が消防活動上必要な隊員相互間の情報を伝達するための資機材を有し，かつ，当該車両にホースを延長する作業の負担を軽減するための資機材又は装置を備えている場合にあっては，当該消防隊の隊員の数を４人とすることができ，二の消防隊が連携して火災の鎮圧等を行うことにより，それぞれの消防隊が別々に火災の鎮圧等を行う場合と同等又はそれ以上の効果が得られる場合にあっては，いずれか一方の消防隊の隊員の数を４人とすることができる。

2　手引動力ポンプ又は小型動力ポンプを操作する消防隊の隊員の数は，それぞれ１台につき４人とする。

3　はしご自動車（市街地に該当しない地域に設置した署所に配置するものを除く。）に搭乗する消防隊の隊員の数は，はしご自動車１台につき５人とする。ただし，当該車両にはしご操作時の障害監視を軽減するための自動停止装置を有し，かつ，他の消防隊又は救助隊との連携活動が事前に計画されている場合にあっては，当該消防隊の隊員の数を４人とすることができる。

4　化学消防車（市街地に該当しない地域に設置した署所に配置するものを除く。）に搭乗する消防隊の隊員の数は，化学消防車１台につき５人とする。ただし，当該消防隊が消防活動上必要な隊員相互間の情報を伝達するための資機材を有し，かつ，当該車両にホースを延長する作業の負担を軽減するための資機材又は装置を備えている場合にあっては，当該消防隊の隊員の数を４人とすることができる。

5　消防用自動車等のうち第１項，第３項及び前項に規定するもの以外のもの（救急自動車，航空機のうち救急業務に用いる航空機（以下「救急用航空機」という。），救助工作車及び指揮車を除く。）に搭乗する消防隊の隊員の数は，それぞれの機能を十分に発揮できると認められる数とする。

6　第１項及び第２項の規定による消防隊の隊員のうち，１人は，消防本部及び署所にあっては消防士長以上の階級にある者とし，消防団にあっては班長以上の階級にある者とするものとする。

7　第３項及び第４項の規定による消防隊の隊員のうち，１人は，消防士長以上の階級にある者とするものとする。

（救急隊の隊員）

第3編　法令・通知等

第28条　消防法施行令第44条第1項に規定する救急隊の救急自動車に搭乗する救急隊員の数は，救急自動車1台につき3人とする。ただし，傷病者を一の医療機関から他の医療機関へ搬送する場合であって，これらの医療機関に勤務する医師，看護師，准看護師又は救急救命士が救急自動車に同乗しているときは，救急自動車1台につき2人とすることができる。

2　消防法施行令第44条第2項に規定する救急隊の救急自動車に搭乗する隊員の数は，救急隊員2人及び准救急隊員1人とする。

3　救急業務の対象となる事案が特に多い地域においては，地域の実情に応じて前2項の規定による救急自動車に搭乗する救急隊の隊員の代替要員を確保するものとする。

4　救急用航空機に搭乗する救急隊員の数は，救急用航空機1機につき2人とする。

5　第1項及び第2項の規定による救急自動車に搭乗する救急隊員のうち，1人は，消防士長以上の階級にある者とするものとする。

6　第1項及び第2項の規定による救急自動車並びに第4項の規定による救急用航空機に搭乗する救急隊の隊員のうち，1人以上は，救急救命士とするものとする。

　（救助隊の隊員等）

第29条　救助工作車に搭乗する救助隊の隊員の数は，救助工作車1台につき5人とする。

2　前項の規定による救助工作車に搭乗する救助隊の隊員のうち，1人は，消防士長以上の階級にある者とするとするものとする。

3　人命救助を必要とする災害又は事故が多発する地域においては，消防団に地域の実情に応じて必要と認められる数の救助のための要員を配置することができる。

　（指揮隊の隊員）

第30条　指揮車に搭乗する指揮隊の隊員の数は，指揮車1台につき3人以上とする。ただし，災害が発生した場合に多数の人命が危険にさらされ，又は消防活動上の困難が発生するおそれが大きい百貨店，地下街，大規模な危険物の製造所等その他の特殊な施設等が管轄区域に存する消防署に配置する指揮車に搭乗する指揮隊の隊員の数は，指揮車1台につき4人以上とする。

2　前項の規定による指揮車に搭乗する指揮隊の隊員のうち，1人は，消防司令以上の階級にある者とする。

　（通信員）

第31条　消防本部及び消防署に，常時，通信員を配置するものとする。

2　消防本部に配置する通信員の総数は，人口30万以下の市町村にあってはおおむね人口10万ごとに5人を基準とし，人口30万を超える市町村にあっては15人に人口30万を超える人口についておおむね人口10万ごとに3人を加えた人数を基準として，通信指令体制，通信施設の機能及び緊急通報の受信件数等を勘案した数とする。

3　消防本部に配置する通信員のうち，同時に通信指令管制業務に従事する職員の数は，2人以上とする。ただし，緊急の場合その他やむを得ない場合に限り，当該通信員の数を一時的に減ずることができる。

　（消防本部及び署所の予防要員）

第32条　消防本部及び署所における予防要員の数は，次の各号に掲げる数を合算して得た数を基準として，市町村の人口，市町村の区域の面積，少量危険物の施設の数及び種類等，市町村におけ

210

る消防法第7条に基づく消防長又は消防署長の同意の件数，消防用設備等の設置に係る届出の件数，石油コンビナート等特別防災区域の有無並びに火災予防に関する事務執行体制を勘案した数とする。

　(1)　市町村に存する特定防火対象物（消防法第17条の2の5第2項第4号に規定する特定防火対象物をいう。以下同じ。）の数に730分の12を乗じて得た数

　(2)　市町村に存する特定防火対象物以外の防火対象物の数に2,400分の2を乗じて得た数

　(3)　市町村に存する一戸建ての住宅の数に2万2,000分の3を乗じて得た数

　(4)　市町村に設置されている別表第8に掲げる危険物の製造所等の区分に応じた危険物の製造所等の数に，同表に定める補正係数をそれぞれ乗じて得た数の合計を150で除して得た数

2　前項の場合において，同項第1号，第2号及び第4号に掲げる数を合算して得た数に相当する予防要員の数は，2人以上とする。

3　消防本部及び消防署において，火災の予防に関する業務等を的確に行うため，火災の予防を担当する係又は係に相当する組織には，当該消防本部及び消防署の管轄区域に存する防火対象物，危険物の製造所等の種類，規模等を勘案し，火災の予防に関する高度な知識及び技術を有するものとして消防庁長官が定める資格を有する予防技術資格者を1人以上配置するものとする。

（兼務の基準）

第33条　消防ポンプ自動車，はしご自動車又は化学消防車及び救急自動車を配置した消防本部又は署所の管轄区域において，当該救急自動車の出動中に火災が発生する頻度がおおむね2年に1回以下であり，当該救急自動車が出動中であっても当該消防本部又は当該署所ごとに消防ポンプ自動車，はしご自動車又は化学消防車の速やかな出動に必要な消防隊の隊員を確保でき，かつ，当該救急自動車に搭乗する専任の救急隊の隊員を配置することが困難である場合には，当該消防ポンプ自動車，はしご自動車又は化学消防車に搭乗する消防隊の隊員は，救急自動車に搭乗する救急隊員と兼ねることができる。

2　消防ポンプ自動車（第10条の規定により消防ポンプ自動車とみなされる化学消防車を含む。以下この項において同じ。）及び救急自動車を配置した都市部の署所の管轄区域において当該救急自動車の出動中に火災が発生した場合において，当該署所とその管轄区域が隣接する消防署又はその出張所（以下この項において「隣接署所」という。）に配置された消防ポンプ自動車の出動によって延焼防止のための消防活動を支障なく行うことができ，当該署所の消防ポンプ自動車及び救急自動車の出動状況等を隣接署所において常時把握することができる体制を有し，かつ，当該救急自動車に搭乗する専任の救急隊の隊員を配置することが困難である場合には，当該消防ポンプ自動車に搭乗する消防隊の隊員は，救急自動車に搭乗する救急隊員と兼ねることができる。

3　前条第1項の規定にかかわらず，同項第2号に掲げる数に2分の1を乗じて得た数と同項第3号に掲げる数とを合算して得た数を超えない範囲内の数の予防要員については，予防業務の執行に支障のない範囲に限り，必要な数の警防要員をもって充てることができる。ただし，第1号に掲げる数から第2号に掲げる数を除いて得た数に相当する予防要員の数が2人に満たない場合は，この限りでない。

　(1)　前条第1項第1号，第2号及び第4号に掲げる数を合算して得た数

　(2)　前条第1項第2号に掲げる数の2分の1を超えない範囲内の数に相当すると認められる警防

第3編　法令・通知等

要員をもって充てることとされる予防要員の数

4　前項の場合において，次の各号に掲げる業務を行うに当たっては，当該各号に定める要件を満たす警防要員をもって充てなければならない。

(1)　消防法第17条に基づき消防用設備等（消火器具を除く。）の設置が義務づけられている共同住宅に対する立入検査業務　前条第3項に規定する予防技術資格者であること。

(2)　前号に掲げるもの以外の共同住宅に対する立入検査業務　消防学校の教育訓練の基準（平成15年消防庁告示第3号）第5条第2項第3号に規定する予防査察科を修了した者又は同等以上の知識及び技術を有すると認められる者であること。

(3)　共同住宅又は1戸建て住宅に対する防火指導業務　当該業務の執行に必要な知識及び技術を有すると認められる者であること。

（消防本部及び署所の消防職員の総数）

第34条　消防本部及び署所における消防職員の総数は，次の各号に掲げる数を合算して得た数を基準として，勤務の体制，業務の執行体制，年次休暇及び教育訓練の日数等を勘案した数とする。

(1)　消防本部及び署所の管理する消防用自動車等のうち非常用消防用自動車等以外のものを常時運用するために必要な消防隊，救急隊，救助隊及び指揮隊の隊員の数（ただし，消防隊の隊員については，火災の鎮圧等に支障のない範囲内で，消防用自動車等のうち複数のものについて，一の消防隊が搭乗することを，消防本部の規模及び消防用自動車等の保有状況等を勘案して消防庁長官が定めるところによりあらかじめ定めている場合にあっては，当該複数のものそれぞれを常時運用するとした場合に，それぞれについて必要となる消防隊の隊員の数のうち最大のものとする。）

(2)　第31条に規定する通信員の数

(3)　第32条第1項に規定する予防要員の数

(4)　消防本部及び署所の総務事務等（消防の相互応援に関する業務を含む。）の執行のために必要な消防職員の数

2　前項の規定により消防職員の総数を計算する場合においては，前条第1項及び第2項の規定により消防ポンプ自動車，はしご自動車又は化学消防車に搭乗する消防隊の隊員が救急自動車に搭乗する救急隊員と兼ねる場合にあっては，前項第1号中「ただし」とあるのは「ただし，救急隊員を兼ねる消防隊の隊員については，当該消防隊の隊員が搭乗する消防ポンプ自動車，はしご自動車又は化学消防車を常時運用するために必要な消防隊の隊員の数とし」と，前条第3項の規定により予防要員について警防要員をもって充てる場合にあっては，前項第3号中「予防要員の数」とあるのは「予防要員の数から警防要員をもって充てる数を除いた数」と読み替えるものとする。

（消防団の設置）

第35条　消防団は，地域防災力の中核として将来にわたり欠くことのできない代替性のない存在として，一市町村に一団を置くものとする。ただし，市町村の合併等消防団の沿革その他の特段の事情がある場合は，一市町村に二団以上置くことができる。

（消防団の業務及び人員の総数）

第36条　消防団は，次の各号に掲げる業務を行うものとし，その総数は，当該業務を円滑に遂行す

212

第1—1　消防力の整備指針

るために，地域の実情に応じて必要な数とする。

(1)　火災の鎮圧に関する業務

(2)　火災の予防及び警戒に関する業務

(3)　救助に関する業務

(4)　地震，風水害等の災害の予防，警戒及び防除並びに災害時における住民の避難誘導等等に関する業務

(5)　武力攻撃事態等における警報の伝達，住民の避難誘導等国民の保護のための措置に関する業務

(6)　地域住民（自主防災組織等を含む。）等に対する指導，協力，支援及び啓発に関する業務

(7)　消防団の庶務の処理等の業務

(8)　前各号に掲げるもののほか，地域の実情に応じて，特に必要とされる業務

（副団長等）

第37条　消防団に，指揮活動を行うため，副団長，分団長，副分団長，部長及び班長を配置することができる。

別表第1　（第4条第1項関係）

市街地の区域内の人口（万人）	署所の数
1	1
2	1
3	1
4	2
5	2
6	2
7	3
8	3
9	3
10	3
11	4
12	4
13	4
14	4
15	5
16	5
17	5
18	5
19	6

第3編　法令・通知等

20	6
21	6
22	6
23	7
24	7
25	7
26	8
27	8
28	8
29	8
30	9

備考

　市街地の区域内の人口については，当該人口の1万未満の端数を四捨五入して得る数による。

別表第2（第4条第1項関係）

市街地の区域内の人口（万人）	署所の数
1	1
2	1
3	1
4	2
5	2
6	2
7	3
8	3
9	3
10	4
11	4
12	4
13	5
14	5
15	5
16	5
17	6
18	6
19	6
20	7

第1－1　消防力の整備指針

21	7
22	7
23	8
24	8
25	8
26	9
27	9
28	9
29	10
30	10

備考
　市街地の区域内の人口については，当該人口の1万未満の端数を四捨五入して得る数による。

別表第3（第5条第1項関係）

市街地の区域内の人口（万人）	消防本部又は署所の管理する動力消防ポンプの数	消防団の管理する動力消防ポンプの数
1	消防ポンプ自動車2台	消防ポンプ自動車3台 手引動力ポンプ又は小型動力ポンプ1口
2	消防ポンプ自動車2台	消防ポンプ自動車3台 手引動力ポンプ又は小型動力ポンプ2口
3	消防ポンプ自動車3台	消防ポンプ自動車2台 手引動力ポンプ又は小型動力ポンプ3口
4	消防ポンプ自動車4台	消防ポンプ自動車1台 手引動力ポンプ又は小型動力ポンプ4口
5	消防ポンプ自動車4台	消防ポンプ自動車1台 手引動力ポンプ又は小型動力ポンプ5口
6	消防ポンプ自動車5台	消防ポンプ自動車1台 手引動力ポンプ又は小型動力ポンプ6口
7	消防ポンプ自動車6台	動力消防ポンプ7口
8	消防ポンプ自動車6台	動力消防ポンプ7口
9	消防ポンプ自動車6台	動力消防ポンプ7口
10	消防ポンプ自動車6台	動力消防ポンプ8口
11	消防ポンプ自動車7台	動力消防ポンプ9口

第3編　法令・通知等

12	消防ポンプ自動車7台	動力消防ポンプ10口
13	消防ポンプ自動車7台	動力消防ポンプ10口
14	消防ポンプ自動車7台	動力消防ポンプ11口
15	消防ポンプ自動車8台	動力消防ポンプ11口
16	消防ポンプ自動車8台	動力消防ポンプ12口
17	消防ポンプ自動車8台	動力消防ポンプ12口
18	消防ポンプ自動車8台	動力消防ポンプ13口
19	消防ポンプ自動車9台	動力消防ポンプ14口
20	消防ポンプ自動車9台	動力消防ポンプ15口
21	消防ポンプ自動車10台	動力消防ポンプ15口
22	消防ポンプ自動車10台	動力消防ポンプ16口
23	消防ポンプ自動車10台	動力消防ポンプ17口
24	消防ポンプ自動車11台	動力消防ポンプ17口
25	消防ポンプ自動車11台	動力消防ポンプ18口
26	消防ポンプ自動車12台	動力消防ポンプ19口
27	消防ポンプ自動車12台	動力消防ポンプ20口
28	消防ポンプ自動車13台	動力消防ポンプ20口
29	消防ポンプ自動車13台	動力消防ポンプ21口
30	消防ポンプ自動車14台	動力消防ポンプ21口

備考
(1)　市街地の区域内の人口については，当該人口の1万未満の端数を四捨五入して得る数による。
(2)　市街地の区域内の人口が7万以上の場合において消防団の管理する動力消防ポンプの数は，当該動力消防ポンプの数について第5条第4項の規定に準じて算出した口数が，本表中に規定する消防団の管理する動力消防ポンプの口数を満たす数とする。

別表第4（第5条第1項関係）

市街地の区域内の人口（万人）	消防本部又は署所の管理する動力消防ポンプの数	消防団の管理する動力消防ポンプの数
1	消防ポンプ自動車2台	消防ポンプ自動車3台 手引動力ポンプ又は小型動力ポンプ2口
2	消防ポンプ自動車2台	消防ポンプ自動車3台 手引動力ポンプ又は小型動力ポンプ3口
3	消防ポンプ自動車3台	消防ポンプ自動車2台 手引動力ポンプ又は小型動力ポンプ4口

第1−1 消防力の整備指針

4	消防ポンプ自動車4台	消防ポンプ自動車1台 手引動力ポンプ又は小型動力 ポンプ5口
5	消防ポンプ自動車4台	消防ポンプ自動車1台 手引動力ポンプ又は小型動力 ポンプ6口
6	消防ポンプ自動車5台	消防ポンプ自動車1台 手引動力ポンプ又は小型動力 ポンプ7口
7	消防ポンプ自動車6台	動力消防ポンプ8口
8	消防ポンプ自動車6台	動力消防ポンプ8口
9	消防ポンプ自動車6台	動力消防ポンプ9口
10	消防ポンプ自動車7台	動力消防ポンプ9口
11	消防ポンプ自動車7台	動力消防ポンプ10口
12	消防ポンプ自動車7台	動力消防ポンプ11口
13	消防ポンプ自動車8台	動力消防ポンプ12口
14	消防ポンプ自動車8台	動力消防ポンプ12口
15	消防ポンプ自動車8台	動力消防ポンプ13口
16	消防ポンプ自動車9台	動力消防ポンプ13口
17	消防ポンプ自動車9台	動力消防ポンプ14口
18	消防ポンプ自動車10台	動力消防ポンプ15口
19	消防ポンプ自動車10台	動力消防ポンプ16口
20	消防ポンプ自動車11台	動力消防ポンプ17口
21	消防ポンプ自動車11台	動力消防ポンプ18口
22	消防ポンプ自動車12台	動力消防ポンプ18口
23	消防ポンプ自動車12台	動力消防ポンプ19口
24	消防ポンプ自動車13台	動力消防ポンプ20口
25	消防ポンプ自動車13台	動力消防ポンプ21口
26	消防ポンプ自動車14台	動力消防ポンプ22口
27	消防ポンプ自動車14台	動力消防ポンプ23口
28	消防ポンプ自動車15台	動力消防ポンプ23口
29	消防ポンプ自動車15台	動力消防ポンプ24口
30	消防ポンプ自動車16台	動力消防ポンプ25口

備考

(1) 市街地の区域内の人口については，当該人口の1万未満の端数を四捨五入して得る数による。

(2) 市街地の区域内の人口が7万以上の場合において消防団の管理する動力消防ポンプの数は，当該動力消防ポンプの数について第5条第4項の規定に準じて算出した口数が，本表中に規定

第3編　法令・通知等

する消防団の管理する動力消防ポンプの口数を満たす数とする。

別表第5（第5条第2項関係）

分割に係る地域の人口（万人）	消防本部又は署所の管理する動力消防ポンプの数	消防団の管理する動力消防ポンプの数
1	消防ポンプ自動車1台	動力消防ポンプ1口
2	消防ポンプ自動車1台	動力消防ポンプ2口
3	消防ポンプ自動車2台	動力消防ポンプ3口
4	消防ポンプ自動車3台	動力消防ポンプ4口
5	消防ポンプ自動車3台	動力消防ポンプ5口
6	消防ポンプ自動車4台	動力消防ポンプ6口

備考

⑴　分割に係る地域の人口については，当該人口の1万未満の端数を四捨五入して得る数による。

⑵　消防団の管理する動力消防ポンプの数は，当該動力消防ポンプの数について第5条第4項の規定に準じて算出した口数が，本表中に規定する消防団の管理する動力消防ポンプの口数を満たす数とする。

別表第6（第5条第3項関係）

準市街地の区域内の人口（人）	準市街地に配置する動力消防ポンプの数
1,000以上3,000未満	動力消防ポンプ4口
3,000以上5,000未満	動力消防ポンプ6口
5,000以上10,000未満	動力消防ポンプ8口

備考

　準市街地に配置する動力消防ポンプの数は，当該動力消防ポンプの数について第5条第4項の規定に準じて算出した口数が，本表中に規定する準市街地に配置する動力消防ポンプの口数を満たす数とする。

別表第7（第8条第1項第1号関係）

第4類危険物の5対象施設	補正係数
製造所	5.0
屋内貯蔵所	0.1
屋外タンク貯蔵所	1.0
屋外貯蔵所	0.1
一般取扱所	1.5

別表第8（第32条第1項第4号関係）

危険物の製造所等の区分	補正係数
予防規程を定めなければならない製造所等（給油取扱所を除く。）	1.8
製造所，屋内貯蔵所，屋外タンク貯蔵所，屋外貯蔵所及び一般取扱所（予防規程を定めなければならない製造所等を除く。）	1.0
地下タンク貯蔵所及び給油取扱所	0.9
屋内タンク貯蔵所，簡易タンク貯蔵所，移動タンク貯蔵所及び販売取扱所	0.7

第3編　法令・通知等

2　消防力の基準について（通達）

〔昭和36年8月1日　自消甲教発第258号〕
〔各都道府県知事あて　消防庁長官〕

　消防力の整備充実については，各市町村とも常設消防力の基準（昭和24年4月22日国消発第48号）並びに消防団の設備及び運営基準（昭和27年3月18日国消発第30号）にもとづいて鋭意努力され今日の自治体消防を築きあげられたことは，まことに御同慶に堪えないところであり，殊にこれが指導育成にあたられた御尽力に対し，心から敬意を表するものである。

　従前の基準は，勧告後既に10余年を経過した今日では，現在の社会情勢に即応しなくなつたと考えられるに至り，再検討の時期がきたと思われたので，さきに，消防審議会に対し「市町村の消防に必要な人員及び施設の基準」はいかにあるべきかを諮問したところ，昨秋，従前の両基準はこれを統合し，両者のあり方を明確にすべきであるとの答申があつた。

　当庁においては，この答申の内容につき慎重に検討し，これをもととして，具体的な新基準を作成し，関係当局と折衝中のところ，このほど調整も終つたので，別添のとおり「消防力の基準」をここに告示した次第である。

　いうまでもなく，基準の目的は市町村の実情に則して確実に施行され，各々が同一水準に達して火災による被害を軽減して，安寧秩序を保持し，同時に社会公共の福祉増進に寄与するにある。したがつて多くの市町村には，基準を目途にその消防力の充実に特段の努力を払つているのであるが，他面一部の市町村においては，その行財政能力がありながらも，消防に関して極めて消極的又は熱意が欠けるとみられる向きもあり，しかも，これが他市町村の消防力強化意欲を著しく阻害する結果となつていることは，まことに遺憾といわざるを得ない。

　当庁がかねてかかる市町村の絶無を期し，すべてが一定の水準に達するよう願うものであるが故に，消防力強化については，今後ともできるかぎり関係当局との折衝を行ない，より一層行財政両面に意を用い，これを指導育成して所期の目的を達成したいので，貴職におかれてもこの趣旨を十分御諒察の上，下記各号につき，管下各市町村に対し，これが徹底のため特段の御指導を願いたい。

記

1　この基準は，消防審議会の答申にもとづきその主旨を尊重して，従前の基準に比し，より市町村の実情に則するよう定めたものであること。
2　この基準は，市町村が大火を発生させないために必要な消防の人員及び施設に関する最低線を示したものであるから基準に定めのない水防等に要する人員及び施設等については，別途考慮すること。
3　この基準による消防力の整備は，それぞれの財政事情を考慮して他の行政に著しく支障を及ぼさない程度において，可及的すみやかに達成するよう，年次整備計画を樹てること。
4　この基準に定めのない消防水利等については現行の「消防水利の基準」（昭和28年8月25日消研発第54号，国消管発第357号）等によること。
5　この基準は，消防職団員の教養訓練，住民の火災予防思想の普及等と相まつてはじめて十全を期するものであるから，これらについても特に徹底を図ること。

220

第1－3　消防力の基準の運用について

3　消防力の基準の運用について（通達）

［昭 和 36 年 8 月 1 日　自 消 乙 教 発 第 28 号］
［各都道府県消防主務部長あて　消防庁教養課長］

　みだしのことについては，昭和36年8月1日消防庁告示第2号をもつて公布されたから，お知ら
せする。

　この基準は，消防組織法第20条の規定に基づく勧告として告示されたもので，別途長官通牒
（「消防力の基準について」〔昭和36年8月　自消甲教第258号〕）に示されるとおり，市町村におけ
る消防力をより合理化することにより，火災による被害をより軽減しようとする趣旨であるから，
貴管下市町村の消防力整備について，一段の御努力をお願いするとともに，可及的すみやかに，そ
れらのものがこの基準の線に達することができるよう下記事項御参照のうえ，各市町村をよろしく
御指導願いたい。

　なお「常設消防力の基準」及び「消防団の設備及び運営基準」（同基準2の一部及び同5から同
7までの全部は，当分の間，消防団の運営に関しこれを準用する。）は，これにより，当然失効と
なるから，念のため申添える。

記

　この基準は，従前の基準が単に人口のみを基礎として一率に消防力を算定するよう定められてい
たのに対し，市町村の実情により則するよう，人口のみならず建築物の構造規模，疎密度，気象等
を勘案して，合理的，かつ，容易に消防力を決定できるよう定め，その内容を総則，施設の基準及
び人員の基準の3章24条にまとめたものである。

　　第1　総則
　基準の目的と基準中の用語である市街地，密集地，構造率，署所，常備部，動力消防ポンプ及び
警防要員の意義とを定めたものである。

　　第2　施設の基準
　市街地又は密集地における署所又は常備部の設置，消防本部，署所又は消防団が管理する消防ポ
ンプの数，はしご自動車等又は高圧消防ポンプ自動車等特殊施設の配置及び消防用有線，無線電話
その他の通信施設の設置等の基準を定めたものである。

1　市街地の施設

⑴　署　所
　　火災防禦の成否は，出火から放水開始に至るまでの時間の多少によつて左右される。故に出火
　率が高く，特に延焼危険度が大きい市街地には，この時間を短縮するために，当然，即時出動で
　きる態勢にある署所が必要であるとし，当該市街地の人口，気象条件及び構造率（以下「人口
　等」という。）に応じ別表第1によりその数を決定するものとしたこと。

⑵　消防ポンプ自動車
　　出火から放水開始までの時間を短縮するためには，即時出動できる態勢とともに，現場到着ま
　での所要時分が短縮されなければならない。このために消防ポンプには，当然，機動性のある消
　防ポンプ自動車が要求される。よつて市街地に配置する消防ポンプは，すべて消防ポンプ自動車
　とし，その数は，その市街地の人口等に応じ，別表第2により決定するものとしたこと。

221

第3編　法令・通知等

(3)　署所用ポンプ自動車

　署所が管理……ここにいう管理は，運用，保守管理の意であり，管理権は消防長にあること……する消防ポンプ自動車の数は，当該市街地の人口等に応じ別表第2により決定すること。

(4)　消防団用消防ポンプ自動車

　消防団が管理する消防ポンプ自動車の数は，当該市街地の人口等に応じ第1の1の(2)により決定した消防ポンプ自動車の数と，同(3)により決定した数との差に相当する数とし，火災警報発令中等には，その情況に応じ，その全部又は一部は即時出動できる態勢をとること。

　この消防ポンプ自動車は，当該市街地の状況，その他特別の事情のあるときは，署所が運用し又は別表に定める署所以外の署所を設置して，これに配置運用させても支障ないこと。ただし，機関員派出所以下の体制にしないこと。

(5)　地域分割

　人口30万をこえる市街地に設置する署所の数，その市街地に配置する消防ポンプ自動車の数及び署所が運用する消防ポンプ自動車の数を決定しようとする場合，別表は直接そのまま適用できないので，その市街地を適当な人口を有する二以上の地域に分割して，その分割した地域ごとに別表を適用して，それぞれ署所の数，消防ポンプ自動車の数を決定して，その各数をそれぞれ合算して得た数をもってその市街地全体のそれぞれの数とすること。

　地域の分割の方法は，分割した地域が消防署の管轄区域となるように分割することが適当であるが消防署の出張所の設置及び消防ポンプ自動車の配置については，分割した地域ごとに決定した数をそのまま各地域に設置し又は配置する必要はなく，市街地についての各総数決定後において，その市街地内の各地域の重要度に応じ，適宜，出張所を設置し，及び消防ポンプ自動車を配置するようにすること。

(6)　大都市の特例

　人口30万をこえる市街地を有する大都市において消防署の管轄区域を決定した際（消防署の管轄区域の決定については(5)参照のこと。），管轄区域が他の消防署の管轄区域に囲まれた消防署ができたときは，その消防署の管轄区域の人口に応じ，別表第3に定める数の消防ポンプ自動車を，その市街地に配置する消防ポンプ自動車の総数から差し引いた数をもって，その市街地に配置する消防ポンプ自動車としてもよいこと。

　この場合において署所に配置する消防ポンプ自動車の数については(5)により分割した地域を消防署の管轄区域としたときは，差し引く方法は，他の地域に囲まれている分割区域に係る人口に応じ，別表第2に定める消防ポンプ自動車の数から，別表第3に定める消防ポンプ自動車の数を差し引くものとし，かつ，これにより得た数の消防ポンプ自動車は，すべて署所が運用することを前提として，その市街地全体の消防ポンプ自動車の数を決定すること。

　なお，消防署の管轄区域と分割区域が異なるときは，これに準じて取扱うこと。

(7)　宿泊施設の特に多い地域に対する特例

　ホテル，旅館等が特に多い市街地又は密集地に設置する署所の数又は常備部及びそれらに配置する消防ポンプ自動車の数は，その地域の人口に第10条の規定による算式により計算して得た数を加えたものを，その地域の人口とみなし，この擬制人口によつてそれぞれ別表を適用して，その市街地又は密集地の消防力を決定すること。

第1-3 消防力の基準の運用について

このことは，通常，人口は建築物の数（面積）と密接な関係があるものであるが，この関係が特別な上記のような地域にあつては，不特定ではあるが，常住人口のほかに常にそれだけの人口（宿泊人）があることを意味するものであることによりとつた措置である。したがつて，基準では，常備部又は常勤の機関員のみを置けばよい地域であつても，消防本部，署，又は常備部を設置することとなる場合もあり得ること。

2 密集地の施設

(1) 動力消防ポンプ

密集地は主として消防団の責任地域で，これに配置する消防ポンプの数は，その地域の人口及び構造率に応じ，別表第4により決定すること。

消防力決定の条件に，気象条件を考慮に入れないのは次の理由による。

「火災防禦の難易は，建築物の構造，規模，疎密度及び風速等により左右されるが，小地域にあつては，その延焼拡大危険の絶対値を考えるとき，むしろ，建築物の延焼性の如何によつてその消防力を決定する方が，より妥当性があると考えられる。」

なお，消防ポンプはすべて動力消防ポンプとし，腕用ポンプを除外したのは，その性能その他からみて，消防施設としては現状に即しないと認められるからである。

(2) 常備部及び常勤の機関員

人口5,000以上10,000未満の密集地には，消防団常備部を設置するものとするが，他に市街地があり，それに消防本部を置く市町村にあつては，これにかえて署所を市街地がないため消防本部を置かない市町村にあつては単独で消防本部及び署所を設置することができること。

人口3,000以上5,000未満の密集地には，その地域に配置するものとされた消防ポンプ自動車のうち，その地域の構造率に応じ1台又は2台の消防ポンプ自動車が常備部に属するものに準ずる態勢がとれるよう機関員を指定して常勤させること。

これらの消防ポンプ自動車は，火災警報発令中等には，その状況に応じ，当該消防ポンプ自動車の操作員として指定された者の全部又は一部を召集して，即時出動できる態勢をとること。

(3) 密集地に該当しない地域

密集地に該当しない地域に対しては，迅速に応援が行われるよう他の市街地又は密集地につき動力消防ポンプの配置及びその種別を考慮すること。

なお，これらの地域につき，動力消防ポンプの配置についての定めがないのは，それらの地域に火災危険がないという意味ではなく，現在の市町村の財政能力からいつて，より危険度の高い地域を対象として最低の線を定めた方が，現段階においては基準が達成し易いと考えられたからで，したがつて，そうした地域にも動力消防ポンプ等を配置し得る能力のある市町村において，この基準に準じてそれらを配置しようとするのを抑制するものではない。

3 その他の施設

(1) 特殊施設

建築物が，より高層で，危険物等がより多量に使用される等の理由により火災もまたその様相が複雑多岐にわたる今日においては，これらに対処するための特殊施設の必要性は，より増大しつつあるので，ここにそれぞれの対象に応じ，別表第5にその配置基準を定めたものであるが，その定めのない第10条第3項に規定する高圧消防ポンプ自動車，排煙車，救急車，雪上車その他

223

第3編　法令・通知等

の施設については，その対象となるものの質及び数をしんしやくして，その市町村の実情に則するよう，それらの数及び配置につき十分に考慮すること。

(2)　通信施設

消防本部，署所には，消防専用電話のほか消防本部を基地局とする移動用無線電話装置を消防本部及び署所に設けるものとすること。

この場合，移動用無線電話装置は，これを専用車とするか，消防ポンプ自動車その他に装備するかは，市町村の実情によるが，少なくとも消防本部及び署所にそれぞれ一以上配置するものとすること。

消防団には適当な通信施設を，常備部には消防専用電話かその他の通信施設を設けるものとすること。

　　　第3　人員の基準

消防施設を運用し，又は法令の規定に定める消防事務を執行し，若しくはそれらに付随する事務を処理するための消防吏員又は消防団員を警防要員と予防その他の本部要員とにわけて，それぞれに必要な数の基準を定めたものである。

なお，この基準は，消防本部の職員のうち，消防吏員の数のみを定めたものであるから，消防吏員以外の技術吏員，事務吏員その他の職員については，当該市町村の管内の状況，当該消防機関の実情に応じてその数を決定すること。この場合，消防技術及び消防法上の執行権限を必要としない消防事務又は業務に従事する職員には，可及的消防吏員以外の職員をこれに充てるよう考慮すること。

1　警防要員

(1)　消防ポンプの操作員

動力消防ポンプの操作員の数は，第16条に規定したとおりであるが，筒先操作員とポンプ側機関員との間に迅速，かつ，適確に連絡することができる有効な装置を設けた消防ポンプ自動車にあつては，一線につき操作員1名を減ずることができること。

この場合，指揮者であり，操作員である消防士長又は班長の活動上の責任は，より大となるので，これが操法については，平素から十分な訓練を行うこと。

(2)　望楼員及び通信員

消防本部，署所及び常備部には，通信員及び望楼員を配置するものとするが，出張所又は常備部の分所で望楼と本署又は常備本部との間に消防専用電話のある場合は，専任の通信員を配置しなくてもよいこと。

(3)　消防司令補以上の指揮者

指揮者としての消防司令補以上の階級にある警防要員の数は，消防ポンプ自動車その他特殊施設の総数に応じて，第19条に定める割合でそれぞれ算出すること。

(4)　部長以上の指揮者

指揮者としての部長以上の階級にある警防要員の数は，動力消防ポンプ活動能力による口数に応じ算出すること。

たとえば，消防ポンプ自動車1～2台，三輪ポンプ自動車2～3台，小型動力ポンプ3～5台，又は，それらの混成したもので，その口数の合計が2～3につき，1人の割合で部長の数

224

第1-3 消防力の基準の運用について

を，2～3部につき1人の割合で分団長の数を算出すること。

2口に相当する消防ポンプ自動車は，7人（二線用筒先連絡装置を装備したものにあつては5人。）の換作員を必要とするもので，動力消防ポンプ規格で定めるB1級以上の放水能力を有するものであること。

放水能力は，現在能力で必らずしも規格放水能力とは一致しないことがあること。

必要動力消防ポンプ台数を算出する場合は，口をもつて計算し，その換算した台数にはしたの数があるときは，これを切り捨てとする。ただし，500人未満の密集地に小型動力ポンプを配置する場合に限り，その1台を1口，2台を1.5口とみなしてもよいこと。

(5) 警防要員の総数

消防本部，署所又は常備部の警防要員若しくは人口3,000以上5,000未満の密集地に配置する常勤の機関員の総数は，それらの者の勤務の態様上，当然，交代制を考慮して決定するものとするが，その二部制とするか，三部制とするかは，当該市町村の実情に応じて定めること。

消防団の警防要員の総数は，第22条各号に定める数を合算して決定すること。

消防団における動力消防ポンプ1台ごとに，当該動力消防ポンプの操作員のうち，少なくとも2人は，機関員に指定するものとし，当該動力消防ポンプにつき，運転免許を必要とするときは，当該運転免許保持者を必らずこれにあてるものとすること。

特殊施設についても同様とすること。

2 予防要員等

(1) 消防本部及び消防署

立入検査，火災の調査，建築同意，危険物の取締その他を執行し，又は機械整備，人事，会計，その他の庶務を処理するための予防要員等の数は，第23条の規定による計算式により算出すること。

算出された人員をいかなる事務に従事させるかは当該消防本部及び消防署の実情による。

(2) 補正係数

市町村の態様が，別表第6に定める第1種以外の態様に該当するときは，当該市町村の態様により，同表に定める補正係数を前号により求めた数に乗じて得た数をもつて，予防要員等の数とすること。

数種の態様が重複する市町村にあつては，それぞれの態様による補正係数を相加平均して得たものをもつて，その市町村の補正係数とすること。

(3) 消防団

消防団本部には，原則として，団長1人，副団長2人のほか，命令の伝達（連絡係）及び庶務を処理（庶務係）するため，部長以下の階級の団本部要員を配置すること。

分団には，警防要員のほか，警備，予防及び連絡係として，それぞれ第24条第2項に定める数の部長以下の階級の分団本部要員を配置すること。

予防係員には，特に予防実務に精通し，予防関係事務を適確に処理できる団員を選任すること。

配置する動力消防ポンプの種別の関係上，当該消防団又は分団の警防要員の数が，他の消防団又は分団の警防要員の数に比べて非常に少ないときは，当該消防団の管轄区域又は分団の受持区

225

第3編　法令・通知等

域内の警防対象その他を考慮のうえ，当該消防団本部又は分団本部に配置する本部要員の数を減じてもよいこと。

　　　第4　その他

この基準に定めはないが，基準と密接な関係にあるもので，基準施行上特に留意すべき事項は次のとおりである。

⑴　水災及び林野火災

　市町村が消防の責任を果すためには，その対象となるすべて災害に対処し得る人員及び施設が必要であるがこの基準では一応火災（林野火災を除く。）のみを対象として定めているので，水防その他については，次によること。

　　ア　消防機関が水防事務を処理する市町村にあつては，消防機関にこの基準に定めるもののほか，別に水防に必要な人員及び施設を考慮すること。

　　イ　林野火災の頻度が高く，この基準に定めるもののみでは，これを処理し得ない市町村にあつては，それに必要な人員及び施設を別に考慮すること。

⑵　消防署の区域

　消防署の管轄区域は，消防の任務を能率的に遂行できるよう，交通の事情，他の官公署との関係等を考慮して決定すること。

　1のみの消防署を置く市町村にあつては，管轄区域は，当該市町村の区域と一致するものであること。

　2以上の消防署を置く場合は，それぞれの消防署の管轄区域に属する市街地に接し，その消防署の区域とすることが，効果があると認められる当該市町村の地域を包含した区域をもつて当該消防署の管轄区域とすること。

⑶　消防団の区域

　消防団の管轄区域は，原則としては当該市町村の区域と一致するものであるが，2以上の消防署を置く市町村にあつては，消防団の数及びそれらの管轄区域は，消防署のそれと一致することが望ましいこと。

⑷　消防団における指揮者の階級

　同一階級にある指揮者は，原則として，市町村が異なるといえども同格であり，またその指揮下にある消防力は同一水準にあるべきであるが，実情はこれと異なり，著しくこれが不均衡な市町村があるので，そのようなところでは，この基準を施行すれば基準により算出される数以上のそれぞれの階級を有する指揮者を生ずる場合が考えられるが，それらを降等させることは困難であるので当分の間，これを階級別定数外として取扱い，これが欠けるにいたつた場合においても，これを補充しない等，適宜の措置をとり逐次基準の線に合致させるよう努めること。

⑸　召　集

　火災警報発令その他特に必要がある場合は消防団員の全部又は一部を機械置場等に召集し，即時出動できる態勢をとらせること，このため平素から出動計画を樹て，その訓練を行なうこと。

⑹　従前の「消防団の設備及び運営基準」との関係

　従前の基準は，この基準の施行により当然失効となるので，かくては消防団の運営の指針となるべきものを失うこととなるから，同基準中団員の配置教養訓練，予防，機械等の整備及び事務

第1-3 消防力の基準の運用について

の基準は，当分の間，これを準用することとしたこと。

(7) 水 利

　水利が合理的に設置されていない地域には，消防ポンプをいかに多数配置しても，その効果を発揮することはできないので，これが整備については特に意を用いるとともに，設置については，「水利の基準」によること。

(8) 通報施設

　通報施設の普及度の如何は，火災防禦の成否を左右するといわれている。したがつて，加入電話の普及度の低い現状では，一般に火災報知機の設置が望まれるが，これを設置する場合は「公設火災報知機設備規格」によること。

(9) ホース

　ホースは，内径51ミリメートル（ゴム引ホース）又は63.5ミリメートルで，１本の長さは18〜20メートルのものとし，消防ポンプ自動車１台につき，消防団に配置するものについては20本以上，署所又は常備部（常勤の機関員を配置する消防ポンプ自動車を含む。）用に配置するものについては，常時積載用として20本以上のほか，予備積載用として20本を保有すること。ただし，著しく火災頻度が高い地域に配置するものについては，予備積載用ホースは，これを40本とすること。

227

第3編　法令・通知等

4　消防力の基準の一部改正について（通達）

〔昭和46年6月25日　消防消第38号〕
〔各都道府県知事あて　消防庁次長〕

　このたび，消防力の基準（昭和36年消防庁告示第2号）の一部が別添のとおり改正された。その改正の趣旨，改正点および留意事項は下記のとおりであるので，この旨ご了知のうえ，貴管下市町村の消防力がすみやかに新基準の水準に達するよう，各市町村をよろしくご指導願いたい。

記

1　改正の趣旨

　　今回の改正は，消防力の基準が制定されて以来10カ年を経過し，その間における消防機器の性能の向上，地方における消防活動の実態等を考慮するとともに中高層建築物および石油等危険物施設の増加等に伴う新しい消防需要を考慮して，基準の改善合理化を図つたものであること。

2　改正の内容および留意事項

　⑴　積雪，寒冷の度のはなはだしい地域においては，道路上の積雪，凍上等により消防自動車が火災現場へ到着するまでに他の地域より長時間を要することとなるので，消防力の加重を行なうこととしたこと（第3条，第4条第1項ならびに第5条第1項および第2項）。

　　　なお，積雪寒冷の度のはなはだしい地域とは，累年平均積雪積算値がおおむね3,000センチメートル日以上または1月の累年平均気温値がおおむね摂氏−2度以下の地域をいうものであるが，この適用については，積雪寒冷の度合，積雪寒冷期間の長短，同期間における道路の状況，市街地または密集地の状況等を総合的に勘案のうえ，慎重に行なうこと。

　⑵　5キロメートル以内に署所または常備部の管理に属する消防ポンプ自動車の配置されている市街地または密集地のある密集地の消防力については，その消防ポンプ自動車の出動によりカバーされる密集地の消防力を当該市街地または密集地からの道路の延長に応じ消防ポンプ自動車1台あたり1口から1.5口までの範囲内で動力消防ポンプの口数を減ずることとしたこと（第7条第2項）。

　⑶　市街地，密集地に該当しない地域の消防力の増強を図るため，市町村の人口から市街地および密集地の人口を控除した人口に応じ，動力消防ポンプを配置することとしたこと（第9条の2）。

　　　なお，その配置場所の決定にあたつては，最も効率的な運用ができるように配慮すること。

　⑷　小型動力ポンプの口数を0.7口から1口とすることとしたこと（第9条の2第2項）。

　⑸　消防ポンプ自動車として運用できる放水装置を備えた化学消防車については，積載ホースの本数等を考慮し，化学消防車2台をもつて消防ポンプ自動車1台に換算するものとしたこと（第11条の2）。

　⑹　15メートル以上の中高層建築物の火災に対処するため，半径1.5キロメートルの範囲内に15メートル以上の中高層建築物がおおむね10棟以上ある場合には，15メートル以上のはしご自動車または屈折はしご自動車を配置することとしたこと（第12条）。

　⑺　危険物の製造所等のうち，第4類の危険物を貯蔵し，または取り扱う製造所，屋内貯蔵所，屋外タンク貯蔵所，屋外貯蔵所および一般取扱所の数ならびにこれらの施設において貯蔵し，

228

第1―4　消防力の基準の一部改正について

または取り扱う最大数量に応じて化学消防車を配置することとしたこと（第12条の2）。

⑻　重要港湾の区域については，その実情に応じ所要の消防艇を配置することとしたこと（第12条の3第1項第2号）。

⑼　筒先連絡装置の使用状況を考慮し，筒先連絡装置等を携帯無線等とすることとしたこと（第16条）。

⑽　市街地に配置する消防ポンプ自動車の数を減じたこと（別表第2）。

　　これは，諸都市における運用の実態，通信体制の充実，道路網の整備等にかんがみ，2署所以上から消防ポンプ自動車が出動する場合，2署所から全消防ポンプ自動車，他の署所からは半数の消防ポンプ自動車が出動することとしたことによるものであること（別表第2）。

第3編　法令・通知等

5　消防力の基準の一部改正について（通達）

〔昭和50年6月2日　消防消第65号〕
〔各都道府県知事あて　消防庁次長〕

　昭和50年5月31日消防庁告示第9号をもつて消防力の基準（昭和36年消防庁告示第2号）の一部が別添のとおり改正されたので，下記改正の趣旨，改正点及び留意事項をご了知のうえ，貴管下市町村の消防力がすみやかに新基準の水準に達するよう，各市町村をよろしくご指導願いたい。

記

1　改正の趣旨

　　消防力の基準は，昭和36年に制定され，昭和46年に一部改正されたが今回の改正は，その後の社会経済情勢の変化，消防技術の向上，消防用資機材の開発等消防をめぐる環境及び諸情勢の変化に対応して近代的な消防の充実強化を促進するために消防力整備の基本である「消防力の基準」を見直し，現実的かつ実態に即応した「消防力の基準」を確立するという観点に立つて内容の充実，合理化を行うとともに，市町村の消防の任務遂行のための施設及び人員の総合的な基準とすることを図つたものである。

　　なお，石油コンビナート地帯の消防力の基準については，目下その改定を検討中である。

2　改正の内容及び留意事項

(1)　改正前の消防力の基準は，市町村が行う火災の予防，警戒及び鎮圧に必要な施設及び人員について定めることを目的としていたが，今回の改正により，市町村の消防力の総合的な基準とするため，新たに救急業務についても施設及び人員の基準を設けたほか，人命救助についても規定することとし，消防力の基準の対象範囲の拡大を図つたこと。（第1条，第12条第1項，第12条の3第1項，第12条の4，第15条の2，第16条の2，第16条の3，第22条第4項）

(2)　消防署所及び消防ポンプ自動車等の消防施設の数は，構造率すなわち防火性能の高い建築物の数の当該市街地又は密集地の建築物の総数に対する割合によつて，差異が設けられていたが，最近におけるバラック造り建築物の減少と防火性能の高い建築物の増加の実態に対応し，構造率の区分を廃止し，関連規定の整理を行つたこと。（第2条，第3条，第4条第1項，第5条第1項，第7条第1項及び第2項，第8条第1項，第9条第1項，別表第1，別表第1の2，別表第2，別表第2の2，別表第3，別表第4）

(3)　動力消防ポンプの数の算定にあたつては，上記(2)のとおり構造率をもつて差異を設けることを廃止したが，特に耐火建築物で構成されているビル街等延焼の危険性の低い地域又はバラック造りの建築物が多い場合及び建築物の密集度が高い場合等のように延焼の危険性の高い地域においては，動力消防ポンプの数はそれぞれ地域の実情に応じ，減少又は増加した数を配置基準とすることができることとしたこと。

　　したがつて，第9条の3の規定の運用にあたつては，同規定追加の趣旨に照らし，合理的理由がある場合にのみ適用すること。（第9条の3）

(4)　署所に配置すべき消防ポンプ自動車の数は，最寄りの1署所からは配置されたすべての消防ポンプ自動車が，その他の近隣の署所からは2分の1の消防ポンプ自動車が出動するものとして算定するとされていたが，通信体制の充実，消火活動の実態等に鑑み，近隣の署所に配置さ

230

第1―5　消防力の基準の一部改正について

れた消防ポンプ自動車の全部が出動することとして，その台数を算出することとしたこと。

　　ただし，消防団の管理する消防ポンプ自動車の数の変更はしないこととしたこと。（第4条，別表第2，別表第2の2）

⑸　人口30万をこえる市街地において，消防署の管轄区域が他の消防署の管轄区域に囲まれる場合に減ずることのできる消防ポンプ自動車の数について，前記⑷の改正に対応して，減ずることのできる消防ポンプ自動車の数の適正化を図つたこと。

　　なお，減ずることのできる消防ポンプ自動車は，署所の管理する分に限定したこと。（第6条，別表第3）

⑹　三輪ポンプ自動車の所有が極めて少ないという実態に鑑み，消防力の基準上から三輪ポンプ自動車に関する規定を削除し，関連規定の整理を行つたこと。（第2条第6号，第9条の2第2項，第16条第1項，第19条第2項，第21条第1号，第22条第1項第3号）

⑺　ホテル，旅館，その他の宿泊施設の数が著しく大きい場合人口を補正するために用いる算式を最近の資料により改めたこと。（第10条）

⑻　人命救助に対するはしご自動車の有効性に鑑み，イ当該市町村の区域内に高さおおむね15m以上の建築物がおおむね10棟以上ある場合，又は，ロ百貨店，ホテル，旅館，劇場，映画館，病院等不特定多数の者が集まる建築物で，高さおおむね15m以上のものが5棟以上ある場合についても，市町村の実情に応じ，はしご自動車又は屈折はしご自動車1台を配置するものとしたこと。

　　したがつて，上記イ又はロの条件を満たす場合には，近隣の市町村の応援出動の可能性，その他の実情を勘案し，その配置を決定すること。（第12条第2項）

⑼　消防艇の配置に関し，陸上から消防ポンプ自動車によつて火災を鎮圧することができる市街地については，当該市街地に接する水路の延長分を消防艇の数の算出の基礎となる水路の延長に算入しないこととしたこと。（第12条の3第1項）

⑽　従来，救急自動車の配置基準は，消防力の基準には含まれず，救急業務実施基準によつて定められ，人口10万ごとに救急自動車1台を配置するものとされていたが，前記⑴のとおり，今回の改正をもつて，消防力の基準に含めることとし，救急隊の配置の実態及び最近における救急出動件数の増加等に鑑み，救急自動車の配置基準は，人口おおむね5万ごとに1台とし，人口15万をこえる場合は，おおむね7万を増すごとに1台を加算した台数としたこと。

　　ただし，市町村は，地域の実情，すなわち，過去数年間における事故件数，救急出動件数，その他の事情を勘案して，配置する救急自動車の台数を増減することができることとしたこと。

　　また，上記によつて配置される救急自動車のほか，か動中の救急自動車が故障した場合等における予備のため，代替車として，か動中の救急自動車おおむね6台ごとに1台の割合で救急自動車を配置することとしたこと。（第12条の4）

⑾　都道府県は，石油コンビナート火災，林野火災等の広域的な災害又は大規模な災害の拡大を防止するため，防災上必要な資機材施設を地域の実情に応じて備蓄整備するとともに，市町村の求めに応じて貸与し又は使用させる等により，市町村の消防力の補完に努めることについて，基準上明示したこと。（第15条の2）

231

第3編　法令・通知等

⑿　市街地及び密集地に人口段階により配置される動力ポンプの口数等については，市町村が地域の実情に応じ，弾力的に運用できるよう表現を改めたこと。（第9条の2第1項，第11条第1項，第12条の3第1項第1号）

⒀　消防ポンプ自動車の操作員については，携帯無線等の普及，ホースカーその他消防機器装備の性能の向上その他の事情を考慮し，動力消防ポンプ自動車5人，手引動力ポンプ5人及び小型動力ポンプ4人と改めたこと。（第16条第1項）

⒁　はしご自動車，屈折はしご自動車，化学消防車及び救急車についての操作員の数については，これらの車両が最近非常に普及し，かつ，操法も定着しつつあること並びにこれらの車両の有効なる活用を推進するという観点から，新たに操作員の数を基準上定めることとし，はしご自動車，屈折はしご自動車及び化学消防車は5人，救急車は3人としたこと。（第16条第2項，第16条の2）

⒂　高層建築物火災，交通事故，労働災害，水難事故，危険物災害等人命救助を必要とする災害や事故等が多発する地域については，消防本部又は署所に実情に応じ必要と認められる救助のための要員を配置するものとしたこと。（第16条の3）

⒃　消防ポンプ自動車等の車両を操作するために必要な人員の数の算定については，兼務，乗換等の実態，効率的な人員の配置等を考慮し，消防ポンプ自動車等を「有効」に操作するために必要な人員を基礎としたこと。

　　また，消防本部及び署所における警防要員の総数の算定にあたつては，勤務体制のほか，年次休暇の日数及び教育訓練のための要員の数等を勘案して決定することとしたこと。

　　なお，救急及び救助のための要員が新たに消防力の基準に組み入れられたことに対応して所要の規定の整備を図つたこと。（第21条，第22条）

⒄　消防団における警防要員の総数は，通常の火災の鎮圧等のほか，風水害，地震等の自然災害発生時における消防団の活動にも対応できるよう，必要に応じ増加することができることとしたこと。（第22条第4項）

⒅　火災の予防に従事する消防吏員については，最近における危険物，防火対象物の増加及び予防査察業務の重要性の増大等に対処し円滑な予防業務の実施を確保する観点から庶務等の要員と切り離し単独に算定するとともに，算定式を改め，その増強を図ることとしたこと。

　　なお，庶務等の要員数については，消防力の基準には含めないこととしたが，これについては，実態に即応し，所要の人員を確保するよう努められたいこと。（第23条，別表第5）

⒆　消防団の本部及び分団に配置する警防要員以外の団員数については，地域の実態や消防団の内部組織の実情に応じ，弾力的に配置できることとしたこと。（第24条）

第1—6 消防力の基準の一部改正について

6 消防力の基準の一部改正について（通達）

〔昭和51年7月7日　消防消第83号〕
〔各都道府県知事あて　消防庁次長〕

石油コンビナート等災害防止法及び同施行令並びに関連省令が施行されたことに伴い，昭和51年7月5日消防庁告示第6号をもつて消防力の基準（昭和36年消防庁告示第2号）の一部が別添のとおり改正されたので，下記改正の趣旨，改正点及び留意事項をご了知のうえ，貴管下市町村の消防力がすみやかに新基準に達するよう各市町村をよろしくご指導下さい。

記

1　改正の趣旨

　消防力の基準は，昭和50年5月に大幅な改正を行つたところであるが，その際，石油コンビナート地帯の消防体制については，事業所を含めた総合的な消防力のあり方について引き続き検討することとされ，「石油コンビナート地帯等における消防体制に関する研究会」において調査研究が行われていたが，昭和51年2月に同研究会から報告が出され，事業所の消防力については，石油コンビナート等災害防止法施行令等に規定されたことに伴い，市町村の消防力についても同報告にそつて「消防力の基準」の一部改正を行つたものである。

2　改正の内容及び留意事項

⑴　大型化学消防車，大型高所放水車及び泡原液搬送車（以下「大型化学消防車等」という。）の配置について規定を設けたこと（第12条の3）。

　ア　市町村の区域内に石油コンビナート等災害防止法施行令第8条の規定により，大型化学消防車等を備え付けなければならない特定事業所がある場合には，当該市町村は，大型化学消防車等を1組配置するものとしたこと。

　　ただし，これら大型化学消防車等について隣接市町村から応援を受けることができる等特別の事情がある場合には，これを配置しなくてよいものであること。「隣接市町村から応援を受けることができる等特別の事情」とは，当該市町村の区域内の石油コンビナート等特別防災区域の規模が小さく，大型化学消防車等を備え付けなければならない特定事業所数も少ない場合において隣接の市町村からの応援によるだけで足りると認められる場合，あるいは，特別防災区域の規模が小さく，それが島しよ又は山間へき地にあつて，実質上大型化学消防車等を配置できない等の事情がある場合であること。

　イ　市町村の区域内に石油コンビナート等災害防止法施行令第8条の規定により，大型化学消防車等を2組以上備え付けなければならない特定事業所があり，㈠当該市町村の区域内にある石油コンビナート等特別防災区域内に係る石油の最大貯蔵・取扱量が400万キロリツトル以上であり，㈡当該石油コンビナート等特別防災区域を管轄する消防署が2以上あり，当該消防署のうち，2以上の管轄区域にそれぞれ常圧蒸留装置の処理能力が1日当り15,898キロリツトル以上である特定事業所が1以上ある場合には大型化学消防車等を2組配置することとしたこと。

　　石油コンビナート等特別防災区域を管轄する消防署が3署あつた場合，常圧蒸留装置の処理能力が1日当り15,898キロリツトル以上の事業所が2署の管内に1事業所づつあれば上記

233

(イ)に該当するものであること。

なお，「石油の最大貯蔵・取扱量」とは，消防法別表に定める第一石油類，第二石油類，第三石油類及び第四石油類の貯蔵最大数量及び取扱最大数量を合計して得た数量であり，「15,898キロリットル」とは，10万バーレルであること。

「石油コンビナート等災害防止法施行令第8条の規定により大型化学消防車等を備え付けなければならない特定事業所」には，共同防災組織を設置している特定事業所で，これを設置していないものとして，同条を適用した場合に大型化学消防車等を備え付けなければならないこととなる特定事業所を含むものであること。

大型化学消防車等の規格は，「石油コンビナート等における特定防災施設等及び防災組織等に関する省令」（昭和51年自治省令第17号），「国が行う補助の対象となる消防施設の基準額」（昭和29年総理府告示第487号）及び「コンビナート火災用消防施設等整備費補助金交付要綱（仮称）」（近く定められる予定）に定める規格によるのが適当であること。また，大型化学消防車等の管理は，署所又は消防団が行うものであるが，署所を置いている市町村は，署所が管理するのが適当であること。

(2) 大型化学消防車及び大型高所放水車に関して，代替規定を設けたこと（第12条の4）。

ア 従来の基準第11条の2では，「化学消防車が消防ポンプ自動車としてか動できる放水装置を備えた場合には，化学消防車2台をもって消防ポンプ自動車1台とみなし……の規定を適用する。」とされていたが，この化学消防車についての考え方は従来と変らないものであり，大型化学消防車をこれに加えたものであること。したがつて，粉末消火剤（ドライケミカル等），不燃性ガス（炭酸ガス等）等を放射する消火装置のみを有している化学消防車については，代替できないほか，化学消防車1台を消防ポンプ自動車0.5台には換算しないものであること。

イ 大型高所放水車が，はしご自動車又は屈折はしご自動車としての機能を有するときは，実情に応じ，大型高所放水車1台をはしご自動車又は屈折はしご自動車1台とみなして，はしご自動車又は屈折はしご自動車の数を減ずることができることとしたこと。

はしご自動車又は屈折はしご自動車は，消火活動のほか人命救助も行うものであり，大型高所放水車がこのような機能を併せ有する場合には，はしご自動車又は屈折はしご自動車の数を減ずることができることとしたものであること。

(3) 泡消火薬剤の備蓄について規定を設けたこと（第12条の5）。

市町村は，(ア)第四類危険物の五対象施設の数，(イ)第四類危険物の最大貯蔵・取扱量，(ウ)特定事業所の数，(エ)屋外貯蔵タンクの型，直径及びそのタンクに貯蔵する石油の種類等を勘案のうえ必要な量の泡消火薬剤を備蓄するものとしたこと。

タンク火災に必要な泡消火薬剤の量は，タンクの液表面積によつて算定できるものであり，第四類危険物の五対象施設の数等からは，火災頻度，火災規模等を想定できるものであり，これらによつて，当該市町村の必要備蓄量を算定するものであること。

(4) 化学消防車の弾力的配置について規定を設けたこと（第12条の2第2項）。

第12条の3の規定によつて大型化学消防車を配置する場合においても，これとは別に第12条の2の規定によつて化学消防車（大型化学消防車を含む。）を配置するものであるが，この場

第1—6 消防力の基準の一部改正について

合，市町村は実情に応じて，化学消防車の数を減ずることができるものであること。

また，化学消防車の台数算定の基礎となる第四類の五対象施設には，移送取扱所が含まれていないため，移送取扱所があることによつて，化学消防車の数を増やす必要がある場合には，この規定によるものであること。

そのほか，特別の事情がある場合には，第12条の２の規定による化学消防車の数を増減することができるものであること。

(5) 第四類危険物の五対象施設の数の端数その他の条文の整理を行つたこと（第12条の２，第12条の８，第16条，第19条，第21条，第22条）。

第四類危険物の五対象施設の数が千以上の場合の化学消防車の台数は，「２台に千又は千未満の端数を加えるごとにそれぞれ１台を加える台数」とされていたが，これは現実の運用において不都合であるため，これを，「２台に千をこえる第四類危険物の五対象施設の数おおむね千ごとに１台を加算した台数」に改めたほか，大型化学消防車等の配置に関する条文の整理を行つたこと。

第3編　法令・通知等

7　消防力の基準の一部改正について（通達）

〔平成2年1月25日　消防消第13号〕
〔各都道府県知事あて　消防庁次長〕

　危険物の規制に関する政令の一部を改正する政令（昭和62年3月31日政令第86号。以下「62年改正令」という。）が公布され，昭和62年5月1日に施行された。また，消防法の一部を改正する法律（昭和63年5月24日法律第55号）及び危険物の規制に関する政令の一部を改正する政令（昭和63年12月27日政令第358号）（以下「63年改正法等」という。）が公布され，危険物の範囲の見直し等に関する事項が平成2年5月23日から施行することとされた。これらに伴い平成2年1月25日消防庁告示第1号をもって消防力の基準（昭和36年消防庁告示第2号）の一部が別添のとおり改正されたので，下記改正の趣旨，改正の内容及び留意事項をご了知のうえ，貴管下市町村（消防の事務を処理する一部事務組合を含む。）に対してもこの旨示達され，よろしくご指導願いたい。

記

1　改正の趣旨

　62年改正令により危険物の規制に関する政令（昭和34年政令第306号）第3条第1号の給油取扱所の定義が拡大され，固定した注油設備によって灯油を容器に詰め替える施設については給油取扱所に併設されたものも従来は一の一般取扱所として位置付けされていたが，給油取扱所に含まれるものとされ，消防力の基準における化学消防車の配置台数の算定の拠り所である一般取扱所の数が減少したところであり，また，63年改正法等に伴う危険物の範囲及び指定数量の見直しによって消防力の基準における化学消防車の配置台数の算定の拠り所となる危険物施設等の減少が見込まれるところである。今回の改正は，これら危険物規制関係の法令の改正に対応して消防力の基準の見直しを行ったものであり，62年改正令により給油取扱所に含まれることとなった一般取扱所を62年改正令前と同様に取り扱うことが適当であること及び危険物の生産実態の変化や災害事象の多様化に伴い化学消防車を必要とする消防需要は増加しており，その主なものは給油取扱所と関連づけて評価出来るものであることを勘案し，給油取扱所を化学消防車の配置台数の算定の拠り所となる危険物施設に加えるとともに，所要の整備を行ったものである。

2　改正の内容及び留意事項

(1)　改正前の化学消防車の基準においては，化学消防車の算定の対象範囲は第4類危険物の5対象施設（製造所，屋内貯蔵所，屋外タンク貯蔵所，屋外貯蔵所，一般取扱所）であったが，今回の改正により，給油取扱所を加え6対象施設に拡大を図ったものであること。（第12条の2第1項第1号）

(2)　その他規定の整備を図ったこと。（第12条の2第1項第2号，第12条の5）

(3)　今回の一部改正の施行日は，63年改正法等のうち危険物の範囲の見直し等に関する事項の施行日に合わせ，平成2年5月23日としたこと。

第1−8　消防力の基準等の改正について

8　消防力の基準等の改正について

〔平成12年1月20日　消防消第3号〕
〔各都道府県知事あて　消防庁次長〕

平成12年1月20日消防庁告示第1号をもって，消防力の基準（昭和36年消防庁告示第2号）の全部が改正されました。その改正の趣旨，改正内容及び留意事項は下記のとおりであるので，この旨をご承知のうえ，貴都道府県内市町村の消防力について，新基準をもとに計画的な整備に努めるよう市町村をよろしくご指導下さい。

なお，上記の改正に伴い，消防水利の基準（昭和39年消防庁告示第7号）及び消防団の装備の基準（昭和63年消防庁告示第3号）について，それぞれ所要の規定の整備を行いましたので，併せて通知します。

記

1　改正の趣旨

消防力の基準は，昭和36年に制定され，これまでに5回の一部改正を経て，所要の整備を図り消防力の充実強化に大きな役割を果たしてきたが，近年の都市構造の変化，消防需要の変化，さらには地方分権の動きに対応し，市町村の自主性を尊重した，より実態に即した合理的な基準に見直す必要性が生じている。

こうした中で，消防審議会に対して消防力の基準の見直しを諮問し，平成11年3月，答申がなされた。答申では，広く国民に受け入れられるであろう水準を想定することとして，消防活動の実態調査によって得られたデータについて統計的な分析等を行うことにより，都市構造，消防活動の実態に即したより合理的な基準とするための具体的な改正案が提示された。今回の改正は，この答申に沿って行ったものである。

一方，消防水利の基準及び消防団の装備の基準は，消防力の基準が改正されたことに伴い，当該基準との整合性を図るため所要の改正を行ったものである。

2　消防の基準の改正内容及び留意事項

⑴　改正前の基準は，市町村が火災の予防，警戒及び鎮圧並びに救急業務等を行うために必要な最小限度の施設，人員を定めることを目的としていたが，今回の改正により，需要の増加している人命の救助を明文化するとともに，基準の持つ本来の性格から最小限度という表現を改め，市町村が適正な規模の消防力を整備するにあたっての指針となるものとして位置づけたこと。（第1条）

⑵　「市街地」の定義において，平均建ぺい率おおむね10％以上の区域は街区の連続性がなくても，近接している場合は市街地に含めるとともに，「密集地」を「準市街地」という用語に改め，人口規模の下限値を千以上に改めたこと。（第2条第1号及び第2号）

⑶　署所の設置数は，人口規模によって規定される数値を基準とし，これをもとに地域における，地勢，道路事情，建築物の構造等の諸事情を勘案した数とするとしたこと。

条文中の例示の他に「諸事情」としては，交通事情，市街地等の形状，市街地等の面積，集落の分布状況等の地域ごとに固有な所与の条件が該当する。今回の改正によって署所の他に，動力消防ポンプ，消防艇についても，市町村が必要な数を決定するにあたっては，国の示す基

237

第3編　法令・通知等

準をもとに，諸事情を勘案した数とするという規定にしたこと。

　　なお，改正前の基準は，風速条件によって消防力の加重を行っていたが，これを諸事情に含めて考慮するとしたこと。（第3条第1項別表第1，第2項別表第2，第3項別表第3，第4項別表第4，第4条第4項別表第5，第13条）

⑷　消防ポンプ自動車の配置台数は，消防活動の実態調査から導かれた消防活動モデルをもとに配置数を規定した別表に改め，改正前の配置数より減じたこと。（第3条第3項別表第3及び第4項別表第4）

⑸　人口30万を超える市街地における署所の設置数及び消防ポンプ自動車の配置台数の算定にあたっては，改正前の基準では，市街地を分割する場合の人口規模を任意としていたが，これを30万を単位とした部分とその残余の部分に分割して，それぞれ別表に規定する配置数を合算した数を基準とし，諸事情を勘案した数とするとしたこと。なお，残余の部分が人口7万未満となった場合は，別表第5による基準としたこと。（第4条）

⑹　準市街地における火災の延焼危険は，市街地とほぼ同様であるという考え方にたちながら，ある程度人口規模に応じた消防力の段階的な算定を行い，別表第6を定めたこと。また，配置された動力消防ポンプの管理については，署所が準市街地に設置された場合であっても，当該署所に動力消防ポンプが配置されるとは限らないことから，地域の実情に応じて署所又は消防団が管理するとしたこと。（第5条）

　　なお，「地域の実情」とは，火災等の災害の発生頻度及びその態様，災害が発生した場合の消防活動の困難性，消防団の施設設備の整備状況，現に保有している消防力の状況等が該当する。

　　今回の改正によって市街地に該当しない地域における署所の設置，市街地及び準市街地に該当しない地域における動力消防ポンプの配置，化学消防車を消防ポンプ自動車とみなす場合の換算，特殊車等の配置，非常用消防自動車等の配置，広域的な災害等の拡大を防止するための防災上必要な資機材及び施設の備蓄等についても，地域の実情に応じて判断するという規定にしたこと。（第6条，第11条，第16条第1項，第17条第1項，第21条，第24条第3項，第30条第7号）

⑺　市街地に該当しない地域にあっても，消防需要に応えるために署所，救急分遣所等は設置されることがあり，こうした地域の実情に応じた市町村の弾力的な判断を基準上明確に位置づけたこと。（第6条第1項）

⑻　市街地及び準市街地に該当しない地域における動力消防ポンプの配置数は，改正前の基準では人口規模によって口数により規定していたが，こうした地域にまで一律の基準を規定することは実際的でないことから，地域の実情に応じて市町村が全面的に判断できるとしたこと。（第6条第2項）

⑼　ホテル，旅館，その他の宿泊施設の数の市街地又は準市街地の人口に対する割合が著しく大きい場合，人口を補正するために用いる算式を最近の資料により改めるとともに，対象となる施設を消防法施行令別表第1に定める⑸項イの用途に明確化して規定したこと。（第7条）

⑽　市街地に該当しない地域における消防力として，改正前の基準では，消防団常備部についても規定していたが，消防団常備部が社会的変化の中で既に見られなくなったことなどから，こ

238

第1−8　消防力の基準等の改正について

れに関する規定を削除したこと。（改正前の基準第2条，第7条，第8条，第14条，第17条，第18条，第22条）

⑾　中高層建築物は，建築構造や消防用設備等の設置によって一定以上の避難性や消防隊の活動性が確保されていること，救助活動においてある程度の時間的余裕が得られること等の理由から，はしご自動車又は屈折はしご自動車の配置は消防署を単位とし，隣接する消防署及びその出張所に配置された当該車両の出動によって，火災の鎮圧等に支障がない場合は配置を要しないとしたこと。（第8条第1項）

⑿　消防用自動車等及び特殊車等の管理については，改正前の基準では署所又は消防団が管理すると規定していたが，全国的に消防の常備化か進展したこと，当該車両に積載されている装備は高度化して消防団が管理することは実際的でないこと等の理由から，消防ポンプ自動車を除いて署所が管理することに改めるとともに，特に救助工作車，特殊車等は，消防本部が管理していることもあることから，消防本部又は消防署が管理するとしたこと。（第8条第2項，第9条第3項，第10条第3項，第13条第2項，第15条第3項，第16条第2項）

⒀　化学消防車の配置台数は，危険物の製造所等の5対象施設（製造所，屋内貯蔵所，屋外タンク貯蔵所，屋外貯蔵所及び一般取扱所）の数を基準として，市町村に存する製造所等の数，規模，種類等を勘案して定めることとし，消防ポンプ自動車に泡を放出することができる装置，具体的にはラインプロポーショナーを備えた場合，化学消防車の台数を減じることができるとしたこと。（第9条）

⒁　消防ポンプ自動車として運用できる放水装置を備えた化学消防車については，地域の実情に応じて，化学消防車を消防ポンプ自動車とみなしたこと。（第11条）

⒂　救急自動車の配置台数は，救急隊の配置の実態及び救急需要の急激な増加に対応するため，人口15万以下の市町村にあってはおおむね人口3万ごとに1台，人口15万を超える市町村にあっては5台に，人口15万を超える人口についておおむね人口6万ごとに1台を加えた台数を基準とし，救急自動車の出動頻度，現場到着所要時間等を勘案した数とするとしたこと。（第14条）

⒃　消防用自動車等の予備車については，稼働中の車両が故障した時に使用するという概念に，大規模な延焼火災や自然災害時等に対応するため，参集した職員及び毎日勤務者が搭乗するための車両としての位置づけを付加し，非常用消防自動車等と呼称して地域の実情により配置するとしたこと。

　　救急自動車については，多数の傷病者が発生した場合等における予備のための車両を非常用救急自動車と呼称して配置するとしたこと。（第17条）

⒄　改正前の基準では，無線電話装置の装備を消防ポンプ自動車のみに規定していたが，こうした装備は，円滑な消防活動を実施する上で災害に出動するすべての消防ポンプ自動車等，特殊車等，非常用消防自動車等及び非常用救急自動車に必要なことから，署所の管理する当該車両には無線電話装置を設置するとしたこと。（第20条）

⒅　消防ポンプ自動車に搭乗する消防隊の隊員の数について，2台の消防ポンプ自動車の連携した活動（ペア運用）によって，個々の消防隊が活動する場合と同等もしくはそれ以上の効果が得られる場合は，一方の消防隊の隊員の数を4人にできることとし，手引動力ポンプ又は小型

239

第3編　法令・通知等

動力ポンプを操作する消防隊の隊員の数は4人として，それぞれ改正前の基準を緩和したこと。

　　また，常備消防にあっては消防ポンプ自動車，はしご自動車又は屈折はしご自動車，化学消防車，救急自動車及び救助工作車に搭乗する隊員のうち1人は，消防司令補又は消防士長の階級にある消防吏員とし，消防団にあっては消防ポンプ自動車に搭乗する隊員のうち1人は，部長又は班長としたこと。（第22条第1項，第2項，第3項，第5項及び第7項，第23条第2項，第24条第2項）

⒆　改正前の基準にあった望楼員に関する規定を削除したことから，通信員は常時配置するとしたこと。（第25条）

⒇　消防本部又は署所において，専ら火災の予防業務に従事する消防吏員を予防要員と呼称し，その算定にあたっては，予防業務について危険物に関する業務とこれに該当しない業務に2分して，それぞれの業務に必要な人員数を合算して得た数を基準に，当該市町村に存する危険物の製造所等の種類，防火対象物の数，石油コンビナート等特別防災区域の有無等を勘案した数とするとしたこと。（第26条）

㉑　消防本部及び署所に，消防司令長から消防士長までの階級にある消防吏員を配置し，指揮活動を行うと規定したこと。（第27条）

㉒　消防団に，副団長から班長までの階級にある消防団員を配置し，多様な消防団の活動において指揮活動を行うと規定したこと。（第28条）

㉓　消防隊が，複数の消防用自動車等を乗り換えて搭乗する場合を規定するとともに，消防本部及び署所における人員の総数は，常備消防の運営に必要な全ての人員を，車両に搭乗する隊員，救助のための要員等6項目に区分して，それぞれに必要な数を合算して得た数を基準として，勤務の体制，業務の執行体制，年次休暇等を勘案した数とするとしたこと。

　　なお，車両に搭乗する隊員の数については，消防用自動車等を乗り換えて搭乗する場合は，搭乗する隊員の数が最も大きい車両を運用可能な隊員の数としたこと。（第29条）

㉔　消防団の業務について，各地における消防団の多様な活動実態や，阪神・淡路大震災以降に再認識された消防団の持つ組織力を踏まえて，消火や火災の予防等に加え，組織力の必要な地震，風水害等の災害の防除等や消防に関連する地域住民に対する啓発等を規定し，消防団における人員の総数及び副団長等の数は，当該業務を円滑に遂行するために必要な数としたこと。（第30条）

3　その他

　消防力の基準が改正されたことに伴い，消防水利の基準及び消防団の装備の基準について，所要の規定の整理を行ったこと。

第1−9　消防力の基準等の一部改正について

9　消防力の基準等の一部改正について

〔平成 17 年 6 月 13 日　　消 防 消 第 131 号〕
〔各都道府県知事，各指定都市市長あて　消防庁次長〕

　消防力の基準の一部を改正する件（平成17年消防庁告示第9号）をもって，消防力の基準（平成12年消防庁告示第1号）の一部が改正されました。

　改正の趣旨，改正内容及び留意事項は下記のとおりですので，この旨をご承知のうえ，各都道府県知事におかれましては，貴都道府県内市町村に対してもこの旨周知されるようお願いします。

　なお，上記の改正に伴い，国が行う補助の対象となる消防施設の基準額（昭和29年総理府告示第487号），消防水利の基準（昭和39年消防庁告示第7号）及び消防団の装備の基準（昭和63年消防庁告示第3号）についても，それぞれ所要の規定の整備を行いましたので，併せて通知します。

記

第1　改正の趣旨

　昨今，消防においては，多様化する災害態様に的確に対応するための警防体制の充実強化，複雑化する建物構造や性能規定化等に伴う予防業務の高度化・専門化に対応した予防体制の充実強化，急速な高齢化に伴う救急出動件数の増大や救急業務の高度化に対応した救急体制の充実強化，複雑・多様化する災害における人命救助を的確に実施するための救助体制の充実強化等，各分野において増大するニーズに的確に対応する必要性がさらに高まってきている。

　また，我が国が直面する大規模な地震等の自然災害やテロ災害，武力攻撃災害等の新たな事象に対応するための体制整備が強く求められており，消防を取り巻く環境は大きく変化してきている。

　消防庁においては，消防力の基準について，上記の環境の変化に対応し，これからの時代に即した基本的な理念や新たな視点を反映した基準を盛り込むとともに，国民の安全の保持という基本的責務を十分に踏まえたものに改正する方針を打ち出した。

　これを受け，平成15年10月から，消防庁において有識者及び実務者による「消防力の整備指針に関する調査検討会」及び「同幹事会」を設置し，国として消防責任を担う市町村に求めるべき消防力の水準のあり方について，必要な検討を行い，さらには，平成16年12月の消防審議会答申を踏まえ，新しい整備指針の方向性と具体的内容が提示された。今回の改正は，これらの提示に沿って行ったものである。

第2　改正内容及び留意事項

　1　指針としての位置付けの明確化

　　　市町村が消防力の整備を進める上での整備目標としての性格を明確にし，市町村の十分な活用を促すため，告示の名称を，「消防力の基準」から「消防力の整備指針」に改めたこと。

　　　国民の安全の保持は，国家としての基本的責務の一つであって，国民の安全に直接関わる行政分野については，国が十分にその役割を果たすべきであるという考え方の下，国が消防力の整備指針において，各市町村が取り組むべき安全の確保に関し，基本的な考え方とその具体的要求水準や内容について，地方公共団体や住民に対して明確に示すことが求められている。

　　　したがって，消防力の整備指針は，市町村が消防力の整備を進めるに当たっての単なる目安というものではなく，各市町村は，この指針を整備目標として，地域の実情に即して具体的な

241

第3編　法令・通知等

整備に取り組むことが要請されるものであり，今回の改正を踏まえた防災計画に基づく消防に関する計画（消防計画）の見直しを行っていただきたい。（第1条第2項関係）

2　消防力の整備指針としての基本理念

消防の責務と消防力の整備指針の必要性を明示し，消防力の計画的な整備を推進するための基本理念を前文として追加するとともに，条文にも明記したこと。（前文及び第3条関係）

これは，改正前の消防力の基準は，消防力の計画的な整備を推進するために必要な施設及び人員についての基準を示していたところであるが，その内容は項目ごとの基準のみが示されており，消防行政のあり方について全体に係る統一的な考え方が必ずしも明確にされていなかったため，市町村が消防力を効果的に発揮していくために，今後の消防行政の方向性を踏まえることが極めて重要であるという趣旨に基づくものである。

なお，今後の消防行政の大きな方向性としては，「総合性の発揮」，「複雑化・多様化・高度化する災害への対応」，「地域の防災力を高めるための連携」及び「大規模災害時等における広域的な対応」の必要性を挙げることができる。

① 総合性の発揮

住民の消防需要に対応した十分な消防力の水準を確保するためには，各職員及び隊が各業務を的確に実施するのに必要な職務能力を保持した上で，複数の分野にまたがる総合的な職務能力を高めるとともに，市町村の関係部局との連携を深める必要がある。

② 複雑化・多様化・高度化する災害への対応

通常の火災や救急事案のほか，大規模な地震等の自然災害，複雑な構造の施設や多様な危険物を取り扱う事業所における災害，さらにはテロ災害，武力攻撃災害等，著しく複雑化・多様化・高度化している災害に十分に対応できる適切な警防，予防，救急，救助体制等の整備を図る必要がある。

③ 地域の防災力を高めるための連携

災害対応における地域の総合防災力を高めるためには，消防は，市町村長の管理の下，防災部局や関係機関，自主防災組織等との連携，また，常備消防と消防団との連携が必要である。

④ 大規模災害時等における広域的な対応

単独の市町村では対応できないような大規模・特殊災害，また，国がより主体的な役割を果たすべき武力攻撃災害等において，住民の生命・身体・財産を保護するためには，他の市町村，都道府県，自衛隊等の国の関係機関と協力しつつ，広域的な対応体制を確保することが必要である。

3　はしご自動車等の配置の基準

はしご自動車又は屈折はしご自動車の配置を要しない場合の条件として，当該消防署の管轄区域に存する中高層建築物が90棟未満であること，当該消防署の管轄区域に存する中高層建築物における火災等において，当該消防署に隣接する消防署又はその出張所に配置されたはしご自動車等が出動から現場での活動の開始まで30分未満で完了することができること，かつ延焼防止のための消防活動に支障のない場合に限るとし，はしご自動車等の適正な配置の基準を明確にしたこと。（第9条第1項関係）

242

第1−9　消防力の基準等の一部改正について

　これまで，はしご自動車等の配置を要しない基準については，隣接する消防署所からはしご自動車等の出動により火災の鎮圧等に支障のない場合とされていたが，具体的な基準がなく，隣接する消防署所に配置されたはしご自動車等での対応が可能な範囲については，市町村の判断によって決定されるものとされていた。このため，距離や地形，道路事情によってはしご自動車等の到着に相当な時間を必要とする地域でも，隣接する消防署所のはしご自動車等の活用で足りるとして，はしご自動車等の配置が必要以上に減じられている実態が見受けられた。

　以上のような実態を踏まえ，はしご自動車等は，基本的に延焼防止という消防活動を前提に配置を考えるべきものであるとの観点から，過去5年間に全国で5階建て以上の建物火災が発生している割合及び建築基準法施行令（昭和25年政令第338号）において中高層建築物の主要構造部の最も短い耐火性能の時間設定が30分と設定されていることにかんがみ，上記のとおりの具体的な基準を明記したものである。

　よって，各市町村は，はしご自動車等の配置状況を再度検証し，改正後の消防力の整備指針に基づいて計画的に整備することが要請されるものである。

4　救急自動車の配置の基準

　救急自動車の配置の基準について，当該市町村の昼間人口及び1世帯当たりの人口，救急業務に係る出動の状況等を勘案するものとしたこと。（第15条第1項関係）

　近年の救急出動件数の伸びが救急自動車数の伸びを大きく上回っており，今後の高齢化のさらなる進展や住民意識の変化に伴い救急需要が増加すると予想される現状においては，緊急に搬送する必要がある本来あるべき救急業務を踏まえた上で，救急自動車の配置を考える必要がある。

　以上の考え方に基づき，昼間人口の状況及び1世帯当たりの人口が特に救急出動件数との相関性が高いという分析結果を踏まえ，救急自動車の配置の基準をより的確な基準とするために上記勘案事項を追加したものである。

　また，各市町村の救急業務の実態を取り入れるものとして，救急自動車の出動頻度，救急自動車が消防署所から出動して災害の現場に到着するまでに要する時間等の救急業務に係る出動の状況も勘案事項として整理したものである。

　よって，各市町村は，救急自動車の配置状況を再度検証し，改正後の消防力の整備指針に基づいて計画的に整備することが要請されるものである。

5　指揮隊の配置の基準

　災害現場において指揮活動を行うため，指揮車を配置するものとし，その数は市町村における消防署の数と同数を基準として，地域における諸事情を勘案した数とするものとしたこと。（第17条関係）

　また，指揮車に搭乗する指揮隊の隊員の数は，指揮車1台につき3人以上とし，災害が発生した場合に多数の人命が危険にさらされ，又は消防活動上の困難が発生するおそれが大きい百貨店，地下街，大規模な危険物の製造所等その他の特殊な施設等が管轄区域に存する消防署に配置する指揮車に搭乗する指揮隊の隊員の数は，指揮車1台につき4人以上とするものとしたこと。（第32条第1項関係）

　さらに，指揮車に搭乗する指揮隊の隊員のうち，1人は消防司令長又は消防司令とするもの

第3編　法令・通知等

としたこと。（第32条第2項関係）

　現場活動上の安全管理の確保及び円滑・効果的な警防活動の遂行の観点から，災害現場においては責任ある者が高度な情報収集・判断の下，組織的で厳格な指揮を行う仕組みが必要であるが，各消防本部における指揮体制はそれぞれであり，特に小規模消防本部などでは，専任の指揮隊が設けられていないことが多い。近年消防職員の殉職事案が続いており，安全管理の面から指揮体制の整備の必要性が指摘されているところである。

　したがって，消防本部の活動態様に応じた組織的・効果的な指揮が行える体制を構築し，消防力の強化を図るとともに，消防活動における組織的な安全管理の徹底を期する必要があるという考え方に基づき上記のとおり指揮隊の配置について明記したものである。

　よって，各市町村は，指揮隊の配置について地域事情や活動様態等を考慮した具体的な配置計画を早急に策定し，指揮隊を整備することが要請されるものである。

6　防災・危機管理に関する基準

　大規模・特殊災害や武力攻撃災害等への対応など通常の体制では直ちに対応できないような災害に対して，専門的かつ広域的な対応ができるよう，以下の事項について新たに防災・危機管理に関する基準として明記したこと。

①　NBC災害対応資機材

　消防本部及び消防署を置く市町村に，当該市町村の人口規模，国際空港等及び原子力施設等の立地その他の地域の実情に応じて，放射性物質，生物剤及び化学剤による災害を対応するための資機材を配置するものとし，当該資機材は消防本部又は署所が管理するものとしたこと。（第20条関係）

　テロ災害を含めた危機管理に対する適切な対応がますます要請される社会情勢の中で，NBC災害対応は，防災・危機管理の一部であり，また，国家的・広域的な観点からも必要になるものであるが，市町村は地域住民の生命身体を災害等から守り，住民の安全安心を確保する責任を有しており，救助隊の編成，装備及び配置の基準を定める省令（昭和61年自治省令第22号）及び救助活動に関する基準（昭和62年消防庁告示第3号）を踏まえつつ，消防本部において必要とされるNBC災害対応資機材の配置基準について明記する必要があるという考え方に基づき上記のとおり改正したものである。

②　同報系の防災行政無線設備

　市町村に，災害時において住民に対する迅速かつ的確な災害情報の伝達を行うため，同報系の防災行政無線設備を設置するものとしたこと。（第21条関係）

　これは，住民に迅速かつ的確に災害情報を一斉に伝達することが可能であり，気象予警報や避難勧告等の伝達に極めて重要な役割を果たし，武力攻撃災害等における住民の避難誘導においても，必要不可欠な施設整備である同報系の防災行政無線設備の設置に関する基準を明記する必要があるという趣旨によるものである。

③　消防本部及び消防団相互間の通信装置

　消防本部及び消防団に，相互の連絡のため，必要な通信装置を設置するものとしたこと。（第23条第1項関係）

　これは，大規模災害時等においては，災害活動中の消防団と管轄の消防本部が直接に無線

244

第1−9　消防力の基準等の一部改正について

等で交信でき，被災状況の早期の把握，迅速な消防活動等を可能とすることが極めて重要であるという趣旨によるものである。

④　消防本部及び署所の耐震化等

消防本部及び署所の庁舎は，地震災害時において災害応急対策の拠点としての機能を適切に発揮するため，十分な耐震性を有するよう整備するものとしたこと。（第25条第1項関係）

また，消防本部及び署所に，地震災害及び風水害時等において災害応急対策の拠点としての機能を適切に発揮するため，非常用電源設備等を設置するものとしたこと。（第25条第2項関係）

これは，過去の地震災害において，一部の消防本部及び署所の庁舎が被災により一時期使用不能となり，災害応急対策等の機能維持に支障が生じたことを踏まえ，災害対応の拠点となる消防本部及び署所の耐震化等について明記したものである。

以上のことから，各市町村は，大規模災害発生時において迅速かつ的確に対応するために不可欠である，上記①〜④に明記された防災・危機管理に関する資機材等について十分な検証を行い，計画的な整備を積極的に進めることが要請されるものである。

7　消防長の責務

消防長は，消防に関する知識及び技能の修得のための訓練を受けるとともに，広範で高い識見等を有することにより，その統括する消防本部の有する消防力を十分発揮させるよう努めるものとしたこと。（第27条）

消防長の任命については，市町村の消防長及び消防署長の任命資格を定める政令（昭和34年政令第201号）で定められている資格要件を満たしていることを前提に，当該市町村の任命権者である市町村長の人事上の判断等の裁量に委ねられるが，近年の消防活動の高度化・専門化・複雑化等の流れを踏まえると，指揮・統制を行う立場の者の能力如何が，実際の消防活動の当否・効果に大きな影響を及ぼすことから，消防長には，消防活動に係る認識及び専門的な知識を十分備えた上での統率力・責任力・判断能力の発揮が求められる。

また，大規模・特殊災害や武力攻撃災害等への対処を含め，市町村全体で地域の防災力を高めるためには，消防と市町村長部局がより一層連携を深める必要がある。

以上のように，消防長には，消防活動に係る実務的な責任能力・判断能力等に加え，行政全体にわたる幅広い見識が求められるという趣旨により本規定を明記したものである。

なお，消防職員として消防業務に従事した経験のない者が新たに消防長として就任する場合には，消防長としての統率力・責任力・判断能力を発揮するために，消防活動に係る認識及び専門的な知識の習得が特に必要であり，今年度から「消防学校を中心として実施する「新任消防長の教育訓練（5日間）」及び消防大学校で実施する「新任消防長コース（平成17年4月18日から4月28日までの11日間）」の合計約3週間にわたる教育訓練」を実施したところであるので，これを受講していただきたいと考えている。

8　消防職員の職務能力

消防職員は，第3条各号に掲げる事項を実施することができるよう，訓練等を受けること等を通じ，消防職員の各分野別に求められる職務能力を備え，その専門性を高めるとともに，複数の業務の知識，技術及び経験を経ることにより，職務能力を総合的に高めるよう努めるもの

第3編　法令・通知等

としたこと。

　また，消防職員の各分野別に求められる職務能力を明記したこと。（第28条関係）

　これは，各消防本部が，消防職員の採用時から計画的な人事ローテーションを行うことにより，消防職員一人一人が複数の各分野の知識，技術及び経験を経て，総合的に能力を発揮し，消防組織としての活動の質を高めることが必要であることから明記したものである。

9　消防ポンプ自動車等に搭乗する消防隊の隊員の数

　消防ポンプ自動車又は化学消防車に搭乗する消防隊が，消防活動上必要な隊員相互間の情報を伝達するための資機材を有し，かつ，当該車両にホースを延長する作業の負担を軽減するための資機材又は装置を備えている場合にあっては，当該消防隊の隊員の数を4人とすることができるとしたこと。（第29条第1項及び第4項関係）

　また，はしご自動車又は屈折はしご自動車にはしご操作時の障害監視を軽減するための自動停止装置を有し，かつ，他の消防隊又は救助隊との連携活動が事前に計画されている場合にあっては，当該消防隊の隊員の数を4人とすることができるとしたこと。（第29条第3項関係）

　これは，消防機器の進歩等を受け，必ずしも5人搭乗しない場合であっても，1隊としての活動能力を有し，効率的な活動が可能であることから，一定の安全化，省力化された消防ポンプ自動車，化学消防車及びはしご自動車等については，施設の性能・効果，他の消防隊等との連携等を考慮に入れた上で，搭乗する隊員を5人から4人に減じることができるようにするという趣旨によるものである。

10　転院搬送における救急隊の隊員の数

　救急自動車に搭乗する救急隊の隊員の数は，救急自動車1台につき3人とされているが，傷病者を一の医療機関から他の医療機関へ搬送する場合であって，これらの医療機関に勤務する医師，看護師，准看護師又は救急救命士が救急自動車に同乗しているときは，救急自動車1台につき2人とすることができるとしたこと。（第30条第1項関係）

　これは，救急需要が増加の一途をたどっている近年の救急業務の状況にかんがみ，転院搬送においては，上記医師等が1名搭乗し，救急隊員2人と合わせて3人が確保されている場合，救急隊員3人の場合と同等以上の救急業務の実施が担保されるという趣旨によるものである。

　なお，救急隊は救急自動車1台及び救急隊員3人以上をもって編成しなければならないと規定していた消防法施行令（昭和36年政令第37号）旧第44条については，消防法施行令の一部を改正する政令（平成17年政令第22号）及び消防法施行規則の一部を改正する省令（平成17年総務省令第15号）によりすでに改正を行ったところである。

11　通信員に関する基準

　消防本部に配置する通信員の総数は，おおむね人口10万人ごとに5人とし，そのうち，常時，通信指令管制業務に従事する職員の数は，2人以上としたこと。ただし，通信施設の機能等により，効率的な対応が可能な場合にあっては，当該通信員の総数を減ずることができるものとしたこと。（第33条関係）これは，近年の119番通報件数の増加，通信手段の多様化，119番通報の受付や出動指令等の通信指令管制業務の重要性にかんがみ，消防本部において専ら通信指令管制業務を担当する通信員の総数について数値指標を設けるとともに，小規模消防本部にあっても必要な要員を確保するために，常時，最低限2名を配置するよう明記したものである。

246

第1−9　消防力の基準等の一部改正について

12　予防要員に関する基準

　予防要員の人員の算定指標を，市町村の人口から予防事務量と密接な相関関係がある防火対象物の数としたこと。

　具体的には，市町村に存する特定防火対象物の数に680分の10を乗じて得た数，特定防火対象物以外の防火対象物の数に2千3百分の2を乗じて得た数，一戸建ての住宅の数に1万7千分の3を乗じて得た数，危険物の製造所等の区分に応じた数に補正係数をそれぞれ乗じて得た数の合計を150で除した数を合算して得た数を基準として，市町村の人口，区域の面積，少量危険物の施設の数及び種類等，消防同意の件数，消防用設備等の設置に係る届出の件数，石油コンビナート等特別防災区域の有無，火災予防に関する事務執行体制を勘案した数とするものとしたこと。（第34条第1項関係）

　これは，予防業務が高度化・複雑化するとともに，違反処理の推進，性能規定化等の新たな制度の導入等を踏まえ，予防要員の数の算定指標を，市町村の人口から予防事務量と密接な相関関係がある防火対象物の数（特定防火対象物数及び非特定防火対象物数）及び戸建て住宅数に改め，必要とされる事務量をより正確に算定するという趣旨に基づくものである。

　また，危険物に関する事務についても，製造所等の種類及び規模により検査等に要する事務量が異なることをより正確に算定するため，製造所等の危険性及び技術基準の構成の複雑さ等を考慮するものである。

　小規模な消防本部であっても予防業務の継続性及び公平性等をかんがみ，最低限の人員として予防要員を2人以上配置するものとしたこと。（第34条第2項関係）

　さらに，火災の予防に関する業務等を的確に行うため，火災の予防を担当する係又は係に相当する組織には，予防に関する一定の知識及び技術を有する者を確保する必要があるため，管轄区域内の防火対象物，危険物の製造所等の種類，規模等を勘案し，火災の予防に関する専門的で高度な知識及び技術を有するものとして消防庁長官が定める資格を有する予防技術資格者を1人以上配置するものとしたこと。（第35条第3項関係）

　なお，予防技術資格者については，予防業務の質的向上が図られるよう，予防技術資格者の有する高度な知識・経験を予防に関する分野において十分活用することはもとより，総合的な消防力の向上・発揮が図られるよう，他の各分野においても活用することが適当である。

　予防技術資格者の資格試験，実務経験等に関する事項については，別途通知する予定である。

13　兼務の基準

　消防ポンプ自動車等及び救急自動車を配置した署所の管轄区域において，当該救急自動車の出動中に火災が発生する頻度がおおむね2年に1回以下であり，当該救急自動車が出動中であっても当該署所ごとに消防ポンプ自動車等の速やかな出動に必要な消防隊の隊員を確保でき，かつ，当該救急自動車に搭乗する専任の救急隊の隊員を配置することが困難である場合には，当該消防ポンプ自動車等に搭乗する消防隊の隊員は救急自動車に搭乗する救急隊の隊員と兼ねることができるとしたこと。（第35条第1項関係）

　これは，全国の消防本部の実態を踏まえつつ，住民の消防への期待に応えるため，救急自動車が出動している時に火災が発生する確率が低い消防署所における消防ポンプ自動車等の搭乗

247

第3編　法令・通知等

隊員と救急自動車の搭乗隊員の兼務の基準を明確化するという趣旨によるものであり，各市町村においては，過去3年間の救急，火災発生件数をもとに上記頻度についての算定を行い，兼務の可否について確認することが必要である。

また，消防ポンプ自動車及び救急自動車を配置した都市部の署所の管轄区域において救急自動車の出動中に火災が発生した場合において，当該署所と管轄区域が隣接する署所に配置された消防ポンプ自動車の出動によって延焼防止のための消防活動を支障なく行うことができ，当該署所の消防ポンプ自動車及び救急自動車の出動状況等を隣接署所において常時把握することができる体制を有し，かつ，当該救急自動車に搭乗する専任の救急隊の隊員を配置することが困難である場合には，当該消防ポンプ自動車に搭乗する消防隊の隊員は救急自動車に搭乗する救急隊の隊員と兼ねることができるとしたこと。（第35条第2項関係）

これは，都市部における救急需要の急速な増加に対応するためには，厳しい財政事情等を考慮すると専任の救急隊員の大幅な増加は難しい場合もあるという現状認識の下，必要な救急自動車の整備は行いつつ，一定の条件を満たす場合に限って消防ポンプ自動車の搭乗隊員と救急自動車の搭乗隊員の兼務を行うことができることを明確化するという趣旨によるものである。なお，兼務を行う場合にあっても，第15条に規定する救急自動車の配置基準を満たさなければならないことは変わるものではない。

以上の兼務の基準の明確化については，以下の考え方に基づくものである。

すなわち，改正前の消防力の基準においては，消防職員は専任を前提としていたが，異なる業務間の兼務は，職員の能力の効率的な活用につながるものであり，総合的な消防力の向上にも資するものであるため，実態を踏まえつつ兼務の概念を導入したものである。

ただし，兼務が消防業務全般にわたって無制限に拡大することは，職員への負担が過大となり，逆に全体の消防力の低下を招くおそれがあるため，必要な消防力が確保されるよう上記のような適切な基準を明記したものである。

さらに，市町村に存する一戸建ての住宅の数に1万7千分の3を乗じて得た数に相当する予防要員の数については，交替制により勤務する職員をもって充てることができるものとし，この場合において，当該職員は，警防，救急等の業務に従事することができるものとしたこと。
（第35条第3項関係）

これは，火災予防の業務に従事する予防要員が，予防業務の知識や経験等を十分に発揮し，発災時の警防活動等他の各分野においてもより効果的な活動を行うことができることを明確にするという趣旨によるものである。

この場合，当該予防要員は，災害出場する場合を除き，予防業務に従事するものであり，予防業務を本務とするかたちでの兼務となるものである。

14　消防職員の総数に関する事項

今回の改正の結果，各消防本部及び署所における消防職員の総数は，上記9，13等により減少することがある一方で，上記5，12，救急需要の急増による救急隊員の増加等により増加するため，結果として消防職員の総数については，改正前の消防力の基準と同等の要員を確保している。

また，消防職員の総数を計算する場合において，上記13のとおり兼務を行う場合において

第1-9 消防力の基準等の一部改正について

は，兼務している人員数は重複して換算しないよう所要の規定の整備を行ったこと。（第36条第2項関係）

15 消防団に関する事項

消防団は，一市町村に一団を置くものとしたこと。ただし，市町村の合併等消防団の沿革その他の特段の事情がある場合は，この限りでないとしたこと。（第37条関係）

消防団員の総数は，通常の火災に対応するために必要な団員数として，消防団の管理する動力ポンプの種類ごとに，第29条第1項及び第2項に規定する消防隊の隊員の数と，大規模な災害時等における住民の避難誘導に必要な団員数として，消防団の管轄区域の小学校区内の可住地面積を0.06平方キロメートルで除して得た数に1.1を乗じ，地震，風水害その他の自然災害の発生の蓋然性等を勘案した数を加えた数を合算して得た数としたこと。（第38条第2項関係）

この場合において，上記0.06平方キロメートルについては，人口密度，地域における諸事情等を勘案して増減させることができるものとしたこと。（第38条第3項関係）

この0.06平方キロメートルについては，地域において住民の主要な避難場所として指定されている公立小学校へ住民を避難誘導する場合を想定して，小学校区域内の可住地面積を，団員1人が徒歩により1時間で避難誘導できる面積として算出されており，地域の諸事情を勘案しておおむね0.06～0.09平方キロメートルの範囲内で決定すべきと考えられる。ただし，大規模な農業・酪農業地域等においては，自動二輪車や自動車等の活用を想定して算定することも可能である。

以上の改正事項については，消防団員の総数の決定に当たって，地域の建物火災に対応する消防力や，大規模な災害時等における避難誘導及び消火活動等に必要な消防力を反映した数値指標に加え，各市町村が考慮すべき地震，水害等の災害発生の危険性等の地域特性等を明記したもので，各市町村は，必要な消防団員の総数について，上記の通り算定し，より一層の消防団員の確保に努めることが要請される。

改正後の消防力の整備指針に基づき算定した団員数は，この指標を設けた趣旨に照らし，少なくとも，地域の消防力を担うために必要な団員数として設定されている当該市町村の現在の条例定数を下回ることは適当でないと考えられる。各市町村においては，改正後の消防力の整備指針に基づき新たな目標となる団員数を算定し，条例定数への反映を目指していただきたい。

また，消防団は，地域に密着した組織として，武力攻撃災害等においても，地域住民の避難誘導を行う等，住民の安全確保のために重要な役割を担うことから，消防団の行う業務として，新たに武力攻撃災害等における国民の保護に関する業務を追加したこと。（第38条第1項第5号関係）

16 施行期日

公布の日から施行するものとしたこと。ただし，予防技術資格者の設置に関しては，平成18年4月1日から施行するものとしたこと。（附則関係）

第3 その他

消防力の基準が改正されたことに伴い，国が行う補助の対象となる消防施設の基準額，消防水利の基準及び消防団の装備の基準について，所要の規定の整備を図ることとしたこと。

249

第3編 法令・通知等

10 消防力の整備指針第32条第3項の規定に基づき，予防技術資格者の資格を定める件

〔平成17年10月18日〕
〔消防庁告示第13号〕

（予防技術資格者の資格）

第1条 消防力の整備指針（平成12年消防庁告示第1号）第32条第3項に規定する火災の予防に関する高度な知識及び技術を有するものとして消防庁長官が定める資格を有する予防技術資格者は，次に掲げる者とする。

(1) 次条第1号に規定する資格を有する者であって，消防庁長官が指定する試験（以下「予防技術検定」という。）に合格したもののうち，火災の予防に関する業務（以下「予防業務」という。）に通算して2年以上従事した経験を有する消防職員

(2) 次条第2号から第4号までに規定する資格を有する者であって，予防技術検定に合格したもののうち，予防業務に通算して4年以上従事した経験を有する消防職員

（予防技術検定の受検資格）

第2条 予防技術検定を受けることができる者は，次の各号に掲げる者とする。

(1) 別表第1及び別表第2に定める講習並びに別表第3から別表第5までのいずれかに定める講習の課程を修了した者

(2) 学校教育法（昭和22年法律第26号）による大学，高等専門学校又は大学院において理工系又は法学系の学科又は課程を修めて卒業した者

(3) 学校教育法による大学，高等専門学校又は大学院において機械，電気，工業化学，土木，建築又は法律に関する授業科目を履修して，大学にあっては大学設置基準（昭和31年文部省令第28号），高等専門学校にあっては高等専門学校設置基準（昭和36年文部省令第23号）及び大学院にあっては大学院設置基準（昭和49年文部省令第28号）による単位を通算して20単位以上修得した者

(4) 予防業務に1年以上従事した経験を有する消防職員

（予防技術検定の方法）

第3条 予防技術検定は，筆記により行う。

（予防技術検定の実施区分）

第4条 予防技術検定は，次の区分ごとに行う。

(1) 防火査察

(2) 消防用設備等

(3) 危険物

（予防技術検定の検定科目）

第5条 予防技術検定の検定科目は，次のとおりとする。

(1) 共通科目 予防業務全般に関する一般知識

(2) 専攻科目 次の表の上欄に掲げる検定の区分に従い，それぞれ同表の中欄に掲げる科目に応じた下欄に掲げる範囲に関する知識

250

第1—10　予防技術資格者の資格を定める件

検定の区分	科目	科目の範囲
防火査察	1　立入検査 2　防火管理 3　違反処理	消防法（昭和23年法律第186号。以下「法」という。）第3条から法第6条まで，法第8条から法第9条の2まで及び法第17条の4並びにこれらに関する法律，政令，省令及び告示等並びにこれらに関する業務
消防用設備等	1　消防同意 2　消防用設備等 3　建築基準法令	法第7条，法第17条から法第17条の14まで及び法第4章の2並びにこれらに関する法律，政令，省令及び告示等並びにこれらに関する業務
危険物	1　危険物の性質 2　危険物規制	法第9条の3，法第9条の4及び法第3章並びにこれらに関する法律，政令，省令及び告示等並びにこれらに関する業務

2　一区分以上の検定に合格している者で，他の区分の検定を受けるものについては，申請により，前項第1号の検定科目を免除するものとする。

（予防技術検定の実施に関する事務を行う者）

第6条　予防技術検定の実施に関する事務は，消防庁長官が指定する者が実施するものとする。

（合格基準）

第7条　検定の合格基準は，第5条第1項第1号の共通科目及び同項第2号の専攻科目の合計の成績が60パーセント以上であることとする。

　　　附　則

1　この告示は，平成18年4月1日から施行する。

2　第2条から第7条まで及び次項に規定する予防技術検定及びこれに関する手続その他の行為は，この告示の施行前においても行うことができる。

3　消防法及び石油コンビナート等災害防止法の一部を改正する法律（平成16年法律第65号）附則第1条第2号に掲げる規定の施行の日の前日までの間における第5条第1項第2号の適用については，同号中「法第9条の2」とあるのは「法第9条」と，「法第9条の3」とあるのは「法第9条の2」と，「法第9条の4」とあるのは「法第9条の3」とする。

4　平成23年3月31日までの間に，次の各号に該当した者は，第1条の規定にかかわらず，同条に規定する予防技術資格者とみなすことができる。

⑴　予防業務に通算して5年以上従事し，かつ，指定予防業務（防火管理，防火査察，違反処理，消防同意，消防用設備等又は危険物に関する業務をいう。次号において同じ。）に1年以上従事した経験を有する消防職員

⑵　消防大学校において火災の予防に関する教育訓練の課程を修了し，かつ，指定予防業務に1年以上従事した経験を有する消防職員

第3編　法令・通知等

別表第1　基本課程(1)（必須）（第2条関係）

教　科　目	時　間　数
予防広報	20時間
危険物	8時間
消防用設備	12時間
査察	24時間
建築	10時間
火災調査	15時間

別表第2　基本課程(2)（必須）（第2条関係）

教　科　目	時　間　数
違反処理	8時間

別表第3　防火査察課程（第2条関係）

教　科　目	時　間　数
査察	11時間
違反処理	14時間
査察実習	7時間
事例研究	6時間
効果測定等	5時間

別表第4　消防用設備等課程（第2条関係）

教　科　目	時　間　数
消防同意	6時間
設備規制事務	26時間
事例研究	6時間
効果測定等	5時間

別表第5　危険物保安課程（第2条関係）

教　科　目	時　間　数
危険物化学	5時間
危険物規制	21時間
事例研究	4時間
効果測定等	5時間
危険性評価・設備等の性能評価	8時間

11 消防力の整備指針の一部改正について

〔平 成 20 年 3 月 14 日　　消 防 消 第 35 号〕
〔各都道府県知事，各指定都市市長あて　消防庁長官〕

　消防力の整備指針（平成12年消防庁告示第1号）の一部を改正する件を本日告示しましたので通知します（平成20年消防庁告示第2号）。

　貴職におかれては，下記事項に十分御留意いただくとともに，各都道府県知事におかれては，貴都道府県内の市町村（消防の事務を処理する一部事務組合等を含む。）に対してもこの旨周知されるようお願いします。

記

1　改正の趣旨

　　原子力発電所における重大な火災事例にかんがみて，原子力発電所等で火災が発生した場合の市町村の消防体制を強化するものである。

2　改正内容

　　化学消防車の配置台数の算定指標として，原子力発電所等（原子力発電所及び原子力発電に使用される核燃料物質の再処理施設をいう。以下同じ。）の数等を加えるとともに，所要の規定の整備を行ったこと。

　　具体的には，化学消防車の配置台数は，改正前の基準においては，危険物の製造所等の5対象施設（消防法別表第1に定める第4類の危険物を貯蔵し，又は取り扱う製造所，屋内貯蔵所，屋外タンク貯蔵所，屋外貯蔵所及び一般取扱所をいう。以下同じ。）の数を基準として，市町村に存する製造所等の数，規模，種類等を勘案して定めることとしていたが，今回の改正により，原子力発電所等の数も基準として加え，市町村に存する原子力発電所等の数，規模，種類等も勘案して定めることとしたこと。（第10条第1項）

　　また，泡消火薬剤を備蓄する量についても，改正前の基準においては，危険物の製造所等の5対象施設の数等を勘案して定めることとしていたが，今回の改正により，原子力発電所等の数も勘案して定めることとしたこと。（第13条）

3　施行期日

　公布の日

第3編 法令・通知等

12 消防力の整備指針及び消防水利の基準の一部改正について

〔平成 26 年 10 月 31 日　　消 防 消 第 205 号〕
〔各都道府県知事，各指定都市市長あて　消防庁次長〕

消防力の整備指針の一部を改正する件（平成26年消防庁告示第28号）及び消防水利の基準の一部を改正する件（平成26年消防庁告示第29号）をもって，本日，消防力の整備指針（平成12年消防庁告示第1号）及び消防水利の基準（昭和39年消防庁告示第7号）の一部が改正されました。

改正の趣旨，内容及び留意事項は下記のとおりですので，この旨御承知の上，各都道府県知事におかれましては，貴都道府県内市町村（消防の事務を処理する一部事務組合等を含む。）に対してもこの旨周知されるようお願いします。

記

第1　改正の趣旨

市町村は，これまで，消防力の整備指針及び消防水利の基準に基づいて人員・施設・消防水利の整備に努めており，市町村の消防力の充実強化に大きな役割を果たしてきたところである。

さらに，各種災害に的確に対応できるよう警防戦術及び資機材の高度化等の警防体制の充実強化を図るとともに，建築物の大規模化・複雑化等に伴う予防業務の高度化・専門化に対応するための予防体制の充実強化，高齢社会の進展等に伴う救急出動の増加，救急業務の高度化に対応するための救急体制の充実強化，複雑・多様化する災害における人命救助を的確に実施するための救助体制の充実強化，武力攻撃事態等における国民の保護のための措置の実施体制の充実強化等を，職員の安全管理を徹底しつつ推進していく必要がある。

また，平成23年3月11日に発生した東日本大震災では，東北地方を中心に甚大な被害を受け，消防においても職員，車両，庁舎等が被災するなど消防活動に多大な影響が生じたことから，地震や風水害等の大規模な自然災害等への備えを強化するため，緊急消防援助隊をはじめとする広域的な消防体制の充実を図ることが求められている。

こうした事情を踏まえて，多様化する災害から住民の生命，身体及び財産を守る責務を全うするための消防力の充実強化を着実に図っていく必要性から，消防庁では，「消防力の整備指針」及び「消防水利の基準」を改正したものである。

今回の改正により，各市町村においては，保有する消防力を改めて総点検し，改正後の「消防力の整備指針」及び「消防水利の基準」に基づいて計画的に整備することが要請されるものである。

第2　消防力の整備指針の改正内容及び留意事項

1　化学消防車

化学消防車の配置基準は，第4類危険物を貯蔵し，又は取り扱う製造所，屋内貯蔵所，屋外タンク貯蔵所，屋外貯蔵所及び一般取扱所の施設ごとの施設数に，当該施設ごとに定めた補正係数を乗じて得た数の合計数に応じた台数としたこと。（第8条第1項第1号関係）

これは，火災及び流出事故件数が施設ごとに差異があり，全体として増加傾向にある状況を踏まえ，直近5年間における施設ごとの火災及び流出事故発生割合から算出した補正係数を乗じることで，必要な地域に適正な台数の化学消防車が配置されるよう改正したものである。

254

第1—12　消防力の整備指針及び消防水利の基準の一部改正について

2　大型化学消防車等

市町村が大型化学高所放水車を配置した場合，大型化学消防車，大型高所放水車を各1台配置したものとみなすとしたこと。（第9条第3項関係）

石油コンビナート等災害防止法施行令第6条第2項の規定では，特定事業者が大型化学高所放水車を配置した場合には，人員・管理等において効率化が図れることから大型化学消防車，大型高所放水車を各1台配置したものとみなすとされている。

消防力の整備指針においても，同様の理由から，市町村が大型化学高所放水車を配置した場合，大型化学消防車，大型高所放水車を各1台配置したものとみなすこととしたものである。

3　救急自動車

救急自動車の配置基準について，人口に基づく配置基準を見直し，人口10万以下の市町村にあってはおおむね人口2万ごとに1台，人口10万を超える市町村にあっては5台に人口10万を超える人口についておおむね5万ごとに1台を加算した台数を基準とするとともに，勘案要素として「高齢化の状況」を明記したこと。（第13条第1項関係）

これは，救急自動車の現状の整備数や救急出動件数の将来推計等を踏まえて，救急自動車を増強配備しようとするものである。

また，高齢化が進むほど救急出動ニーズが高まることが想定されることから「1世帯当たりの人口」に替えて，「高齢化の状況」を勘案することとしたものである。

4　非常用消防用自動車等

非常用消防用自動車等の配置基準については，新たに配置基準を設けることとしたこと。非常用消防ポンプ自動車については，管轄人口30万以下の消防本部については稼働中の消防ポンプ自動車8台に1台，管轄人口30万を超える消防本部については稼働中の消防ポンプ自動車4台に1台を基準として，地域の実情に応じて配置することとしたこと。（第17条第1項関係）

また，非常用救急自動車については，管轄人口30万以下の消防本部については稼働中の救急自動車6台に1台とし，管轄人口30万人を超える消防本部については稼働中の救急自動車4台に1台を基準として，地域の実情に応じて配置することとしたこと。（第17条第2項関係）

東日本大震災においては，消防車両も被災し，出動可能な消防車両の確保に困難を極めたが，非常用車両が有効に機能した消防本部もあった。

大規模災害発生時に，消防本部の総力をもって災害対応するためには，非常召集した職員が使用する消防車両を整備しておくことが求められるところであり，非常用消防車両の配置基準を設けて，管轄人口規模ごとに一定の配置の目安を示したものである。

5　消防本部及び署所の耐震化等

消防本部及び署所は地震災害及び風水害時等において，災害応急対策拠点としての機能を発揮するため，十分な耐震性に加えて，浸水に耐え得るよう整備する旨を明記したこと。（第23条第1項関係）

また，大規模な地震及び風水害の発生により消防庁舎の災害応急対策拠点としての機能の維持が困難となった場合に備え，他の署所，公共施設等を活用して当該機能を確保する計画をあらかじめ策定しておくことを明記したこと。（第23条第3項関係）

東日本大震災においては，地震による揺れや津波による浸水で消防庁舎に大きな被害が発生

第3編　法令・通知等

し，その機能の維持が困難となった消防本部や署所については，被害の少なかった署所や公共施設へ機能移転して対応した例があった。

　このことを踏まえ，消防本部及び署所の庁舎は，災害応急対策拠点の機能を確保するため，まずは，十分な耐震性を確保することに加え，浸水被害を考慮した対策を講じることが必要である。さらに，万一，大規模災害発生時において消防庁舎の機能維持が困難となった場合に備え，他の署所，公共施設等を活用した災害応急対策の拠点機能を維持するための計画を定めておく必要があるとしたものである。

6　救急隊の隊員

　救急隊の隊員の配置基準について，救急業務の対象となる事案が特に多い地域においては，地域の実情に応じて救急自動車に搭乗する救急隊の隊員の代替要員を確保することとしたこと。（第28条第2項関係）

　近年の救急需要の増大に伴い，地域によっては救急隊1隊あたりの出動件数が増加するなど，救急隊員を取り巻く環境は厳しくなっていることを踏まえ，救急事案が特に多い地域においては，様々な事態を想定し，救急自動車に搭乗する隊員の代替要員を地域の実情に応じて確保することを明記したものである。

7　通信員

　通信員の配置数について，管轄人口30万を超える部分については，これまでのおおむね人口10万ごとに5人から，おおむね人口10万ごとに3人とするとともに，通信指令体制及び緊急通報の受信件数等を勘案して総数を増減させることができることとしたこと。（第31条第2項関係）

　また，同時に指令管制業務に従事する職員の数は2人以上を原則とした上で，緊急の場合その他やむを得ない場合に限り，当該通信員を一時的に減ずることができることとしたこと。
（第31条第3項関係）

　通信施設の機能等の向上により，管轄人口規模が大きい消防本部ほど，基準数よりも少ない人員で運用可能となっていることから，管轄人口30万を超える部分の算出基準について見直したものである。

　なお，これまでの指針では，通信員を減ずることができる旨のみ規定されていたが，今回の改正で通信指令体制，119番通報の受信件数等，地域の実情によっては，通信員を人口に基づく基準数以上に配置することが必要な地域もあると考えられることから，勘案によって総数を増減させることができるものとしたものである。

　また，災害出動などの緊急の場合については，通信員を一時的に減ずることができることとしたものである。

8　消防本部及び署所の予防要員

　消防本部及び署所における予防要員の数について，算定基準に用いる防火対象物ごとの係数を見直すとともに，特定防火対象物に係る係数を割増しすることで，予防要員を増員することとしたこと。（第32条第1項関係）

　これは，防火対象物や一戸建ての住宅の数に応じて予防要員の数を算定するに当たって，特に人命危険の高い対象物に対する違反是正を徹底する必要があること，さらには，違反対象物

に係る公表制度や防火対象物に係る表示制度の導入等を受け，特定防火対象物を中心に，立入
検査や違反処理に係る執行体制の充実強化を図るためである。

　具体的には，消防本部及び署所における特定防火対象物に係る予防業務の執行体制を強化す
るために，立入検査業務を行う人員，違反処理業務を行う人員をそれぞれ増員し，標準団体
（人口10万人）における予防要員を全体で15人から17人に２人増員しようとするものである。

9　兼務の基準

　予防要員については，特定防火対象物以外の防火対象物数を基に算定した要員の数の２分の
１と一戸建ての住宅の数を基に算定した要員の数の合算数を超えない範囲で，予防業務の執行
に支障のない範囲に限り，必要な数の警防要員をもって充てることができることとしたこと。

　ただし，警防要員をもって充てることとした場合であっても，専従の予防要員の数は少なく
とも２名は確保しなければならないこと。（第33条第３項関係）

　また，一戸建て住宅若しくは共同住宅への防火指導又は共同住宅への立入検査に警防要員を
充てる場合については，それぞれの事務に関し予防技術資格者等業務の執行に必要な知識及び
技術を有する者をもって充てなければならないとしたこと。（第33条第４項関係）

　予防業務は，その重要性，高度な専門性に鑑み専従職員を充てることが適当と考えられる一
方で，業務の執行に必要な知識等を有すると認められる警防要員が，予防要員を兼務すること
も有効な人材活用方策と考えられる。このことから，兼務できる予防業務の範囲については，
これまでの「一戸建て住宅に対する防火指導業務」に，「共同住宅に対する防火指導業務」と
「共同住宅への立入検査業務」を加えることとし，兼務する警防要員については，業務の執行
に必要な知識等を有することを要件としたものである。

10　消防本部及び署所の消防職員の総数

　消防本部及び署所における消防職員の総数を算定するに当たっては，消防隊，救急隊，救助
隊及び指揮隊の隊員の数について，一の消防隊が複数の消防自動車に搭乗する場合の運用（以
下「乗換運用」という。）について，市町村があらかじめ定めている場合は，当該複数のもの
それぞれを常時運用する際に必要となる消防隊の隊員数のうち最大のものとするとしたこと。
（第34条第１項第１号）

　また，消防本部及び署所の「庶務の処理等に必要な人員の数」を，「総務事務等の執行のた
めに必要な消防職員の数」と改め，その中に消防の相互応援に関する業務が含まれることを明
記したこと。（第34条第１項第４号関係）

　近年，特に管轄人口規模が大きい消防本部において，消防の応援に関する業務が増大してい
ることを踏まえ，消防の応援・受援計画の策定，消防庁からの無償使用車両の維持管理等を消
防の応援に関する業務として明確にしたものである。

　なお，乗換運用の範囲等については，消防庁長官が消防本部の規模及び消防用自動車等の保
有状況等を勘案し，別途，一定の目安を示す予定である。

11　消防団の設置

　「消防団を中核とした地域防災力の充実強化に関する法律（平成25年法律第110号）」が施行
されたことを踏まえ，消防団は，大規模災害時はもとより，地域防災力の中核として将来にわ
たり欠くことのできない代替性のない存在であることを明記したこと。

第3編　法令・通知等

また，特段の事情がある場合は，一市町村に二団以上置くことができることを明確にしたこと。
（第35条関係）

12　消防団の業務及び人員の総数

消防団の業務として，災害時における避難誘導，自主防災組織を含む地域住民への指導について明記するとともに，人員の総数は業務を円滑に遂行するために，地域の実情に応じ必要な数としたこと。（第36条関係）

避難誘導，地域住民への指導は，住民の安全確保のために消防団の重要な役割であることから，消防団の行う業務として明確に位置づけたものである。

また，消防団をめぐる地域における実情が多様であり，これまでのように動力消防ポンプの種類や小学校区内の可住地面積による画一的な基準を基に算定することは困難であることから，消防団員の総数については，地域の実情に応じ業務を円滑に遂行するために必要な数としたものである。

13　その他所要の整備

①　署所の数に関すること及び動力消防ポンプの数に関することについて所要の整理を行うこととしたこと。（第4条，第5条関係）

②　消防本部及び署所に，地域の実情に応じて必要と認められる数の「救助のための要員」を配置する旨の規定を削除したこと。（第29条第3項関係）

③　その他所要の整備を図ることとしたこと。

14　施行期日

公布の日から施行することとしたこと。

第3　消防水利の基準の改正内容及び留意事項

1　目　的

「市町村の消防に必要な最少限度の水利について定めるもの」という表現を改め，「市町村の消防に必要な水利について定めるもの」としたこと。（第1条関係）

「消防水利の基準」について，「消防力の整備指針」と同様，最少限度の基準から市町村の整備目標へと位置付けることとしたこと。

2　消防水利の配置

大規模な地震が発生した場合の火災を想定して，耐震性を有する消防水利を地域の実情に応じて計画的に配置することを明記したこと。（第4条第4項関係）

東日本大震災の被害が大きかった地域では，水道の断水により消火栓が使用不能となり，離れた水利からの遠距離送水を余儀なくされるなど，消火活動に時間を要したことを踏まえ，市町村は大規模な地震等が発生した場合の火災を想定して，水利不足が懸念される市街地などでも効果的な消火活動が行えるよう，耐震性を有した消防水利を計画的に配置していくことを求めるところである。

3　施行期日

公布の日から施行することとしたこと。

13 消防力の整備指針に基づく消防職員の総数の 算定の基となる乗換運用基準について（通知）

〔平成27年 2 月20日 消防消第26号〕
〔各都道府県知事，各指定都市市長あて 消防庁長官〕

　消防力の整備指針（平成12年消防庁告示第 1 号。以下「整備指針」という。）に基づき消防職員の総数を算定する際に、その基礎となる複数の消防用自動車等（非常用消防用自動車等を除く。以下同じ。）について 1 の消防隊等が搭乗することとする運用の基準（以下「乗換運用基準」という。）を下記のとおり定めます。各消防本部におかれては、この乗換運用基準に従い、消防職員の総数を算定するようお願いします。

　なお、各都道府県知事におかれては、貴都道府県内の市町村（消防の事務を処理する一部事務組合等を含む。）に対してこの旨周知されるようお願いします。

記

1　各隊の兼務等について
　(1)　乗換運用基準について
　　　整備指針第34条第 1 項に基づき消防本部及び署所における消防職員の総数を算定するに当たっては、消防隊、救急隊、救助隊及び指揮隊の隊員数については、この通知に定める乗換運用基準に従い運用する場合に必要となる隊の数を基準とするものとする。
　　　なお、この通知に定める乗換運用基準は、消防本部が整備目標とすべき消防職員の総数を算定する際の前提となる乗換方法であって、各消防本部における実際の運用方法を制限するものではないことに留意されたい。
　(2)　消防隊等の兼務について
　　　整備指針において、消防隊、救急隊、救助隊及び指揮隊は、それぞれ別の隊として活動することを想定しており、兼務はしないこととしている。
　　　ただし、整備指針第33条第 1 項又は第 2 項に定めるとおり、火災発生率が一定以下の場合等については、消防隊が救急隊を兼ねることができるものである。
　(3)　特殊車等の分類
　　ア　特殊車等については、多種多様な装備を施した車両が存在するが、使用目的に応じ災害現場で消火活動に使用する特殊車（以下「消火系特殊車」という。）、災害現場で救助活動に使用する特殊車（以下「救助系特殊車」という。）及び後方支援等で使用する特殊車（以下「後方支援系特殊車」という。）に分類することとする。
　　イ　消火系特殊車、救助系特殊車及び後方支援系特殊車の具体的な分類については、各消防本部において使用目的等に応じて分類することとする。
2　消防隊の乗換運用基準について
　(1)　消防隊については、搭乗する車両の種類が多く想定されるところであり、消防隊が運用する車両等（消防ポンプ自動車、はしご自動車、化学消防車、大型化学消防車、大型高所放水車、泡原液搬送車、消防艇、消火系特殊車、後方支援系特殊車）の相互乗換は 2 台までとする。
　　　ただし、災害発生件数が少なく、複数の災害が同時に発生するリスクが極めて低いと考えら

第3編　法令・通知等

れる規模の小さい消防本部については3台までとすることができる。

(2)　大型高所放水車、泡原液搬送車、消防艇、消火系特殊車に搭乗する隊員の数は、整備指針において、それぞれの機能を十分に発揮できると認められる数とされている。消防隊がこれらの車両に乗り換える場合、1の消防隊の人員が分散乗車により運用できる車両の台数を、(1)の相互乗換の1台分とみなすことができる。

(3)　後方支援系特殊車については、乗換車両として(1)の相互乗換の台数に1台（1の消防隊の人員が分散乗車により運用できる場合はその車両の台数）を追加することができる。

(4)　消防隊が救急隊を兼務している場合には、主として運用する消防用自動車等及び救急自動車以外の車両への乗換はしないものとする。

3　救助隊の乗換運用基準について

(1)　救助隊については、救助工作車を主として救助系特殊車との乗換が想定されるところであり、それらの相互乗換は2台までとする。

　　ただし、特異災害に対応するための救助系特殊車（消防組織法第50条による無償使用車を除く。）については、事前に災害種別に応じて必要となる車両の組合せを設定し、必要な人員数をあらかじめ確保している場合はこの限りでない。

(2)　整備指針において、搭乗する隊員の数がそれぞれの機能を十分に発揮できると認められる数とされている救助系特殊車については、1の救助隊の人員が分散乗車により運用できる車両の台数を、(1)の相互乗換の1台分とみなすことができる。

4　救急隊及び指揮隊の乗換運用基準について

(1)　救急隊については、2(4)の消防隊と兼務する場合を除いては、他の消防用自動車等との乗換はしないものとする。

(2)　指揮隊については、他の消防用自動車等との乗換はしないものとする。

第1—14　乗換運用基準に関する質疑応答等について

14　消防力の整備指針に基づく消防職員の総数の算定の基となる乗換運用基準に関する質疑応答等について

〔平　成　27　年　2　月　20　日　　　　事　務　連　絡〕
〔各都道府県消防防災主管課，東京消防庁・各指定都市担当課あて　消防庁消防・救急課〕

　標記のことについて、別紙のとおり取りまとめたので送付します。

　なお、貴都道府県内市町村（消防の事務を処理する一部事務組合及び広域連合を含む。）に対してもこの旨周知徹底されるようお願いします。

質疑応答集

問1　各消防本部において部隊運用方法を定めているが、消防力の整備指針に基づく消防庁長官が定める乗換運用基準に反している場合は実際の運用を制限されるのか。

答1　この乗換運用基準は、消防本部が整備目標とする消防職員の総数を算定する際の前提となる乗換方法を定めたものであって、各消防本部における実際の運用について制限を設けるものではない。

問2　救助隊が救助工作車と乗り換える車両にはしご自動車を加えることは認められないと考えて良いか。

答2　はしご自動車は消防隊が運用する車両とされていることから、乗換運用基準上は従来どおり、救助隊が救助工作車とはしご自動車を乗り換えることは認めない。

　なお、この乗換運用基準は、消防本部が整備目標とする消防職員の総数を算定する際の前提となる乗換方法を定めたものであって、各消防本部における実際の運用について制限するものではない。

問3　消火系特殊車と救助系特殊車に明確な違いはあるのか。また、消防隊が救助系特殊車と、救助隊が消火系特殊車と乗換えることは可能か。

答3　消火系特殊車は消火活動に使用する特殊車、救助系特殊車は救助活動に使用する特殊車としており、各消防本部における使用目的等に応じて分類していただきたい。

　後段については、各消防本部の実態に応じて運用することは当然可能である。

問4　消防隊の2台の乗換について例示していただきたい。

答4　消防隊の2台の乗換例には次のようなものがある。

(1)　消防ポンプ自動車と化学消防車

(2)　消防ポンプ自動車とはしご自動車

(3)　消防ポンプ自動車と大型水槽車（特殊車）

(4)　消防ポンプ自動車と消防艇

261

第3編　法令・通知等

(5)　消防ポンプ自動車と大型化学消防車

(6)　消防ポンプ自動車と泡原液搬送車・大型高所放水車

(7)　化学消防車とはしご自動車

(8)　化学消防車と消防艇

(9)　はしご自動車と消防艇

問5　乗換運用基準上、規模の小さい消防本部について3台までの乗換を認めているのはなぜか。

答5　乗換運用基準上、従来どおり原則2台の相互乗換としており、3台は例外となる。管轄区域における災害発生件数が少なく、複数の災害が同時に発生するリスクが極めて低いと考えられる小規模な消防本部については、例外的に3台までの乗換を認めることとしたものである。

　　なお、この乗換運用基準は、消防本部が整備目標とする消防職員の総数を算定する際の前提となる乗換方法であって、各消防本部における実際の運用について制限するものではない。

問6　3台乗換が認められる小規模な消防本部とはどのようなものか。

答6　災害発生件数が著しく少なく、複数の災害が同時に発生するリスクが極めて低いと考えられる小規模な消防本部で、おおむね管轄人口規模5万未満の消防本部をいう。

問7　後方支援系特殊車を含む3台の乗換について例示していただきたい。

答7　後方支援系特殊車を含む3台の乗換例について次のようなものがある。

(1)　消防ポンプ自動車と化学消防車と資機材搬送車（後方支援系特殊車）

(2)　消防ポンプ自動車とはしご自動車と資機材搬送車・人員輸送車（後方支援系特殊車）

問8　救助隊の2台の乗換について例示していただきたい。

答8　救助隊の2台の乗換例には次のようなものがある。

(1)　救助工作車と重機搬送車・ウォーターカッター車（特殊車）

(2)　救助工作車と特殊災害対策車（特殊車）

(3)　救助工作車と山岳救助車（特殊車）

(4)　救助工作車と水難救助車（特殊車）

問9　救助隊の乗換運用基準において、無償使用車両がただし書から除かれるのはなぜか。

答9　無償使用制度とは、緊急消防援助隊の活動上必要な車両・資機材等のうち、地方公共団体が整備・保有することが費用対効果の面から非効率的なものについて、大規模・特殊災害時における国の責任を果たすため、国が整備し緊急消防援助隊として活動する人員の属する都道府県又は市町村に対して無償で使用させるものである。そのため、無償使用車両については迅速に出動ができるだけの人員を確保しておいてもらう必要がある。

262

第 1 —14　乗換運用基準に関する質疑応答等について

　また、南海トラフ地震や首都直下地震等の大規模災害では、倒壊家屋及び津波浸水地域
での救助事案が多数発生すると想定されるため、無償使用車両の中でも、特に救助隊が用
いるものについては、出動要請をする可能性が極めて高いことから、乗換運用基準上、乗
換は、原則どおり２台までとすることとする。

第3編 法令・通知等

乗換運用基準のイメージ 参考

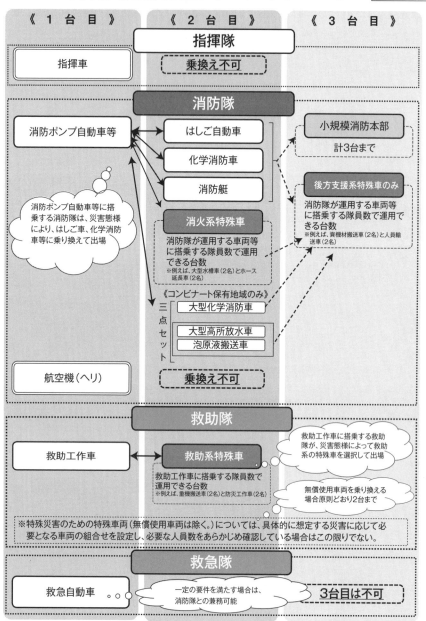

第1−15 消防力の整備指針の一部改正について

15 消防力の整備指針の一部改正について

[平成 31 年 3 月 29 日　　消 防 消 第 78 号]
[各都道府県知事、各指定都市市長あて　消防庁次長]

消防力の整備指針の一部を改正する件（平成31年消防庁告示第4号。以下「改正告示」という。）を本日告示しましたので通知します。

改正の趣旨，内容及び留意事項は下記のとおりですので，この旨御承知の上，各都道府県知事におかれましては，貴都道府県内市町村（消防の事務を処理する一部事務組合等を含む。）に対してもこの旨周知されるようお願いします。

記

第1　改正の趣旨

市町村が，火災の予防，警戒，鎮圧，救急，救助等を行うために必要な施設及び人員を定める基準として，昭和36年に消防力の基準（昭和36年消防庁告示第2号。その後，平成12年に消防力の整備指針（平成12年消防庁告示第1号）に全部改正）が，消防水利を定める基準として，昭和39年に消防水利の基準（昭和39年消防庁告示第7号）がそれぞれ制定され，これまで数回の改正が行われてきたところである。

この度，改めて，最近の火災・救急・救助事案等の災害発生状況や消防を取り巻く環境などについて，現状の確認，検討を行い「消防力の整備指針」について必要な改正を行ったものである。

各市町村においては，改正後の消防力の整備指針により，保有する消防力を点検し，必要となる消防力について，計画的に整備することが要請されるものである。

第2　改正内容及び留意事項

1　定義（第2条関係）

「消防の連携・協力」について，その一類型であるはしご自動車の共同運用（第7条），指令の共同運用（第20条）を整備指針上新たに位置付けるに当たり，市町村の消防の広域化に関する基本指針（平成18年消防庁告示第33号）から，定義規定を引用することとした。

2　はしご自動車（第7条関係）

⑴　はしご自動車の配置に関する緩和要件の一つに，従前，当該消防署の管轄区域に存する中高層建築物（＝高さ15m以上相当）が90棟未満であるとしていたところ，平成25年から平成29年までの5年間では，5階建て以上（高さ15m以上相当）の防火対象物における火災は，概ね128棟に1棟の割合となっていることから，今回，緩和要件を「90棟未満」から「120棟未満」に見直すこととした。

⑵　消防の連携・協力によりはしご自動車を共同運用する場合の配置の考え方について，現行の第7条第1項の考え方を踏襲し，連携・協力に当たっても，①中高層建築物が120棟未満（現行は90棟未満），②他の署所から出動したはしご自動車が現場での活動の開始まで30分未満で完了，③延焼防止のための消防活動に支障のない場合（中高層建築物が密集地域に建築されていない場合など），の3要件を課すこととした。

なお，新第7条第2項はあくまではしご自動車を共同運用する場合の配置の考え方を示したものであって，上記①〜③を満たさないことをもって連携・協力に該当しないというもの

265

第3編　法令・通知等

ではない。

(3)　はしご自動車には，第9条に規定されている大型高所放水車と同等の放水性能を有するものがある。このことから，はしご自動車と同等の機能を有する大型高所放水車を一台配置したときは，はしご自動車についても一台配置したものとみなす規定を新設することとした。

3　大型化学消防車等（第9条関係）

大型高所放水車には，バスケットを有し，はしご自動車と同等の機能を有するものがある。このことから，大型高所放水車と同等の機能を有するはしご自動車を一台配置したときは，大型高所放水車についても一台配置したものとみなす規定を新設することとした。

4　特殊車等（第16条関係）

現行の規定で例示されている「林野火災工作車」や「防災工作車」は，資器材搬送車や支援車等に置き換わる傾向にあり，減少傾向にある。

毎年実施している「消防防災・震災対策現況調査」の特殊車等に関する統計を参考に，導入状況や近年の時勢を踏まえた例示に見直すこととした。

5　消防指令システム等（第20条関係）

(1)　119番通報の受信，署所に対する情報の同時伝達や指令，連絡等は，指令装置，表示板，無線統制台，指令伝送装置，出動車両運用管理装置，位置情報通知装置等で構成された消防指令システムを有する消防指令センターで一括して行われているが，現行では，これらの設置に関する規定がない。消防指令システムの有用性や導入状況などから，消防本部の管轄区域に設置するものとして，消防指令システムの規定を新設することとした。

具体的には，第31条に規定する通信指令管制業務を円滑に行うため，消防本部の管轄区域に消防指令システムを設置することとした。「消防本部の管轄区域」としたのは，設置場所として消防本部庁舎や署所のほかにも，他の行政庁舎等に設置されることが想定されるためである。

(2)　消防の連携・協力により指令を共同運用する場合の設置の考え方について新たに規定することとした。

なお，第22条の消防救急無線設備は，指令の共同運用を行っている場合においても，各消防本部と各車両に引き続き設置されているものであるため，連携・協力の規定を追加しないこととしている。

6　施行期日

改正告示は，平成31年4月1日から施行することとした。

第2 「消防力の整備指針」関係法令・通知等

1 救助隊の編成，装備及び配置の基準を定める省令の公布等について（通達）（抄）

〔昭和61年10月1日　消防救第109号〕
〔各都道府県知事あて　消防庁次長〕

　救助隊の編成，装備及び配置の基準を定める省令（昭和61年自治省令第22号）が昭和61年10月1日に制定公布され，これに伴い消防力の基準（昭和36年消防庁告示第2号）及び消防吏員服制準則（昭和42年消防庁告示第1号）の一部が同じく昭和61年10月1日に改正され，それぞれ昭和62年1月1日から施行されることとなった。

　この省令の制定及び告示の一部改正は，消防法及び消防組織法の一部を改正する法律（昭和61年法律第20号）が，昭和61年4月15日に公布されたことに伴い，市町村が人命の救助に必要な特別の救助器具を装備した消防隊（以下「救助隊」という。）を配置する際の基準を定めるとともに，告示についても所要の整備を行ったものである。

　貴職におかれては，その制定及び改正の趣旨を十分御理解の上，下記事項に留意され，その運用に遺憾のないように配慮されるとともに，管下市町村（消防の事務を処理する一部事務組合を含む。）に対してもこの旨示達され，よろしく御指導願いたい。

記

第2　消防力の基準の一部改正について

1　今回，救助隊の編成，装備及び配置の基準を定める省令の制定と併せて改正された消防力の基準については，その改正趣旨は同省令の制定の趣旨と同じであること。

2　救助工作車の配置基準数は，原則として，救助隊の編成，装備及び配置の基準を定める省令に定める救助隊の配置基準数と同数とするが，特別救助隊の配置基準数を控除した数については消防ポンプ自動車その他の消防用自動車を充て，救助工作車の配置基準数から減ずることができることとされたこと。（第12条の8）

3　従来，人命の救助を必要とする災害又は事故が多発する地域については，消防本部又は署所に実情に応じ必要と認められる救助のための要員を配置するものとされていたが，今回の改正に伴い，救助工作車に搭乗する隊員（1隊につき5人以上）のほか，消防本部若しくは署所又は消防団に実情に応じ必要と認められる救助のための要員を配置するものとされたこと。（第16条の3）

第3編　法令・通知等

2　救助隊の編成，装備及び配置の基準を定める省令の一部を改正する省令等の公布及び施行について

〔平 成 22 年 4 月 1 日　　消 防 参 第 140 号〕
〔各都道府県知事，各指定都市市長あて　消防庁長官〕

　救助隊の編成，装備及び配置の基準を定める省令の一部を改正する省令（平成22年総務省令第40号）が，別添1のとおり平成22年4月1日に公布され，これに伴い，救助活動に関する基準の一部を改正する件（平成22年消防庁告示第9号）が，別添2のとおり同じく平成22年4月1日に公布され，それぞれ公布の日から施行されることとなりました。

　今回の改正は，世界各国でテロ災害が頻発している状況等にかんがみ，「化学剤検知器」及び「検知型遠隔探査装置」を救助隊が備えるべき救助器具として新たに追加するため，救助隊の編成，装備及び配置の基準を定める省令（昭和61年自治省令第22号。以下「省令」という。）及び救助活動に関する基準（昭和62年消防庁告示第3号。以下「告示」という。）の一部を改正するものです。

　具体的には，「化学剤検知器」を，特別高度救助隊は必ず備えるものとし，特別高度救助隊を除く救助隊は地域の実情に応じて備えるものとして，新たに省令別表第1及び告示別表に追加するものです。

　また，平成21年度に開催された「救助資機材の高度化等検討会」では，化学剤検知器等を搭載する構造を有し，遠隔操作により探査装置等を操縦できる救助器具である「検知型遠隔探査装置」について検討し，消防機関への実戦配備の考え方をまとめました。この検討結果を踏まえ，「検知型遠隔探査装置」を，特別高度救助隊及び高度救助隊は地域の実情に応じて備えるものとして，新たに省令別表第3及び告示別表に追加するものです。

　なお，「検知型遠隔探査装置」を地域の実情に応じて備えるものとしたことは，特にNBC災害発生の蓋然性が高いと思われる地域において積極的に整備され，NBC災害への対処能力の強化が図られることを期待しているものです。

　貴職におかれましては，この旨ご理解いただくとともに，各都道府県知事におかれましては，貴都道府県内の市町村（消防の事務を処理する一部事務組合等を含む。）に対してもこの旨周知されるようお願いいたします。

第2―3　市町村の消防の広域化に関する基本指針

3　市町村の消防の広域化に関する基本指針

〔平成18年7月12日〕
〔消防庁告示第33号〕

最終改正　平成30年3月30日消防庁告示第8号

一　自主的な市町村の消防の広域化の推進に関する基本的な事項

1　市町村の消防の広域化の必要性

　　消防は，災害や事故の多様化及び大規模化，都市構造の複雑化，住民ニーズの多様化等の消防を取り巻く環境の変化に的確に対応し，今後とも住民の生命，身体及び財産を守る責務を全うする必要がある。

　　しかしながら，小規模な消防本部においては，出動体制，保有する消防用車両，専門要員の確保等に限界があることや，組織管理や財政運営面での厳しさが指摘されることがあるなど，消防の体制としては必ずしも十分でない場合がある。

　　これを克服するためには，市町村の消防の広域化により，行財政上の様々なスケールメリットを実現することが極めて有効である。具体的には，広域化によって，

　①　災害発生時における初動体制の強化

　②　統一的な指揮の下での効果的な部隊運用

　③　本部機能統合等の効率化による現場活動要員の増強

　④　救急業務や予防業務の高度化及び専門化

　⑤　財政規模の拡大に伴う高度な資機材の計画的な整備

　⑥　消防署所の配置や管轄区域の適正化による現場到着時間の短縮

等，消防力の強化による住民サービスの向上や消防に関する行財政運営の効率化と基盤の強化が期待される。

　　こうしたことから，平成6年以降，自主的な市町村の消防の広域化が推進されてきた。全国の消防本部の数は，最も多かった平成3年10月の936本部から，平成18年4月には811本部にまで減少しているが，広域化と並行して進められた市町村合併の状況と比較すると，広域化が十分進んだとは言い難い状況にあった。そこで，平成18年においては，都道府県の役割の明確化と，市町村における十分な議論を確保するための関係者の議論の枠組みの創設と併せ，災害の大規模化・多様化等の環境の変化に的確に対応するために広域化の目標となる消防本部の規模を引き上げること等を内容として，広域化を更に推進するための消防組織法の改正及びこれに基づく本指針の策定を行った。

　　以来，改正後の消防組織法に基づき各都道府県において定められた推進計画に基づく取組が進められてきたところであるが，本指針が策定された当初の広域化の実現の期限としていた平成24年度末には平成18年4月から更に27本部が減少し，消防本部数は784本部となり，平成25年に改正された本指針の新たな推進期限としていた平成30年4月1日には更に56本部が減少し，消防本部数は728本部となったところである。広域化を行った消防本部においては，人員配備の効率化と充実，消防体制の基盤の強化を通じた住民サービスの向上等の成果が現れており，広域化に伴う現象として一部の地方公共団体が懸念する，消防署所の配置替えによる一部

269

第3編　法令・通知等

地域での消防力低下や消防本部と市町村との関係の希薄化といった事実は認められない。

このように，広域化した消防本部においては，広域化の意図する成果が現れてはいるものの，全体的には，管轄人口10万未満の小規模な消防本部（以下「小規模消防本部」という。）が全消防本部数の約六割を占めるなど，広域化の進捗はまだ十分とはいえず，小規模消防本部が抱える前記の課題が依然として克服されていない。

一方で，日本の総人口は，平成17年に戦後初めて減少に転じ，既に人口減少社会が到来している。これにより一般的に現在の各消防本部の管轄人口も減少し，消防本部の小規模化がより進むと同時に，生産年齢人口の減少を通じた財政面の制約もより厳しくなるものと考えられる。また，消防本部とともに地域の消防を担っている消防団員の担い手不足の問題も更に懸念される状況にある。また，人口減少により低密度化が進展しているが，消防活動として必要な署所等の数は大きくは変化しないものと考えられ，即応体制の確保など消防力の維持に困難が伴う可能性も高い。このような人口動態等による影響は消防本部の規模が小さいほど深刻であると考えられる。

さらに，高齢化の進展に伴い，自力避難困難者の増加により予防業務の重要性がより一層増しているほか，救急需要が拡大しており，特にこうした面では，消防力の強化をしていかなければならない。

また，消防力に関して，消防力の整備指針（平成12年消防庁告示第1号）及び消防水利の基準（昭和39年消防庁告示第7号）に規定する消防力に対する整備率を見ると，平成27年4月1日現在，消防職員については77.4％，消防水利については73.6％にとどまっているなど，依然として整備率が低いものがある。とりわけ，小規模消防本部においては，大規模な消防本部よりも整備率が低い傾向にあり，例えば，消防職員については，管轄人口30万以上の消防本部が87.0％である一方，小規模消防本部においては，66.1％にとどまっている。そのほか，はしご車，化学消防車，救助工作車，消防水利等についても，消防本部の規模による顕著な差が見られる。

さらに，昨今注目されている，消防本部におけるハラスメント等への対応や女性活躍を推進するという観点でも，組織管理体制の基盤の強化が重要な課題となっている。

加えて，近年の東日本大震災での教訓や自然災害の多発，大規模市街地火災等の発生，また，今後の災害リスクの高まりも指摘される状況を踏まえても，広域化による小規模消防本部の解消が重要である。

以上のことから，国，都道府県及び市町村が一体となり，消防力の維持・強化に当たって最も有効な消防の広域化を推進し，小規模消防本部の体制強化を図ることがこれまで以上に必要となっており，喫緊の最重要課題となっている。

2　消防組織法における市町村の消防の広域化の基本的な考え方

消防組織法では市町村の消防の広域化に関し，次の事項について定めている。

① 市町村の消防の広域化の理念及び定義

② 消防庁長官による基本指針の策定

③ 都道府県による推進計画の策定及び都道府県知事の関与等

④ 広域化対象市町村による広域消防運営計画の作成

第2−3　市町村の消防の広域化に関する基本指針

⑤　国の援助及び地方債の特別の配慮

この市町村の消防の広域化は，消防の体制の整備及び確立を図ることを旨として，行わなければならないとされているため，広域化によって消防本部の対応力が低下するようなことはあってはならない。

また，市町村の消防の広域化とは，2以上の市町村が消防事務（消防団の事務を除く。）を共同して処理することとすること又は市町村が他の市町村に消防事務を委託することをいうと定義されている。したがって，広域化の対象は，いわゆる常備消防であり，消防団はその対象ではない。

加えて，広域化については，一部事務組合等の共同処理又は事務委託の方式により行われることとなるが，関係市町村間においてそれぞれの方式の利点及び問題点を十分に比較考量の上，その地域に最も適した方式を選択することが必要である。

3　平成30年度以降の市町村の消防の広域化の推進の方向性

平成18年の消防組織法の改正後，平成30年4月1日に至るまでの広域化の状況を踏まえると，広域化の進捗状況は地域の実情によって左右される面があるものと考えられる。また，本指針一，1でも述べたように，平成18年からの広域化の継続した推進により，気運の高い地域等において，広域化は一定程度進み，成果が現れているが，依然として，広域化の必要性が高い小規模消防本部が残されている。

まずは，市町村が自らの消防本部を取り巻く状況と自らの消防力を分析し，広域化や連携・協力といった手段を織り込みながら，今後のあるべき姿を考えることが必要である。特に小規模消防本部については，今後のあり方を抜本的に議論する必要がある。

また，地域の実情を熟知した広域的な地方公共団体である都道府県の役割が特に重要である。平成20年及び平成21年の消防組織法の改正により，緊急消防援助隊に関する事務と傷病者の搬送及び受入れの実施基準に関する事務が都道府県の事務に追加されたことからも明らかなように，消防の分野における都道府県の役割の重要性は高まっている。広域化についても，本指針一，1で示された現下の消防を取り巻く状況を踏まえると，国の取組とあわせ，都道府県には，関係市町村間の必要な調整，情報の提供その他の必要な支援を行う役割を果たすことが更に期待される。とりわけ，関係市町村間の連絡調整はもとより，広域化に係る市町村の財政負担又は事務負担に対する支援等について，より積極的にその役割を果たし，自主的な市町村の消防の広域化の推進に取り組むことが求められる。

広域化の推進に当たっては，消防組織法が改正された平成18年以降の10年以上にわたる取組を振り返った上で，今一度原点に立ち返り，推進計画を再策定する必要がある。その際，都道府県は，市町村が行った自らの消防本部を取り巻く状況と自らの消防力の分析を生かしつつ，積極的にリーダーシップを取り，都道府県内の消防体制のあり方を再度議論していく必要がある。

なお，本指針一，4に掲げる国の施策及び本指針三，5に掲げる各都道府県における措置を重点的に実施する地域（以下「消防広域化重点地域」という。）については，これまで以上に積極的に指定し，広域化を推進するものとする。

あわせて，消防事務の一部について柔軟に連携・協力を行うこと（以下「消防の連携・協

271

第3編　法令・通知等

力」という。）についても，推進していくものとし，消防の広域化と同様，関係市町村間の必要な調整，情報の提供その他の必要な支援を行う役割を果たすことが期待される。

4　国における自主的な市町村の消防の広域化を推進するための施策

本指針一，3を踏まえ，国は，自主的な市町村の消防の広域化を推進するため，次のような施策を講ずる。

(1)　消防広域化推進本部の設置

消防庁に，都道府県及び市町村における広域化の取組を支援するための消防広域化推進本部を設置する。

(2)　広報及び普及啓発

市町村の消防の広域化を推進するためには，消防サービスの提供を受ける国民，広域化に直接取り組む市町村及び指導助言や連絡調整等を市町村に対して行う都道府県が広域化の必要性，メリットや全国的な状況等について，十分に理解することが重要であることから，あらゆる機会を捉え，また，適当な広報媒体を活用することにより，広域化に関する広報及び普及啓発を行う。

(3)　都道府県及び市町村に対する情報提供

広域化の推進に関する制度，広域化を行った先進事例，実際に広域化を行う際の留意事項等について，都道府県及び市町村のニーズに応じた情報提供を行い，関係者における広域化に関する取組の促進を図る。

(4)　相談体制の確保充実

広域化を実現した消防本部の幹部職員等で消防庁に登録された者を市町村等に派遣し，助言等を行う消防広域化推進アドバイザーの活用等により，広域化に関する協議を進めるに当たっての諸課題への対処方策等広域化に関する個別具体の相談に積極的に応じる。

(5)　財政措置

①　広域化関連事業

都道府県に対して，広域消防運営計画の作成等に関する広域化対象市町村への情報提供若しくは助言，本指針三，3に定める消防広域化重点地域の指定，協議会への参画，調査研究又は広報啓発等に必要な経費について所要の普通交付税措置を講ずるとともに，都道府県が広域化対象市町村に対して行う補助金，交付金等の交付に要する経費について所要の特別交付税措置を講ずるほか，地方自治法（昭和22年法律第67号）第284条第1項の地方公共団体の組合（以下「組合」という。）で広域化を行った広域化対象市町村の加入するもの若しくは広域化を行った広域化対象市町村又は組合で広域化を行う広域化対象市町村の加入するもの若しくは広域化を行う広域化対象市町村（以下「広域化対象市町村等」という。）に対して，当該広域化対象市町村等が広域消防運営計画を達成するために行う事業に要する経費等について，財政運営に支障を生ずることのないよう，次の財政措置を講ずる。

なお，これらの措置については，消防広域化重点地域に対するものに重点化して行うこととしている。

(i)　市町村の消防の広域化（都道府県の推進計画に定める市町村の組合せを構成する市町

村の全部又は一部からなる地域の広域化に限る。以下この①において「市町村の消防の広域化」という。）に伴う広域消防運営計画の作成を含めた広域化の準備に要する経費及び臨時に増加する経費について所要の特別交付税措置を講ずる。

(ii) 市町村の消防の広域化（平成36年4月1日までに行われるものに限る。）に伴い，広域消防運営計画又は消防署所等（消防署，出張所及び指令センターをいう。以下同じ。）の再編整備計画（以下「広域消防運営計画等」という。）に基づき，必要となる消防署所等（一体的に整備する自主防災組織等のための訓練研修施設を含む。）の増改築（広域消防運営計画等において消防署所等の再配置が必要であると位置付けられたものについては，新築を含む。）であって，当該広域化後10年度以内に完了するもの（ただし，広域化前に完了するものを含み，平成18年の消防組織法の改正に基づいて平成30年4月1日までに広域化した消防本部にあっては平成40年4月1日までに完了するもの。(iii)において同じ。）に要する経費について所要の地方財政措置を講ずる。

(iii) 市町村の消防の広域化（平成36年4月1日までに行われるものに限る。）に伴い，統合される消防本部庁舎を消防署所等として有効活用するために必要となる改築であって，当該広域化後十年度以内に完了するものに要する経費について所要の地方財政措置を講ずる。

(iv) 市町村の消防の広域化に伴う消防本部庁舎の整備に要する経費について所要の地方債措置を講ずる。

(v) 消防通信・指令施設（消防救急デジタル無線，高機能消防指令センター）の整備に要する経費について所要の地方財政措置を講ずる。

(vi) 市町村の消防の広域化（平成36年4月1日までに行われるものに限る。）に伴い，広域消防運営計画等に基づく消防署所等の統合による効率化等により，機能強化を図る消防用車両等の整備事業であって，当該広域化後5年度以内に完了するもの（ただし，広域化前に完了するものを含み，平成18年の消防組織法の改正に基づいて平成30年4月1日までに広域化した消防本部にあっては平成35年4月1日までに完了するもの。）に要する経費について所要の地方財政措置を講ずる。

(vii) 市町村の消防の広域化に伴う消防防災施設等の整備については，消防防災施設等整備費補助金及び緊急消防援助隊設備整備費補助金の交付の決定に当たって，特別の配慮をするものとする。

② 連携・協力関連事業

組合で消防の連携・協力を行う市町村の加入するもの又は消防の連携・協力を行う市町村（以下「連携・協力実施市町村等」という。）に対して，当該連携・協力実施市町村等が消防の連携・協力の円滑な実施を確保するための計画（以下「連携・協力実施計画」という。）を達成するために行う事業のうち特に消防の広域化につなげる効果が高いものに要する経費等について，財政運営に支障を生ずることのないよう，次の財政措置を講ずる。

(i) 消防の連携・協力に伴い，連携・協力実施計画に基づき，必要となる高機能消防指令センターの新築・増改築であって，平成36年4月1日までに完了するものに要する経費

第3編　法令・通知等

について所要の地方財政措置を講ずる。

 (ⅱ)　消防の連携・協力に伴い，連携・協力実施計画に基づき，必要となる消防用車両等の整備であって，平成36年4月1日までに完了するものに要する経費について所要の地方財政措置を講ずる。

 (ⅲ)　消防の連携・協力に伴う消防防災施設等の整備については，消防防災施設等整備費補助金及び緊急消防援助隊設備整備費補助金の交付の決定に当たって，特別の配慮をするものとする。

二　自主的な市町村の消防の広域化を推進する期間

　市町村の消防の広域化は，消防の体制の整備及び確立のため，不断に取り組んでいかなければならない課題であるが，地域における広域化についての合意形成には相当の時間を要するものと考えられる一方で，大規模災害等が発生する懸念が高まっており，広域化の取組が急がれることや過度に長期の期限を設けると集中的な広域化の取組を阻害するおそれがあることを踏まえると，平成36年4月1日を期限として広域化に取り組むことが必要である。

　(1)　都道府県の推進計画等

　　平成30年度中を目途として，消防本部，市町村等と緊密に連携し，検討した上で推進計画の再策定又は策定を行うよう努めること。

　(2)　市町村の消防の広域化

　　各広域化対象市町村においては，広域消防運営計画の作成等，広域化に向けた取組を行い，平成36年4月1日までに広域化を実現すること。

三　推進計画に定める市町村の組合せ及び都道府県における必要な措置に関する基準

　1　推進計画の策定

　　都道府県が，本指針に基づき，当該都道府県の区域内において自主的な市町村の消防の広域化を推進する必要があると認める場合に，その市町村を対象として定めるよう努めることとされている推進計画には，おおむね次のような事項を定めることとなる。

　(1)　自主的な市町村の消防の広域化の推進に関する基本的な事項

　　次のような事項に留意して定めること。

　　①　推進計画は，広域化を推進する必要があると認める市町村について，その広域化を計画的かつ円滑に推進することを目的とすること。

　　②　広域化は，消防の体制の整備及び確立を図るため推進するものであること。

　　③　広域化は，市町村，住民，消防関係者等の理解を得て進めていくことが肝要であり，これらの関係者のコンセンサスを得ながら推進していくように努めること。

　(2)　市町村の消防の現況及び将来の見通し

　　次のような事項に留意して定めること。

　　①　広域化を推進するに当たっては，まずは，市町村が自らの消防本部を取り巻く状況と自らの消防力を分析し，広域化や連携・協力といった手段を織り込みながら，今後のあるべき姿を考えることが必要であるため，都道府県が市町村に対し，当該分析・検討を行うために積極的な助言・支援を行う必要があること。

　　②　市町村の分析・検討を踏まえた上で，消防組織法が改正された平成18年以降の約10年間

第2―3　市町村の消防の広域化に関する基本指針

における，推進計画に対する広域化の進捗，広域化消防本部の効果，各都道府県における消防需要の動向等を振り返り，消防力の実情，消防本部の財政，人事管理等の状況などの市町村の消防の現況を把握し，改めて広域化の必要性を十分認識した上で，今後の人口の減少，消防需要の変化，消防職員の高齢化等の進展も踏まえ，おおむね十年後の消防体制の姿を見通す必要があること。

(3)　広域化対象市町村の組合せ

本指針三，2に基づき定めること。

なお，広域化対象市町村の組合せに基づく本指針三，3に定める消防広域化重点地域の指定等を行う場合については，本指針三，3によること。

また，都道府県が推進する必要があると認める自主的な消防の連携・協力の対象となる市町村（以下「連携・協力対象市町村」という。）についても，本指針三，4に基づき定めること。

(4)　自主的な市町村の消防の広域化を推進するために必要な措置に関する事項

本指針三，5に基づき定めること。

(5)　広域化後の消防の円滑な運営の確保に関する基本的な事項

本指針四を参考にしつつ，各都道府県の実情を勘案して定めること。

(6)　市町村の防災に係る関係機関相互間の連携の確保に関する事項

本指針五を参考にしつつ，各都道府県の実情を勘案して定めること。

なお，都道府県が推進計画を定めるに当たっては，都道府県に，都道府県，市町村の代表，消防機関の代表（常備消防・消防団），住民代表及び学識経験者等で構成する委員会等の協議機関を設置するなどして，関係者のコンセンサスの形成に努めることが重要である。

また，都道府県が推進計画を定め，又は変更しようとするときは，あらかじめ，関係市町村の意見を聴かなければならないとされているところである。

2　推進計画に定める広域化対象市町村の組合せに関する基準

各都道府県は，以下の点を十分考慮した上で，推進計画において，広域化対象市町村及びその組合せを定めること。

(1)　市町村の消防の広域化の規模

一般論としては，消防本部の規模が大きいほど火災等の災害への対応能力が強化されることとなり，また組織管理，財政運営等の観点からも望ましい。現行の推進計画において，一の都道府県全体を一つの単位とした区域（以下「全県一区」という。）での広域化を規定した都道府県が一定数あるが，全県一区での広域化は理想的な消防本部のあり方の一つとも言える。

その上で，現状を踏まえつつ，これからの消防に求められる消防力，組織体制，財政規模等に鑑みると，管轄人口の観点から言えばおおむね30万以上の規模を一つの目標とすることが適当である。

しかしながら，各市町村は，管轄面積の広狭，交通事情，島嶼部などの地理的条件，広域行政，地域の歴史，日常生活圏，人口密度及び人口減少などの人口動態等の地域の事情をそれぞれ有しているため，広域化対象市町村の組合せを検討する際には，上記の規模目標には

275

第3編　法令・通知等

必ずしもとらわれず，小規模消防本部の広域化を着実に推進するという観点から，これらの
地域の事情を十分に考慮する必要がある。

しかしながら，本指針一，1でも述べたように，消防の広域化を推進し，小規模消防本部
の体制強化を図ることがこれまで以上に必要となっていることに鑑み，小規模消防本部及び
消防吏員数が百人以下の消防本部については，可能な限り広域化対象市町村に指定する方向
で検討する必要がある。とりわけ，消防吏員数が50人以下の消防本部（以下「特定小規模消
防本部」という。）については，原則，広域化対象市町村に指定する方向で検討する必要が
ある。

以上のことを踏まえ，まずは，都道府県内の消防のあるべき姿を議論し，おおむね十年後
までに広域化すべき組合せを定めた上で，推進期限までに広域化すべき組合せを定めるもの
とする。その際，必要に応じ，段階を踏んだ組合せや実現可能性のある複数の組合せも定め
るものとする。

(2)　配慮すべき事項

非常備市町村の常備化の必要性に配慮する必要がある。

3　消防広域化重点地域の指定等

(1)　消防広域化重点地域の指定の趣旨

十分な消防防災体制が確保できないおそれがある市町村等を消防広域化重点地域に指定
し，他の広域化対象市町村よりも先行して集中的に広域化を推進することにより広域化対象
市町村の組合せにおける自主的な市町村の消防の広域化を着実に推進するものとする。

(2)　都道府県知事による消防広域化重点地域の指定及び公表等

都道府県知事は，広域化対象市町村のそれぞれの組合せを構成する市町村の全部又は一部
からなる地域のうち，広域化の取組を先行して重点的に取り組む必要があるものとして次に
該当すると当該都道府県知事が認めるものを消防広域化重点地域として指定することができ
る。

①　今後，十分な消防防災体制が確保できないおそれがある市町村を含む地域

②　広域化の気運が高い地域

なお，推進期限である平成36年4月1日までに広域化を実現させるべき地域は消防広域化
重点地域に指定することが望ましく，その中でも，具体的には，次に掲げる地域について，
消防広域化重点地域に可能な限り指定することが望ましい。

　(i)　特定小規模消防本部

　(ii)　非常備市町村

　(iii)　広域化を希望しているが，広域化の組合せが決まっていない消防本部

広域化対象市町村の一の組合せを越える地域を消防広域化重点地域に指定しようとすると
きは，当該指定しようとする地域が広域化対象市町村の一の組合せの全部又は一部を構成す
るよう，事前又は事後に推進計画の変更を行うものとする。

なお，消防広域化重点地域の指定を行ったときはその旨を，当該消防広域化重点地域に対
する都道府県の支援の内容とともに公表するものとする。

(3)　関係市町村の意見の聴取等

第2―3　市町村の消防の広域化に関する基本指針

　消防広域化重点地域の指定に当たっては，都道府県知事は，あらかじめ関係市町村の意見を聴くものとする。

　また，消防広域化重点地域に指定された市町村以外の市町村から消防広域化重点地域の指定を求める意見等があった場合においては，都道府県知事は当該意見等を尊重し，当該市町村を対象とする消防広域化重点地域の指定等に努めるものとする。

(4)　消防広域化重点地域の指定の変更

　(2)及び(3)は，消防広域化重点地域の指定の変更について準用する。

4　推進計画に定める連携・協力対象市町村の組合せに関する基準

(1)　消防の連携・協力の意義

　消防の広域化は消防力の維持・強化に当たって最も有効な方策であるが，消防の広域化の実現にはなお時間を要する地域もあり，そのような地域においては，消防の広域化につなげるべく，消防の連携・協力を行うことが必要である。

(2)　推進計画へ位置付ける上での基本的な考え方

　連携・協力対象市町村の組合せを定めるに当たっては，消防の広域化と同様に地域の実情を考慮し，市町村の自主的かつ多様な消防の連携・協力を尊重する必要がある。

　しかしながら，消防の連携・協力が喫緊の最重要課題である消防の広域化につながるものであるということを十分に認識した上で，どの市町村間でどのような連携・協力が可能であるかについて，都道府県においても，広い視野で検討することが必要である。

　なお，推進計画に位置付けることが望ましい消防の連携・協力としては，高機能消防指令センターの共同運用，消防用車両・消防署所の共同整備等が挙げられる。

(3)　高機能消防指令センターの共同運用

　高機能消防指令センターを共同運用することにより，整備費の削減，現場要員の充実等を図ることができることに加え，災害情報を一元的に把握し，効果的・効率的な応援態勢が確立されるなどの効果が見込まれる。また，現場に最先着できる隊に自動で出動指令を行ういわゆる「直近指令」，出動可能な隊がなくなった場合に高機能消防指令センターを共同運用している他消防本部の隊に自動で出動指令を行ういわゆる「ゼロ隊運用」などの高度な運用により，区域内の消防力を大きく向上させることも可能である。

　さらには，人事交流が生まれるなど消防本部間の垣根を低くする効果もあり，消防の連携・協力の中でも，消防の広域化につなげる効果が特に大きい。

　以上のことから，高機能消防指令センターの共同運用については，広域化の推進と併せて，積極的に検討する必要がある。

　都道府県においては，上記のことを十分に認識した上で，まずは市町村の高機能消防指令センターの更新時期を把握し，消防本部等と緊密に連携し，高機能消防指令センターの共同運用について検討し，その結果を推進計画に反映させることが必要である。

　なお，高機能消防指令センターを共同運用する規模については，広域化と同様，一般論としては，規模が大きいほど望ましいことにも鑑み，面積，人口等において，標準的な規模の都道府県であれば，原則，全県一区とする必要がある。また，既に高機能消防指令センターを共同運用している地域にあっては，上記のような高度な運用により，その効果を最大限に

第3編　法令・通知等

生かすことが望ましい。

5　自主的な市町村の消防の広域化を推進するために必要な措置に関する基準

　　消防組織法第33条において，都道府県知事が行う市町村相互間における必要な調整及び情報の提供その他の必要な援助等について定められていることを踏まえ，各都道府県は，推進計画において，当該各都道府県における自主的な市町村の消防の広域化を推進するために必要な措置を定めること。

　　具体的には，

①　広域化を推進するための体制の整備

②　住民及び関係者に対する情報提供，普及啓発等

③　各市町村に対する情報提供，相談対応体制の確保，職員の派遣等

④　関係市町村間の協議の積極的な推奨，仲介，調整等

⑤　広域化に関する調査研究

等が考えられるところであり，これらを参考にしつつ，必要な措置を定め，都道府県として広域化の推進に積極的に取り組むこと。

四　広域化後の消防の円滑な運営の確保に関する基本的な事項

1　広域化後の消防の体制の整備

　　市町村の消防の広域化が行われた後に，広域化の効果を十分に発揮することができるよう，広域化後の消防において一元的な部隊運用，出動体制，事務処理等が行われることが重要である。

2　構成市町村等間の関係

　　市町村の消防の広域化は，主に組合又は事務委託により行われることとなるが，その場合広域化後の消防は，組合の構成市町村又は受託市町村若しくは委託市町村（以下「構成市町村等」という。）との意思疎通及び情報共有に特に意を用いる必要がある。

3　広域化後の消防の体制の整備のために考えられる方策

　　このように，広域化後の消防の円滑な運営の確保のためには，広域化後の消防の体制を適切に整備することが重要であるが，そのための方策としては，例えば，以下のような事項について，構成市町村等間において十分協議の上，可能な限り，組合又は事務委託の規約，規程等において定めることとすることが有効である。

(1)　組合の方式による場合

①　経常的経費，投資的経費それぞれについての構成市町村ごとの負担金の額又は負担割合等に係る基本的なルール

②　職員の任用，給与，教育訓練等に関する計画を策定すること。

③　中長期的な整備費用の見通しを含めた消防力の整備計画を策定すること。

④　部隊運用，指令管制等に関する計画を策定すること。

⑤　災害時等に構成市町村の長と消防長，消防署長又は消防団長とが緊密に連携することができるよう，相互連絡，情報共有等に関する計画を策定すること。

⑥　構成市町村間の連絡会議の定期的な開催，消防長の専決対象の明確化等構成市町村間の迅速な意見調整を可能とするための仕組みを構築すること。

第2−3　市町村の消防の広域化に関する基本指針

⑦　組合の運営に関し，住民の意見を反映できるようにすること。

(2)　事務委託の方式による場合

①　委託料に係る基本的なルール

②　災害時等に委託市町村の長と消防長，消防署長又は消防団長とが緊密に連携することができるよう，相互連絡，情報共有等に関する計画を策定すること。

③　消防事務の運営に関し，住民の意見を反映できるようにすること。

4　推進計画及び広域消防運営計画への記載

以上の点を踏まえ，都道府県においては，必要な事項を推進計画において定めるとともに，広域化対象市町村においては，広域化に係る協議の際にこれらの事項について十分協議の上，可能な限り広域消防運営計画において定めること。

五　市町村の防災に係る関係機関相互間の連携の確保に関する事項

1　消防団との連携の確保

消防団は，地域に密着した消防防災活動を行うという特性上，本指針一，2のとおり，消防組織法に基づき推進する自主的な市町村の消防の広域化の対象とされておらず，従来どおり，消防力の整備指針第37条に基づき，市町村の合併等消防団の沿革その他の特段の事情がある場合を除き，一市町村に一団を置くものとする。

この場合，広域化後の消防本部と消防団との緊密な連携の確保が必要となる。

そのために，次のような具体的方策が考えられる。

①　常備消防の管轄区域内の複数の消防団の団長の中から連絡調整担当の団長を指名することによる常備消防との一元的な連絡調整

②　平素からの各消防団合同又は常備消防を含めた訓練等の実施

③　構成市町村等の消防団と当該構成市町村等の区域に存する消防署所との連携確保のための，消防署所への消防団との連絡調整担当の配置，定例的な連絡会議の開催等

④　常備消防と消防団との連絡通信手段の確保

以上のような方策を参考としつつ，地域の実情に応じて広域化後の消防本部と消防団との連携の確保を図ることが必要である。

2　防災・国民保護担当部局との連携の確保

防災・国民保護業務は，住民の安心・安全の確保という最も基本的かつ重要な業務であり，また，関係部局・関係機関が多岐にわたるため，それら全体を総合的に調整できる責任者が実施することが必要である。

この場合，市町村の消防の広域化を行うときには，広域化後の消防本部と構成市町村等の防災・国民保護担当部局との緊密な連携の確保が必要となる。

そのために，次のような具体的方策が考えられる。

①　夜間・休日等における市町村の防災業務について，初動時の連絡体制などを消防本部に事務委託

②　各構成市町村等の長及び危機管理担当幹部と消防長及び消防署長による協議会の設置

③　各構成市町村等と当該構成市町村等の区域に存する消防署所との連携確保のための，定例的な連絡会議の開催，各市町村の災害対策本部への各消防署所の消防職員の派遣等

279

第3編　法令・通知等

④　防災・国民保護担当部局と消防本部との人事交流

⑤　総合的な合同防災訓練の実施

⑥　防災・国民保護担当部局と消防本部との情報通信手段の充実による連絡体制の強化

⑦　防災行政無線の親機や遠隔操作機を消防本部の通信指令部門に設置することによる24時間体制の確保

　以上のような方策を参考としつつ，地域の実情に応じて広域化後の消防本部と構成市町村等の防災・国民保護担当部局との連携の確保を図ることが必要である。

3　推進計画及び広域消防運営計画への記載

　以上の点を踏まえ，都道府県においては，必要な事項を推進計画において定めるとともに，広域化対象市町村においては，広域化に係る協議の際にこれらの事項について十分協議の上，可能な限り広域消防運営計画において定めること。

第3-1 消防水利の基準

━━ 第3 「消防水利の基準」 ━━

1 消防水利の基準

〔昭和39年12月10日〕
〔消防庁告示第7号〕

最終改正 平成26年10月31日消防庁告示第29号

第1条 この基準は，市町村の消防に必要な水利について定めるものとする。

第2条 この基準において，消防水利とは，消防法（昭和23年法律第186号）第20条第2項に規定する消防に必要な水利施設及び同法第21条第1項の規定により消防水利として指定されたものをいう。

2 前項の消防水利を例示すれば，次のとおりである。

　(1) 消火栓

　(2) 私設消火栓

　(3) 防火水そう

　(4) プール

　(5) 河川，溝等

　(6) 濠，池等

　(7) 海，湖

　(8) 井戸

　(9) 下水道

第3条 消防水利は，常時貯水量が40立方メートル以上又は取水可能水量が毎分1立方メートル以上で，かつ，連続40分以上の給水能力を有するものでなければならない。

2 消火栓は，呼称65の口径を有するもので，直径150ミリメートル以上の管に取り付けられていなければならない。ただし，管網の一辺が180メートル以下となるように配管されている場合は，75ミリメートル以上とすることができる。

3 私設消火栓の水源は，5個の私設消火栓を同時に開弁したとき，第1項に規定する給水能力を有するものでなければならない。

第4条 消防水利は，市街地（消防力の整備指針（平成12年消防庁告示第1号）第2条第1号に規定する市街地をいう。以下本条において同じ。）又は準市街地（消防力の整備指針第2条第2号に規定する準市街地をいう。以下本条において同じ。）の防火対象物から一の消防水利に至る距離が，別表に掲げる数値以下となるように設けなければならない。

2 市街地又は準市街地以外の地域で，これに準ずる地域の消防水利は，当該地域内の防火対象物から一の消防水利に至る距離が，140メートル以下となるように設けなければならない。

3 前2項の規定に基づき配置する消防水利は，消火栓のみに偏することのないように考慮しなければならない。

4 第1項及び第2項の規定に基づき消防水利を配置するに当たっては，大規模な地震が発生した場合の火災に備え，耐震性を有するものを，地域の実情に応じて，計画的に配置するものとす

281

第3編　法令・通知等

る。

第5条　消防水利が，指定水量（第3条第1項に定める数量をいう。）の10倍以上の能力があり，かつ，取水のため同時に5台以上の消防ポンプ自動車が部署できるときは，当該水利の取水点から140メートル以内の部分には，その他の水利を設けないことができる。

第6条　消防水利は，次の各号に適合するものでなければならない。

(1)　地盤面からの落差が4.5メートル以下であること。

(2)　取水部分の水深が0.5メートル以上であること。

(3)　消防ポンプ自動車が容易に部署できること。

(4)　吸管投入孔のある場合は，その一辺が0.6メートル以上又は直径が0.6メートル以上であること。

第7条　消防水利は，常時使用しうるように管理されていなければならない。

別表（第4条関係）

平均風速 用途地域	年間平均風速が4メートル毎秒未満のもの	年間平均風速が4メートル毎秒以上のもの
近　隣　商　業　地　域 商　　業　　地　　域 工　　業　　地　　域 工　業　専　用　地　域 （メートル）	100	80
そ　の　他　の　用　途 地域及び用途地域の定 められていない地域 （メートル）	120	100

備考

　用途地域区分は，都市計画法（昭和43年法律第100号）第8条第1項第1号に規定するところによる。

第3－2　消防水利の基準の運用について

2　消防水利の基準の運用について（通達）

〔昭和39年12月14日　　自消丙教発第112号〕
〔各都道府県消防主務部長あて　消防庁教養課長〕

消防水利の基準の告示については，別途12月12日自消乙教発第23号で消防庁次長から通知したところであるが，同基準の運用については下記事項ご留意のうえ管下市町村のご指導を願いたい。

記

第1　定義

1　市町村の「消防に必要な水利施設」として設置しあるいは開発された水利およびその他の消防の用に供しうる水利のうち本基準に規定する適合条件に合致したものを消防水利というものであること。したがつて消防の用に供しうる水利であつても，上記の必要な条件をみたさないものはここでは消防水利とはいわないものであること。

2　第3条第2項において消防水利を掲げたが，これは例示であつてここに掲げてないものであつても，この基準に決定した必要な条件を満たすものであれば消防水利となるものであること。しかし，農耕用かんがい用水等季節的に水量に変化があるため第3条もしくは第6条の規定を満足しない水利，または海水等1日のうちで時間により水位に変動があり，前記の条件に合致しなくなる水利は含まれないものであること。

3　私設消火栓とは，水道法の適用をうける公設水道の配管に設置された消火栓以外のもの，たとえば消防法施行令第19条に掲げる屋外消火栓とか井水連絡水道，防火専用水道等の配管に設けられていて従来防火栓といわれていたもの等すべてをこれに統一したものであること。

第2　給水能力の基準

1　消防水利は，火災鎮圧のため防禦に従事する場合において，消火途中で水が不足し部署替えをするようなことがあつてはならない。そのための最低の水量を40立方メートルと定めたものであること。

常時貯水量が40立方メートルに満たないものであつても，これに対する補水装置が附設されており，これと同等以上の給水能力を有するものは当然水利と考えて差支えないものであること。

2　水道消火栓は，1個の消火栓を開弁したときに前記の給水能力があつても，その附近に設けられている数個の消火栓を同時に開弁した場合になおその水量が保証されるものであるかどうかは疑問である。その能力は主として配管の管径および配管網の状態によつて決るものであるから，それらについての規定を設けその保証をはかつたものであること。

なお，呼称65というのは，2.5インチの口径のものであること。

3　水道法の適用をうける水道の場合は，消火用水量はある程度見込み得られるものであるが，規模の小さい私設水道の場合については必ずしもそれが保証されるとは限らないので，私設消火栓はとくに水源の能力について規定したものであること。

第3　配置の基準

1　消防水利の配置は，水利部署から火点迄のホース延長所要時間とポンプ能力の両要素により決定されるものでなければならない。別表に掲げる数値は，用途地域別に消防力の基準の構造

283

第3編　法令・通知等

率と風速から決定される条件，すなわち水利部署から火点までのホース延長所要時間から求め
た数値であること。

　　したがつて市街地または密集地内の既存の消防水利を中心にして，別表に掲げる数値を半径
とした円をえがき，これによりおおわれない部分について配置計画を樹立し整備すればよいも
のであること（従前の基準においては，一の消防水利を中心とし半径140メートルの円をえが
いて求める方法を採用していた市町村が見られたがこの方法は誤りでありここに適用の困難性
があつたこと。）。

2　市町村の区域のうち，市街地または密集地以外の地域でこれに準ずる地域に設置する消防水
利の配置は140メートルと定めてあるが，これはポンプ能力から求めた数値であること。この
「準ずる地域」の認定についてはとくに規定していないが，消防長（消防本部を置かない市町
村にあつては市町村長）にその判断を委ねたものであること。

3　水量が非常に多い消防水利の配置上の緩和措置を講じたこと。140メートルは前記のとおり
ポンプ能力から求めた数値であり，別表が適用されるそれぞれの地域において，120メートル
の数値を適用する地域はこの措置により緩和される部分はごく少ないが，それ以外の場合は相
当の部分が緩和されることとなること。

第4　適合の基準

1　消防水利の給水能力を除いた適合条件を第6条において掲げたが従来吸水落差といつていた
ものは，ポンプによつて地盤面からポンプ位置までの高さが異なつていたことから一定しない
ので，これを地盤面からの落差に改めたこと，これによつて従前の基準と比較し約1メートル
緩和されたこととなる。

2　取水部分の深さは，吸管投入部分として最低0.5メートル以上の深さを保つていなければな
らないものであること。川または溝等でその全部にわたつての深さが0.5メートル以上必要と
するものでなく，吸管投入部分としてこの深さがあればよいものであること。

3　消防水利に部署する場合，従前は2メートル以内に接近できるものとしていたが，これを
「容易に部署できること」としたこと。これは軽量吸管の普及にともない吸水管が長くしかも
軽くなつたことから必ずしも2メートル以内に部署しなくてもよくなつたことによるものであ
ること。

284

第3−3　消防水利の基準の一部改正について

3　消防水利の基準の一部改正について（通達）

〔昭 和 50 年 7 月 9 日　　消 防 消 第 83 号〕
〔各都道府県消防主管部長あて　消防庁消防課長〕

　昭和50年7月8日消防庁告示第10号をもつて消防水利の基準（昭和39年消防庁告示第7号）の一部が別添のとおり改正されたので，下記改正の趣旨及び改正点にご留意のうえ，貴管下市町村に対し，よろしくご指導願いたい。

記

1　改正の趣旨

　今回の改正は，昭和50年5月31日消防庁告示第9号により消防力の基準の一部が改正され，構造率区分が廃止されたこと，及び建築基準法第48条第1項の規定がその後改正され，同条に該当する条文は，都市計画法第8条第1項第1号に規定されたことに伴い，これらを引用している消防水利の基準の別表の改正を図つたものであること。

2　改正点

　別表における構造率区分を廃止するとともに，「商業地域，工業地域」を「近隣商業地域，商業地域，工業地域，工業専用地域」に改めたこと。

285

逐条問答　消防力の整備指針・消防水利の基準　第2次改訂版

令和元年7月1日　第1刷発行
令和5年3月24日　第5刷発行

編　集　　消防力の整備指針研究会

発　行　　株式会社　ぎょうせい

〒136-8575　東京都江東区新木場1-18-11
URL：https://gyosei.jp

フリーコール　0120-953-431
ぎょうせい　お問い合わせ　検索　https://gyosei.jp/inquiry/

〈検印省略〉

印刷　ぎょうせいデジタル株式会社　　©2019 Printed in Japan
※乱丁・落丁本はお取り替えいたします。

ISBN978-4-324-10639-6
(5108512-00-000)
〔略号：消防力指針（2訂）〕

管理職に必要な **理論** + **知識** + **実践** がこの1冊で身につく！

公務員のための
人材マネジメントセミナー

高嶋 直人（人事院公務員研修所客員教授）【著】

加除式・A5判・全1巻・定価8,800円（10％税込）

※加除式図書については、内容補正を行う追録（料金別途）もあわせてのお申し込みとなります。

- 最新の公務員制度と連動した解説
- 事例を基にした課題別Q&A
- 加除式だから常に最新の情報を提供！

本書を読めば、自信をもってマネジメントができる！

目次（抄）

第1編 正しい知識を身につける
第1章 マネジメント手法
●リーダーシップ／●メンタルヘルス／●働き方改革…他
第2章 公務員制度
●定年制／●両立支援制度／●兼業規制…他

第2編 事例で解決 Q&A
第1章 マネジメント上の課題
●間接業務に時間がとられ、本来の業務ができない
●育児休業による人手不足…他
第2章 指導・育成の課題
●部下がうつ病を発症──業務多忙と上司の叱責が引き金か？
●社会人経験のある中途採用職員に活躍してもらうには？…他

詳しくはコチラから！

フリーコール
TEL：0120-953-431 [平日9〜17時] **FAX：0120-953-495**
https://shop.gyosei.jp　ぎょうせいオンラインショップ

〒136-8575 東京都江東区新木場1-18-11

公務員のための ハラスメント "ゼロ" の教科書

元・人事院公務員研修所主任教授 **高嶋 直人**【著】

絶賛発売中！

- 令和2年6月施行の「パワハラ防止法（労働施策総合推進法）」、同年4月公布の「人事院規則」改正に対応！
- 公務員向けハラスメント防止マニュアルの決定版！
- ハラスメントを"しない・させない"職場づくりをサポートします！

四六判・定価1,650円（税込） 電子版 価格1,650円（税込）

著者紹介

○**高嶋　直人**（たかしま・なおひと）

人事院公務員研修所客員教授。元・人事院公務員研修所主任教授。
早稲田大学政治経済学部政治学科卒業。人事院公務員研修所主任教授、財務省財務総合政策研究所研修部長などを経て現職。財務省、国土交通省、農林水産省、自治大学校、市町村アカデミー、マッセOSAKA、東北自治研修所、全国の自治体などにおいて「マネジメント」「リーダーシップ」「働き方改革」「ハラスメント防止」等の研修講師、アドバイザーを務める。

こちらも好評発売中！

- **公務員のための 人材マネジメントの教科書** 部下を育て生かす90の手法
  高嶋　直人／著　四六判・定価1,650円（税込）　電子版 価格1,650円（税込）
- **読めば差がつく！ 若手公務員の作法**
  高嶋　直人／著　四六判・定価1,650円（税込）　電子版 価格1,650円（税込）

※電子版は ぎょうせいオンラインショップ 検索 からご注文ください。

株式会社ぎょうせい
〒136-8575 東京都江東区新木場1-18-11
フリーコール **TEL：0120-953-431**［平日9～17時］ **FAX：0120-953-495**
https://shop.gyosei.jp　ぎょうせいオンラインショップ 検索

基礎知識から実践事例まで "ここが知りたい" がわかる!!
3ステップで学ぶ自治体SDGs

千葉商科大学基盤教育機構・教授
笹谷 秀光【著】

四六判・全3巻・**セット定価4,950円**(税込) 電子版 各巻価格 **1,650円**(税込)
各巻定価1,650円(税込) ※電子版は ぎょうせいオンラインショップ 検索 からご注文ください。

SDGsってそもそも何だろう…?
自治体の仕事にどうかかわってくるの??

そんな疑問を「基本」「実践」「事例」の3つのステップでわかりやすく解説!
それぞれの必要に応じて読める3巻構成で、SDGsが手軽に理解できる!

【第1巻】
STEP① 基本がわかる Q&A

【第2巻】
STEP② 実践に役立つメソッド

【第3巻】
STEP③ 事例で見るまちづくり

著者紹介
笹谷 秀光(ささや・ひでみつ)
千葉商科大学基盤教育機構・教授／ CSR ／SDGsコンサルタント
1976年東京大学法学部卒業。77年農林省(現農林水産省)入省。中山間地域活性化推進室長等を歴任、2005年環境省大臣官房審議官、06年農林水産省大臣官房審議官、07年関東森林管理局長を経て08年退官。(株)伊藤園取締役、常務執行役員を経て、2020年4月より千葉商科大学基盤教育機構・教授。企業や自治体等でSDGsに関するコンサルタント、アドバイザー、講演・研修講師として幅広く活躍中。

株式会社 **ぎょうせい**
フリーコール **TEL:0120-953-431** [平日9~17時] **FAX:0120-953-495**
〒136-8575 東京都江東区新木場1-18-11   https://shop.gyosei.jp   ぎょうせいオンラインショップ 検索